Introdução à Semântica Lexical

Dados Internacionais de Catalogação na Publicação (CIP)
(Câmara Brasileira do Livro, SP, Brasil)

Cançado, Márcia
Introdução à Semântica Lexical : papéis
temáticos, aspecto lexical e decomposição de
predicados / Márcia Cançado, Luana Amaral. –
Petrópolis, RJ : Vozes, 2016. – (Coleção de Linguística)
    Bibliografia
    ISBN 978-85-326-5291-1
    1. Linguística 2. Português – Semântica
3. Semântica I. Título. II. Série.

16-04587   CDD-401.43

Índices para catálogo sistemático:
1. Semântica : Linguagem e comunicação :
Linguística   401.43

MÁRCIA CANÇADO

LUANA AMARAL

Introdução à Semântica Lexical

Papéis temáticos, aspecto lexical e
decomposição de predicados

EDITORA
VOZES

Petrópolis

Editoração: Fernando Sergio Olivetti da Rocha
Diagramação: Sheilandre Desenv. Gráfico
Revisão gráfica: Nilton Braz da Rocha e Nivaldo S. Menezes
Capa: WM design
Revisão técnica: Gabriel de Ávila Othero e Sérgio de Moura Menuzzi

ISBN 978-85-326-5291-1

Editado conforme o novo acordo ortográfico.

Este livro foi composto e impresso pela Editora Vozes Ltda.

Apresentação da coleção

Esta publicação é parte da **Coleção de Linguística** da Vozes, retomada pela editora em 2014, num esforço de dar continuidade à coleção coordenada, até a década de 1980, pelas professoras Yonne Leite, Miriam Lemle e Marta Coelho. Naquele período, a coleção teve um papel importante no estabelecimento definitivo da Linguística como área de pesquisa regular no Brasil e como disciplina fundamental da formação universitária em áreas como as Letras, a Filosofia, a Psicologia e a Antropologia. Para isso, a coleção não se limitou à publicação de autores fundamentais para o desenvolvimento da Linguística, como Chomsky, Langacker e Halliday, ou de linguistas brasileiros já então reconhecidos, como Mattoso Câmara; buscou também veicular obras de estudiosos brasileiros que então surgiam como lideranças intelectuais e que, depois, se tornaram referências para a disciplina no Brasil – como Anthony Naro, Eunice Pontes e Mário Perini. Dessa forma, a **Coleção de Linguística** da Vozes participou ativamente da história da Linguística brasileira, tendo ajudado a formar as gerações de linguistas que ampliaram a disciplina nos anos de 1980 e de 1990 – alguns dos quais ainda hoje atuam intensamente na vida acadêmica nacional.

Com a retomada da **Coleção de Linguística** pela Vozes, a editora quer voltar a participar decisivamente das novas etapas de desenvolvimento da disciplina no Brasil. Agora, trata-se de oferecer um veículo de disseminação da informação e do debate em um novo ambiente: a Linguística é hoje uma disciplina estabelecida nas universidades brasileiras; é também um dos setores de pós-graduação que mais crescem no Brasil; finalmente, o próprio quadro geral das universidades e da pesquisa brasileira atingiu uma dimensão muito superior à que se testemunhava nos anos de 1970 a 1990. Dentro desse quadro, a **Coleção de Linguística** da Vozes tem novas missões a cumprir:

• em primeiro lugar, é preciso oferecer aos cursos de graduação em Letras, Filosofia, Psicologia e áreas afins material renovador, que permita aos alunos integrarem-se ao atual patamar de conhecimento da área de Linguística;

• em segundo lugar, é preciso continuar com a tarefa de colocar à disposição do público de língua portuguesa obras decisivas do desenvolvimento, passado e recente, da Linguística;

• finalmente, é preciso oferecer ao setor de pós-graduação em Linguística e ao novo e amplo conjunto de pesquisadores que nele atua um veículo adequado à disseminação de suas contribuições: um veículo sintonizado, de um lado, com o que se produz na área de Linguística no Brasil; e, de outro, que identifique, nessa produção, aquelas contribuições cuja relevância exija uma disseminação e atinja um público mais amplo, para além da comunidade dos especialistas e dos pesquisadores de pós-graduação.

Em suma, com esta **Coleção de Linguística**, esperamos publicar títulos relevantes, cuja qualidade venha a contribuir de modo decisivo não apenas para a formação de novas gerações de linguistas brasileiros, mas também para o progresso geral dos estudos das Humanidades neste início de século XXI.

Gabriel de Ávila Othero
Sérgio de Moura Menuzzi
Organizadores

Sumário

Apresentação

A área denominada Interface Sintaxe-Semântica Lexical, ou simplesmente Semântica Lexical, abrange o estudo da relação entre o sentido das palavras (em especial, dos verbos) e a sintaxe de uma língua. Apesar de se tratar de um campo de estudo específico, em que se busca encontrar quais são as propriedades semânticas capazes de determinar certas propriedades sintáticas, muitas noções específicas dessa área são utilizadas em vários outros campos da Linguística. Por isso, acreditamos que o estudo da Semântica Lexical seja de grande importância para qualquer aluno que queira seguir a pesquisa em Linguística.

É fácil perceber como noções da Semântica Lexical são utilizadas em outras áreas. O primeiro tema a ser abordado neste livro é um ótimo exemplo: os papéis temáticos (de que tratamos nos Capítulos 2 e 3); noções como agente, paciente, tema, entre outras, são utilizadas na explicação de uma série de fenômenos linguísticos, nas mais diferentes teorias, incluindo os estudos da Sintaxe Gerativa, da Sintaxe Funcionalista, entre outras. O segundo tema que abordamos, o aspecto lexical (de que tratamos no Capítulo 4), também tem sido foco de atenção fora da Semântica Lexical, sendo utilizado em teorias semânticas e sintáticas das mais diferentes abordagens. O terceiro e último tema a ser abordado, a decomposição de predicados (de que tratamos no Capítulo 5), ainda encontra uma certa resistência entre os linguistas, em especial por sua origem na extinta Semântica Gerativa. Mas, ainda assim, a análise dos verbos como sendo itens decomponíveis em unidades menores tem sido utilizada fora dos estudos em Semântica Lexical, como na Semântica Formal e na vertente morfológico-sintática conhecida como Morfologia Distribuída.

O propósito deste livro é apresentar uma introdução a esses temas e dar ao pesquisador de Linguística e aos alunos de graduação e de pós-graduação uma base teórica consistente, utilizando o português brasileiro como língua objeto, para que a partir daí possam se lançar em leituras avançadas sobre Semântica Lexical e também sobre outras linhas de estudo que se valem de noções dessa área.

No primeiro capítulo, definimos a área de estudo a ser tratada, mostrando como esta se encaixa na disciplina geral chamada Semântica e também que tipos de estudos são desenvolvidos nesse campo de pesquisa.

O segundo capítulo é dedicado ao estudo dos papéis temáticos. Nele, apresentamos as principais propostas de listas de papéis temáticos, as definições desses papéis e a utilização dessa noção na pesquisa em Semântica Lexical. Apresentamos também os problemas dessa abordagem teórica e a relevância do estudo dos papéis temáticos para a explicação de diferentes tipos de fenômenos linguísticos.

No terceiro capítulo continuamos a tratar dos papéis temáticos, porém apresentamos abordagens alternativas, propostas nos trabalhos de Dowty (1989, 1991) e nos trabalhos de Franchi (2003 [1997]), Franchi e Cançado (2003a [1997], 2003b [1997]) e Cançado (2005) para o português brasileiro. Nessas perspectivas, os papéis temáticos já não são tratados como elementos primitivos, mas como um conjunto de propriedades acarretadas lexicalmente por um verbo. Mostramos como uma visão diferenciada da noção de papéis temáticos pode suprimir uma série de problemas apresentados pela abordagem tradicional e mostramos também como a seleção argumental pode ser estabelecida com base nesses trabalhos.

O quarto capítulo apresenta uma ampla discussão sobre o aspecto lexical. Primeiramente, definimos de maneira ampla a categoria semântica denominada "aspecto". Em seguida, mostramos a clássica subdivisão dessa categoria em "aspecto gramatical" e "aspecto lexical". Focando nossa atenção no aspecto lexical, que é o objeto de estudo da Semântica Lexical, apresentamos as classes aspectuais propostas por Vendler (1967), as noções de aspecto básico e aspecto derivado, os testes propostos na literatura para a identificação de cada uma das classes aspectuais apresentadas e também a atualização dos aspectos gramaticais nas classes de verbos analisadas. Por fim, apresentamos uma série de propriedades linguísticas que se relacionam de maneira sistemática às classes aspectuais no português brasileiro.

No quinto capítulo, apresentamos a decomposição de predicados. Essa abordagem teórica, que tem suas origens na extinta Semântica Gerativa, assume que o sentido dos verbos é composto de partes menores, que podem ser representadas em uma estrutura de predicados primitivos e seus argumentos e modificadores. Propriedades semânticas recorrentes, que são partes menores do sentido dos verbos, são representadas por elementos nas estruturas de vários verbos. Propriedades semânticas idiossincráticas, ou não recorrentes, são alocadas na parte da estrutura chamada de raiz, que comporta o sentido idiossincrático, não recorrente em vários verbos. Além de explicarmos detalhadamente o funcionamento da decomposição de predicados, fazemos uma comparação de uma abordagem como essa em relação às abordagens apresentadas nos capítulos anteriores para o estudo da estrutura argumental de verbos. Mostramos, principalmente, que tanto as informações contidas nas representações lexicais em termos de papéis temáticos como as informações a respeito do aspecto lexical dos verbos podem ser derivadas de uma representação por decomposição de predicados.

Ao final de cada capítulo indicamos leituras adicionais sobre o tema desenvolvido. O leitor interessado em praticar os conteúdos apresentados encontrará exercícios (e respostas) na página do Núcleo de Pesquisa em Semântica Lexical da Faculdade de Letras da UFMG (www.letras.ufmg.br/nucleos/nupes).

Finalmente, agradecemos primeiramente aos alunos de graduação e pós--graduação da Faculdade de Letras da UFMG que cursaram disciplinas em que foram utilizadas as primeiras versões deste livro. Sem dúvida, devemos a eles grande parte do produto final aqui apresentado. E agradecemos, especialmente, a revisão ampla e cuidadosa e as sugestões proveitosas feitas pelos professores Gabriel Othero e Sérgio Menuzzi, organizadores da Coleção Linguística. Evidentemente, os equívocos que se mantiverem no livro são exclusivamente de nossa responsabilidade. Agradecemos ainda o apoio financeiro das agências Fapemig (Projeto Pesquisador Mineiro) e CNPq (Bolsa de Produtividade em Pesquisa), para Márcia Cançado, e Capes/Fapemig (Bolsa do Programa Mineiro de Pós-Doutorado), para Luana Amaral.

Capítulo 1

Introdução

1 O QUE É SEMÂNTICA LEXICAL

O estudo do significado das palavras e sentenças das línguas naturais é tradicionalmente dividido entre as áreas denominadas "Semântica" e "Pragmática". A Semântica se ocupa do estudo sistemático do significado[1] de palavras e sentenças, estabelecendo seu escopo de estudo dentro do sistema, da estrutura, de uma língua natural, sem levar em conta elementos externos a esse sistema. A Pragmática, por outro lado, se ocupa do estudo do significado de palavras e sentenças construído no contexto. Ou seja, o escopo do estudo da Pragmática são os diferentes significados que podem ser atribuídos às palavras e sentenças da língua, levando-se em conta o uso e elementos externos ao sistema linguístico. Como exemplo, apresentamos a sentença[2] a seguir:

(1) Eu sou o homem mais rico do mundo.

Em um estudo semântico dessa sentença, pode-se afirmar que o verbo *ser* indica um estado do participante denotado pelo pronome *eu*, que é

---

1. Não faremos aqui a distinção entre *sentido* e *significado* proposta por Frege (1960 [1892]); neste livro, tais termos serão usados como sinonímias.

2. Seguimos a definição de sentença de Pires de Oliveira (2010); sintaticamente, a sentença é uma estrutura que contém um verbo principal conjugado e, semanticamente, é a expressão de um pensamento completo.

identificado no mundo com a referência do sintagma nominal *o homem mais rico do mundo*. Pode-se ainda fazer uma série de afirmações em relação à semântica de cada uma das palavras, por exemplo, dizer que "a palavra *mais* atribui grau à palavra *rico*", que por sua vez significa *aquele que tem muitos bens materiais*, dizer que "*homem* identifica no mundo um ser humano adulto do sexo masculino" etc. Já em um estudo pragmático, as informações contidas em (1) não são suficientes para especificar o significado que se pretende veicular, pois não é encontrado aí o contexto em que a sentença foi utilizada. Para exemplificarmos brevemente um tipo de análise pragmática para essa sentença, imagine que ela foi proferida no seguinte contexto: Marta e Carlos são brasileiros e pessoas de um nível econômico baixo. Eles estavam tendo uma discussão e Marta estava claramente equivocada em relação aos pontos que defendia. Carlos já não queria mais discutir e para encerrar a conversa profere as sentenças:

(2) Tudo bem, Marta. Você está certa e eu sou o homem mais rico do mundo.

Com a sentença (1) inserida no contexto apresentado, torna-se possível fazer algum tipo de análise pragmática. Nesse caso, pode-se afirmar que o falante não tem a intenção de informar ao seu interlocutor que ele pode ser identificado com o homem mais rico do mundo, já que o contexto exclui completamente essa possibilidade. Pode-se concluir, portanto, que o falante está sendo irônico e que, através do proferimento dessa sentença, ele quer informar ao seu interlocutor que aquilo que foi proferido anteriormente, no caso, a sentença *você está certa*, é claramente falso.

Com essa primeira divisão do campo de estudo do significado, localizamos o assunto a ser tratado neste livro dentro da área denominada "Semântica", ou seja, abordaremos o significado linguístico através do estudo sistemático do sentido de palavras e sentenças, dentro do sistema de uma língua natural, especificamente o português[3], sem levar em conta elementos

---

3. Daqui para frente, sempre que usarmos a palavra *português*, estamos nos referindo ao português brasileiro.

externos a esse sistema. Entretanto, ainda dentro desse campo de estudo, existem subdivisões. Uma subdivisão que se pode considerar de extrema relevância é entre as áreas denominadas "Semântica Formal" e "Semântica Representacional".

A Semântica Formal, ou Semântica Referencial, tem como principal foco a investigação da relação entre as palavras e as sentenças de uma língua e o(s) mundo(s) sobre o(s) qual(is) se fala. Essa abordagem trata de questões relacionadas ao "mundo público" e se vale de noções objetivamente não linguísticas (porém, atendo-se à explicação do sistema linguístico), tais como valores de verdade. Essas teorias referenciais tratam do significado informacional e têm relação com o que Chierchia (2003) chama de "*aboutness*" ("sobre o que se fala").

Por outro lado, a Semântica Representacional, vista como uma ampla área de investigação, trata do significado cognitivo que envolve a relação entre a língua e os construtos mentais que de alguma maneira representam ou estão codificados no conhecimento semântico do falante. Teorias que tratam do significado cognitivo olham para dentro do aparato linguístico do falante e não estão preocupadas com o "mundo público", que envolve a comunicação linguística. Retomando a sentença em (1), é possível exemplificar brevemente o que vem a ser uma análise formal e o que vem a ser uma análise representacional:

(3) Eu sou o homem mais rico do mundo.

Uma análise formal de *eu sou o homem mais rico do mundo* considera a relação entre essa sentença e o mundo físico, sua referência. Pode-se dizer, por exemplo, se essa sentença é verdadeira ou falsa ou quais são as suas condições de verdade, ou seja, o que é necessário ocorrer no mundo para que a sentença acima seja verdadeira. Pode-se, ainda, dizer que o significado dessa sentença é definido em termos de conjuntos de indivíduos em que o indivíduo denotado por *eu* pertence ao conjunto dos seres que podem ser caracterizados como *ser homem* e também pertence ao subconjunto dos homens que podem ser caracterizados por *ser rico*.

Diferentemente, uma análise da mesma sentença em abordagens representacionais traz à tona outras propriedades semânticas. Nesse caso, pode-se dizer que a sentença descreve um estado do participante denotado por *eu*. Ainda, pode-se investigar o sentido do adjetivo *rico*, mostrando seus possíveis sentidos e a relação entre eles (ser rico financeiramente ou ser rico em saúde, p. ex.).

A Semântica Lexical, da qual trataremos ao longo deste livro, encaixa-se em uma abordagem representacional. Isso significa que nessa área de estudo há uma preocupação em relacionar a língua a representações mentais, e não ao mundo. Além disso, uma característica importante desse campo de estudo deve aqui ser destacada. Como foi visto, a Semântica, como uma disciplina ampla, estuda o sentido das palavras e também das sentenças das línguas naturais. A Semântica Lexical, como um campo de estudo mais específico da Semântica, ocupa-se primordialmente do sentido das palavras, estabelecendo relações entre propriedades linguísticas e o sentido dos itens lexicais. Dentro da abordagem representacional, o foco da Semântica Lexical é propor análises teóricas e descrições dos sentidos dos itens lexicais como representações mentais do que se pode chamar de Língua-I, nos termos de Chomsky (1995), ou seja, de uma capacidade mental individual e interna dos falantes, que permite que eles produzam e entendam sentenças em suas línguas nativas.

Portanto, pode-se definir a Semântica Lexical, *grosso modo*, como o estudo do sentido das palavras sob a perspectiva da Semântica Representacional (em especial palavras de categorias lexicais). Entretanto, ainda assim, diferentes objetos de estudo e diferentes análises emergem do estudo sistemático do sentido das palavras. Falaremos um pouco sobre essas diferenças a seguir e, posteriormente, apresentaremos uma definição mais precisa do que propomos estudar ao longo deste livro.

1.1 "Semânticas Lexicais"

Levando-se em conta esse pressuposto básico assumido pela chamada Semântica Lexical, deve-se notar que dentro dessa área ainda há vários tipos de fenômenos e abordagens que são especificamente estudados. Na literatura, encontram-se dois campos de estudo bem definidos, que são, tradicionalmente, conhecidos como Semântica Lexical. O primeiro campo se preocupa com o sentido das palavras e a relação entre esses sentidos, e o segundo campo se preocupa em determinar quais propriedades semânticas têm impacto na estruturação sintática das sentenças.

Segundo Geeraerts (2010), o primeiro campo de estudo que pode ser chamado de Semântica Lexical surge por volta de 1930 a 1960, com a Linguística Estruturalista, evidentemente influenciada e orientada pelo trabalho de Saussure[4]. Em meio a uma variedade de posições teóricas e métodos descritivos que surgem da concepção estruturalista, pode-se destacar três pontos que distinguem essa corrente teórica: o conceito de campo lexical, a análise componencial (traços semânticos) e a semântica relacional (sinonímias, hiponímias, antonímias, meronímias, homonímias, polissemias etc.).

O conceito de campo lexical, ou campo semântico, é utilizado na descrição de um grupo de palavras que possuem alguma relação de sentido entre si e que se relacionam a um mesmo domínio. Como exemplo, citamos o campo lexical das palavras relacionadas à vida universitária:

(4) *vestibular, disciplina, curso, habilitação, graduação, professor, currículo...*

A noção de campo lexical tem uma aplicação muito interessante em áreas mais recentes da Semântica, como, por exemplo, a Semântica Cognitiva (ou Gramática Cognitiva). Essa perspectiva semântica aparece na década de 1980 com os trabalhos de Lakoff e Johnson (1980), Fillmore (1982), Fauconnier (1985), Langacker (1987), entre outros, e também se localiza dentro da grande área de estudo da Semântica Representacional. O objeto de estudo da Semântica Cognitiva é a relação entre o sentido das palavras e das sentenças e as capacidades cognitivas gerais dos seres humanos. Nessa

---

4. Descrito principalmente em Saussure (2006 [1916]), obra póstuma do autor, organizada e publicada por alguns de seus alunos.

abordagem teórica, estudam-se, por exemplo, fenômenos linguísticos como a metáfora e a metonímia. Esses tipos de fenômenos se relacionam aos campos lexicais de uma maneira sistemática. A metáfora ocorre quando propriedades de um determinado domínio são atribuídas a outro domínio. A metonímia, por sua vez, ocorre com a substituição de um termo por outro, quando ambos pertencem ao mesmo campo lexical. Como exemplos desses dois tipos de fenômenos, mostramos metáforas e metonímias relacionadas ao campo lexical da vida universitária, apontado no exemplo em (4). Na formação de metáforas é possível atribuir a esse campo lexical propriedades do domínio de palavras relacionadas a outro campo lexical, o espaço físico, como por exemplo, *porta, abertura, janela* etc. Na formação de metonímias, é possível utilizar uma palavra por outra dentro do próprio campo lexical da vida universitária. Vejamos exemplos:

(5) a. O vestibular abre muitas portas. (metáfora)
 b. A graduação é uma janela para o sucesso profissional. (metáfora)
(6) a. Esse professor é muito difícil. (metonímia: a palavra *professor* pode designar a disciplina ministrada pelo professor)
 b. Esse curso cobra muito dos alunos. (metonímia: a palavra *curso* pode designar o professor que ministra a disciplina)

Ainda dentro da Semântica Cognitiva, a noção de campo lexical é utilizada em outra abordagem, conhecida como "Semântica de *Frames*". Nessa perspectiva, as palavras são analisadas como evocadoras de *frames* ('estruturas'), ou seja, saber o sentido das palavras requer o acesso a estruturas do conhecimento relacionadas à experiência humana. No caso do exemplo das palavras do campo da vida acadêmica, saber o que significa *vestibular* requer o acesso do falante a um conhecimento, estocado em sua memória, relativo à experiência da vida acadêmica. As palavras de um mesmo campo lexical se relacionam aos mesmos *frames* ou a *frames* semelhantes.

Retomando a exposição sobre a Semântica Lexical, pode-se destacar um segundo tipo de estudo, conhecido como análise componencial. Essa abordagem, apesar de já ter sido abandonada como uma perspectiva teórica, foi utilizada amplamente por estudiosos de diferentes áreas da Linguística. Um exemplo da aplicação desse tipo de análise é a atribuição de restrições selecionais verbais, como proposto por Chomsky (1965), dentro da proposta sintática gerativista. As palavras *homem* e *mulher* podem ser analisadas componencialmente através de traços semânticos, da seguinte forma:

$$
(7)\ \text{homem:} \begin{bmatrix} + \text{ animado} \\ + \text{ adulto} \\ + \text{ humano} \\ + \text{ masculino} \end{bmatrix} \quad \text{mulher:} \begin{bmatrix} + \text{ animado} \\ + \text{ adulto} \\ + \text{ humano} \\ - \text{ masculino} \end{bmatrix}
$$

Esses traços semânticos podem ser utilizados na determinação das restrições selecionais dos verbos. Para o argumento de um verbo como *engravidar*, por exemplo, tem-se a restrição selecional de [-masculino]. Assim, a sentença em (8) é uma sentença bem formada, enquanto a sentença em (9) é anômala:

(8) A mulher engravidou.
(9) ?O homem engravidou.

Além da Gramática Gerativa, a Semântica Cognitiva também utiliza os traços semânticos na conceituação de categorias. Entretanto, essa abordagem apresenta uma crítica às classificações estanques, baseadas em categorias em que todos os elementos devam possuir exatamente o mesmo grupo de traços. Nesse campo de estudo, categorias não são vistas como grupos bem delimitados de entidades com as mesmas características, mas como grupos de entidades em que há elementos mais prototípicos, ou seja, mais centrais, e elementos mais periféricos, ou seja, menos centrais. Dessa forma, essa análise concebe as categorias como sendo estruturadas de uma forma gradual[5]. Os elementos pertencentes às categorias são definidos a partir de seus traços semânticos. Dentro dessa perspectiva teórica, os elementos com

---

5. Sobre Teoria de Protótipos, cf. Rosch (1973, 1975).

maior número de traços correspondentes ao que se associa prototipicamente à categoria em questão serão os mais centrais. Como exemplo, citamos a categoria AVE. Essa categoria tem geralmente alguns traços mais básicos associados a ela, tais como: [+animado], [+bípede], [+ovíparo], [+voador]. Elementos que possuem todos esses traços são considerados os mais prototípicos da categoria AVE, como *pardal, pombo, urubu* etc. Outros elementos como *galinha, pinguim, avestruz* etc. também são considerados da categoria AVE por possuírem alguns desses traços, porém são elementos menos prototípicos, já que não possuem o traço semântico [+voador].

Por fim, o terceiro ponto da Semântica Lexical de vertente estruturalista a ser apontado é a abordagem que trata das relações de sentido estabelecidas entre as palavras. Essas relações podem ser de diferentes tipos. Exemplificamos algumas:

(10) *rapaz – moço* (relação de sinonímia, os sentidos das palavras são correspondentes)
(11) *rosa – flor* (relação de hiponímia, o sentido de uma palavra está contido no sentido de outra)
(12) *alto – baixo* (relação de antonímia, os sentidos das palavras são opostos)
(13) *dedo – mão* (relação de meronímia, uma palavra denota a parte de um todo, denotado por outra palavra)

Essas relações de sentido são importantes para o estabelecimento de relações entre sentenças. Por exemplo, a relação de acarretamento ocorrerá entre sentenças com palavras em relações de sinonímia e hiponímia (*a Maria beijou o rapaz* acarreta e parafraseia *a Maria beijou o moço*; *a Maria colheu uma rosa* acarreta *a Maria colheu uma flor*). Além disso, essas relações semânticas têm sido utilizadas na construção de bancos de dados, como, por exemplo, o *Wordnet* (FELLBAUM, 1998/ http://wordnet.princeton. edu/). Nesse amplo trabalho de Linguística de *Corpus*, cujo nome pode ser traduzido por "rede de palavras" em português, estabelecem-se ligações entre nomes, verbos, adjetivos e advérbios, de forma que o banco de dados não é apenas um grande *corpus*, mas um *corpus* em que cada item é relacionado a diferentes itens através das relações semânticas, criando, assim, uma grande rede de significados lexicais.

Apresentamos, assim, o primeiro campo de estudo conhecido como Semântica Lexical, uma abordagem de vertente estruturalista que se preocupa com o sentido das palavras e a relação entre esses sentidos. Esse campo tem como principais enfoques o estudo dos campos lexicais, a análise componencial e a semântica relacional. Como realçado, algumas dessas análises também são usadas em outros campos de estudo como a Semântica Cognitiva, a Gramática Gerativa e a Linguística de *Corpus*.

Um segundo campo, também conhecido como Semântica Lexical, surge principalmente com os trabalhos de Fillmore (1968, 1970, 1971), na década de 1960. O autor faz um estudo dos itens lexicais predicadores, mais especificamente dos verbos, e mostra que há uma relação sistemática entre os papéis semânticos atribuídos por esses itens a seus argumentos e as estruturas sintáticas licenciadas para esses verbos. Esse tipo de estudo da semântica dos itens lexicais privilegia o estudo dos verbos, pois estes possuem uma sintaxe mais complexa do que a de nomes, adjetivos, advérbios ou preposições. O principal objetivo dessa área é determinar quais propriedades semânticas dos itens lexicais têm impacto na sintaxe, ou, em outras palavras, quais propriedades semântico-lexicais são gramaticalmente relevantes. Três perspectivas principais podem ser destacadas nesse tipo de Semântica Lexical: a análise de itens predicadores, principalmente os verbos, por papéis temáticos, a análise do aspecto lexical dos verbos e a análise dos verbos em estruturas de decomposição de predicados.

Entre os primeiros autores a tratar destas funções semânticas, conhecidas mais comumente como "papéis temáticos", destacam-se Gruber (1965, 1976), Halliday (1966, 1967), Fillmore (1968, 1970, 1971), Chafe (1970) e Jackendoff (1972). Entretanto, é no extenso trabalho de Fillmore (1968, 1970, 1971) sobre a semântica dos verbos que se encontram as primeiras ideias sobre a determinação semântico-lexical da sintaxe, ou seja, a relação desses papéis temáticos com a sintaxe. Os papéis temáticos podem ser exemplificados com os conhecidos conceitos de "agente" e de "paciente". Essas noções fazem parte, por exemplo, de verbos que, para terem seu sentido completo, pedem dois argumentos: um participante animado que age volitivamente (agente) e um participante afetado, que sofre a ação denotada pelo verbo (paciente). Um verbo como *temperar* traz em seu sentido que são essas as funções a serem atribuídas aos seus argumentos. Essa informação pode ser representada como a estrutura em (14b):

(14) a. A Maria temperou a comida.
     b. *temperar*: {Agente, Paciente}

Além de servir como importantes propriedades descritivas do sentido dos verbos, os papéis temáticos são importantes determinantes da configuração sintática desses itens. É assumido, por exemplo, que verbos agentivos podem ser passivizados, mas não podem ocorrer na alternância causativo-incoativa (um tipo de intransitivização de verbos transitivos, em que o objeto direto passa para a posição de sujeito):

(15) a. A comida foi temperada pela Maria.
     b.*A comida temperou.

Uma segunda abordagem de estudo da semântica dos verbos, de extrema importância na história do desenvolvimento desse tipo de Semântica Lexical, surge por volta dos anos de 1950 e 1960, com os estudos de Ryle (1949), Kenny (1963) e Vendler (1967), que mostraram que uma discussão, a princípio, filosófica sobre os diferentes modos da ação poderia ter uma grande importância na explicação de fatos linguísticos. Vendler (1967), principalmente, propõe uma ampla análise dos verbos, distribuindo-os em classes segundo suas propriedades aspectuais, dando origem ao que se nomeia "aspecto lexical". Para o autor, o aspecto lexical de um item verbal define como a situação descrita por esse item se desenrola no decorrer do tempo. As classes aspectuais propostas são quatro:

atividades, estados, *accomplishments* e *achievements*[6]. Em estudos posteriores, principalmente a partir do amplo estudo de Dowty (1979) sobre as propriedades das classes aspectuais, vários autores relacionaram essa classificação a propriedades gramaticais dos verbos, como a realização argumental, as possibilidades de marcação de aspecto gramatical e os tipos de estruturas sintáticas.

Como exemplo da influência dessas propriedades semânticas na gramática pode-se citar a estreita relação entre os tipos aspectuais e as diferentes marcas morfossintáticas de aspecto gramatical. Apesar de essa relação não ser categórica, os verbos da classe dos estados tendem a não ocorrer em perífrases de gerúndio, enquanto essa restrição não se aplica a verbos de outras classes aspectuais:

(16) *O João está tendo uma casa na praia. (*ter* – verbo da classe dos estados)
(17) O menino está correndo. (*correr* – verbo da classe das atividades)
(18) O vaso de flor está caindo. (*cair* – verbo da classe dos *achievements*)
(19) O menino está construindo um castelo de areia. (*construir* – verbo da classe dos *accomplishments*)

A terceira abordagem do estudo da semântica dos verbos surge, paralelamente ao trabalho de Fillmore (1968, 1970, 1971) e de Vendler (1967), também na década de 1960, com a proposta de Katz e Fodor (1963) apresentando a Semântica Componencial como parte formal da gramática. Entretanto, se essa proposta foi interessante e inovadora, também trouxe consigo alguns complexos problemas teóricos. Para transpor esses problemas surgiu a ideia de se usar o aparato formal da lógica na abordagem componencial, proposta por alguns linguistas de formação gerativista, tais como McCawley (1968a), Lakoff (1970), Ross (1972), entre outros. Contrariamente à tendência da tradição chomskyana, que assumia uma estrutura subjacente sintática, esses autores passam a assumir que a estrutura

---

6. Os termos *accomplishment* e *achievement* são convencionalmente assumidos em inglês, sem tradução na literatura em português.

subjacente das sentenças é semântica, decomponível e usa a representação lógica de predicados e argumentos. Com isso, surge a proposta que ficou conhecida como Semântica Gerativa (McCAWLEY, 1968a, 1968b; MORGAN, 1969; LAKOFF, 1970; ROSS, 1969, 1972). Um grande legado desses pesquisadores é a ideia de decomposição semântica. Segundo esses autores, os verbos não possuem um sentido único, mas são compostos de diferentes partes de sentido. Assume-se, portanto, que a semântica de um verbo não é unitária, mas composta por subpartes e componentes, os chamados "primitivos semânticos".

Posteriormente, a Semântica Gerativa foi duramente criticada na literatura, principalmente pela maneira com que esse tipo de semântica se ajustava à estrutura da gramática. Essas críticas levaram a teoria ao seu esvaziamento. Entretanto, a ideia de decomposição do sentido de itens, expressos em um sistema de predicados primitivos, perpetuou-se nos estudos linguísticos, não somente na Semântica Lexical, mas também em diferentes perspectivas teóricas, como a Semântica Formal, a Morfologia Distribuída e a própria Sintaxe Gerativa, em seus desdobramentos mais recentes. O estudo das partes do sentido dos verbos levou os pesquisadores à descoberta de uma série de propriedades semânticas gramaticalmente relevantes, dentre as quais é possível citar a noção de mudança, um primitivo semântico representado por BECOME, que é relacionado na literatura à ocorrência da alternância causativo-incoativa (intransitivização de verbos transitivos), quando essa mudança é em relação a um estado (LAKOFF, 1970). Um verbo que possui em seu sentido esse primitivo (relacionado a uma mudança de estado) pode alternar entre as formas transitiva e intransitiva, como exemplificamos abaixo:

(20) a. A luz do sol clareou a sala.
     b. A sala clareou.

Como se pôde notar, o tipo de Semântica Lexical que surge com Fillmore (1968, 1970, 1971), com Vendler (1967) e com os semanticistas gerativos na década de 1960 não tem como objetivo apenas descrever a semântica dos itens lexicais ou as relações de sentido entre eles. O foco desse tipo de análise são as propriedades semânticas dos itens lexicais predicadores, especialmente dos verbos, que têm algum tipo de relevância na sintaxe desses itens. Assim, essa linha de pesquisa também é conhecida como Interface Sintaxe-Semântica Lexical, nomenclatura que explicita a preocupação em se descrever e analisar propriedades semânticas que determinam a sintaxe ou que, de maneira geral, são relevantes para a gramática.

Concluindo esta seção, retomamos as ideias centrais apontadas: existem dois principais campos de estudo denominados "Semântica Lexical". O primeiro campo de estudo, que surge com o estruturalismo, tem como foco o estudo dos sentidos das palavras e as relações entre esses sentidos. Destacam-se os estudos específicos sobre o campo lexical, sobre a análise componencial e sobre a semântica relacional. O segundo campo de estudo, que surge por volta da década de 1960, tem como foco o estudo da semântica das palavras (com especial atenção aos verbos) e sua relação com a sintaxe. Destacam-se os estudos específicos sobre papéis temáticos, aspecto lexical e decomposição de predicados[7].

Ao longo deste livro abordaremos os assuntos mais relevantes do segundo tipo de Semântica Lexical apresentado nesta seção, mais especificamente apresentaremos a linha de pesquisa conhecida como Interface Sintaxe-Semântica Lexical.

2 A INTERFACE SINTAXE-SEMÂNTICA LEXICAL

Como a área da Interface Sintaxe-Semântica Lexical, mais geralmente chamada de Semântica Lexical, estuda a relevância sintática do sentido dos

---

7. Existem outras vertentes que também são conhecidas como Semântica Lexical, que, apesar de terem surgido a partir de ideias apresentadas nesta seção, se distinguem em alguns pontos dos dois tipos de Semântica Lexical apresentados. Podem aqui ser citados os trabalhos de semanticistas tais como Bierwisch (1969), Wierzbicka (1988), Jackendoff (1983, 1990) e Pustejovsky (1995).

itens lexicais, o componente linguístico que contém esses itens, o conhecido "léxico", tem nesse campo de estudo uma grande importância. Segundo a definição de Crystal (2000), pode-se pensar no léxico, de uma maneira mais geral, como a lista de palavras de uma determinada língua, ou seja, o vocabulário dessa língua. Contudo, de uma maneira mais específica, seguindo a tradição gerativista, pode-se também pensar no léxico como o componente da gramática que contém todas as informações sobre as propriedades estruturais dos itens lexicais, ou seja, sua especificação semântica, sintática e fonológica. Dessa forma, é importante ressaltar que o léxico é visto como um componente da gramática que comporta regras e generalizações, diferentemente de uma visão do léxico como simplesmente um repositório de idiossincrasias. É também o que assumimos neste livro.

Contudo, nas entradas lexicais dos verbos, além de informações linguísticas sintáticas e fonológicas, ainda existe uma grande quantidade de informações semânticas que não são relevantes para essa linha de pesquisa da Semântica Lexical. Entre os semanticistas, é comumente assumido que somente algumas facetas do sentido de um item lexical são relevantes para a sintaxe (PINKER, 1989; JACKENDOFF, 1990; RAPPAPORT HOVAV & LEVIN, 1998; LEVIN, 1999; DAVIS, 2001; GRIMSHAW, 2005; entre outros). A hipótese mais explícita é feita por Pinker (1989, p. 166) (tradução nossa): "Talvez exista um grupo de elementos semânticos e relações que é bem menor que o grupo de distinções cognitivamente disponíveis e culturalmente salientes, e o sentido dos verbos é organizado em torno desses elementos e relações semânticas". Grimshaw (2005), por exemplo, mostra que, apesar de vários verbos trazerem a ideia de cor em seu sentido (*pintar*, *colorir*, *amarelar*, *desbotar*), não existe nenhum processo ou generalização gramatical sobre a realização morfossintática dos argumentos desses verbos. Da mesma forma, Pesetsky (1995) mostra que não existe nenhum tipo de generalização sintática que possa ser feita sobre a diferença entre verbos que denotam emissão de sons altos (*berrar*, *urrar*) e verbos que denotam emissão de sons baixos (*sussurrar*, *murmurar*). Entretanto, a distinção entre verbos que denotam uma maneira de falar (*sussurrar*) e verbos que denotam um conteúdo de fala (*dizer, falar, propor*) parece ser relevante para uma classificação dos verbos. Por exemplo, em inglês, somente os verbos que denotam um conteúdo de fala aceitam um complemento sentencial:

(21) Mary said that she is hungry.
 'Mary falou que ela está com fome'.
(22) *Mary whispered that she is hungry.
 'Mary sussurrou que ela está com fome'[8].

Diferentemente das propriedades lexicais de *apresentar uma ideia de cor* e de *denotar a emissão de sons altos ou baixos*, a propriedade lexical *agir com intenção* é assumida na literatura como sendo relevante para o comportamento gramatical dos verbos. Pode-se listar sumariamente alguns verbos do português que acarretam tal propriedade, ou seja, que contêm essa ideia entre as suas informações semânticas: *escrever, comer, cozinhar, desenhar*, dentre muitos outros. Todos esses verbos aceitam, por exemplo, a formação de passivas:

(23) A carta foi escrita.
(24) A maçã foi comida.
(25) A carne foi cozida.
(26) A casa foi desenhada.

Contrastem-se esses verbos com verbos como *preocupar* e *sentir*, que não acarretam a propriedade *agir com intenção* para o seu sujeito e não aceitam a formação de passivas:

(27) *A mãe foi preocupada (pelo filho).
(28) *Fome foi sentida (pelo menino).

Portanto, *agir com intenção* parece ser uma propriedade semântica relevante a ser estudada na análise gramatical das línguas.

---

8. Talvez para o português essa distinção não se mantenha, pois não nos parece agramatical a sentença *Mary sussurrou que está com fome*.

Seguindo essa linha de análise, muitos autores[9] adeptos da Semântica Lexical assumem que classificar verbos implica agrupá-los em classes que partilham certas propriedades não só semânticas, mas também sintáticas, ou, ainda, implica agrupá-los por propriedades semânticas que tenham algum impacto no seu comportamento gramatical. Para isso, assumem que a informação semântica presente nos itens lexicais não se resume a uma coleção de sentidos idiossincráticos. Existem também outros tipos de sentido, os sentidos que são relevantes gramaticalmente, determinando as realizações sintáticas dos itens. Logo, se alguns verbos se comportam sintaticamente da mesma maneira ou, mais propriamente, compartilham uma propriedade sintática, então são suspeitos de carregar alguma propriedade semântica em comum.

A afirmação de que a semântica lexical dos verbos determina como os argumentos se realizam sintaticamente pode ser explicitada através de um clássico exemplo que já mencionamos anteriormente, a alternância de uma forma transitivo-causativa para uma forma intransitivo-incoativa (ou simplesmente, alternância causativo-incoativa). Fillmore (1970), no conhecido artigo *"The Grammar of Hitting and Breaking"*, traz uma ampla análise dessa propriedade sintática no inglês, mostrando como ela é sensível a classes semanticamente coerentes de verbos. Para se entender a argumentação do autor, imagine, primeiramente, uma cena no mundo em que um menino joga uma bola, acerta uma janela, e esta quebra. Essa cena pode ser descrita usando as duas sentenças abaixo:

(29) O menino quebrou a janela com uma bola.
(30) O menino acertou a janela com uma bola.

Os participantes dessa cena são o menino, a bola e a janela. Esses participantes são expressos na sintaxe da mesma forma, nas duas sentenças acima:

---

9. Podemos citar: Fillmore (1970), Dowty (1989, 1991, 2001), Dixon (1992), Pinker (1989), Levin e Rappaport Hovav (1992, 1995, 2005), Rappaport e Levin (1988), Levin (1993, 1999), Van Valin (1993, 2005), Van Valin e LaPolla (1997), Wunderlich (1997, 2012), Franchi (2003 [1997]), Cançado (2005), Koenig e Davis (2006), entre outros.

o menino é o sujeito, *a janela* é o complemento e *a bola* é o complemento da preposição. Entretanto, o verbo *quebrar* pode ser usado na forma sintática intransitiva para descrever somente parte dessa cena e o verbo *acertar* não pode ser usado nessa forma (ou seja, apenas *quebrar* aceita a alternância causativo-incoativa):

(31) A janela quebrou.
(32) *A janela acertou.

Segundo Levin e Rappaport Hovav (2005), explicar o que está envolvido em ocorrências como a apresentada acima é o papel central dos estudos em Semântica Lexical. Verbos como *quebrar* e *acertar* são geralmente classificados como sendo verbos que denotam um agente agindo sobre um paciente. Comumente, é aceito por vários linguistas que relacionar o papel temático de agente à posição de sujeito e o papel temático de paciente à posição de objeto já é o suficiente para se explicar as realizações argumentais possíveis de verbos agentivos. Entretanto, como se constata nos exemplos acima, somente essa distinção não explica a diferença do comportamento sintático dos verbos em (31) e (32). Precisa-se de definições mais finas para estabelecer essa diferença. A base para generalizações concernentes à realização argumental é a identificação de classes semânticas. Por exemplo, o que se pode afirmar sobre esses dois verbos, *quebrar* e *acertar*, em relação à sua participação em determinada classe semântica? Fillmore (1970) mostra que, em termos de comportamento linguístico, os verbos *break* e *hit* podem ser representativos de duas distintas classes semânticas: verbos que se comportam como *break* envolvem uma mudança de estado em uma entidade, e verbos que se comportam como *hit* envolvem contato, geralmente usando força, sobre alguma entidade, sem que acarrete nenhuma mudança de estado nessa entidade. É possível fazer uma análise semelhante para os verbos do português: verbos do tipo de *quebrar* envolvem uma mudança de estado em uma entidade; já verbos do tipo de *acertar* envolvem contato com uma entidade, usando força, em geral, sem que acarrete uma mudança de estado para tal entidade. É impossível se dizer:

(33) ⊨ O menino quebrou a janela, mas a janela não se danificou[10].

Entretanto, é perfeitamente aceitável se dizer:

(34) O menino acertou a janela, mas a janela não se danificou.

Veja exemplos de verbos do português participantes dessas duas classes:

(35) Verbos de mudança de estado: quebrar, machucar, abrir, queimar...
(36) Verbos de contato: acertar, atingir, estapear, beliscar...

De fato, os verbos de mudança de estado apresentam um comportamento sintático semelhante em relação à alternância entre uma estrutura transitiva causativa e uma estrutura intransitiva incoativa[11]:

(37) a. O menino machucou o gatinho.
     b. O gatinho (se) machucou.
(38) a. O menino abriu a porta.
     b. A porta (se) abriu.
(39) a. O menino queimou a folha.
     b. A folha (se) queimou.

E os verbos classificados como verbos de contato não apresentam a estrutura intransitiva, ou seja, não permitem a alternância:

(40) a. O menino atingiu o amigo.
     b. *O amigo (se) atingiu.
(41) a. O menino estapeou o colega.
     b. *O colega (se) estapeou.

---

10. O símbolo ⊨ indica que a sentença é contraditória (CANN, 1993).

11. Em português, a alternância causativo-incoativa pode apresentar uma marca dessa mudança de estrutura argumental, com a presença do clítico *se*, opcional em alguns dialetos e obrigatória em outros. Para mais detalhes, cf. Cançado et al. (2013a).

(42) a. O menino beliscou a irmã.
   b. *A irmã (se) beliscou[12].

Essas duas classes ainda apresentam outras possíveis realizações argumentais distintivas, como por exemplo, no português, a alternância parte-todo (estudada em CANÇADO, 2010), que é permitida para verbos de mudança de estado, mas não o é para verbos de contato:

(43) a. O menino quebrou o braço do João.
   b. O João quebrou o braço.
(44) a. O menino acertou o braço do João.
   b. *O João acertou o braço.

Veja que em (43b) a leitura de que o João teve seu braço quebrado por alguém é perfeitamente aceitável; já em (44b) a leitura de que o João teve o seu braço acertado por alguém não é possível.

O fato de que verbos com sentidos específicos similares apresentam as mesmas realizações argumentais sugere que essas diferentes realizações estão restritas pelas propriedades semânticas de cada tipo de classe de verbos. O mesmo tipo de comportamento sintático pode ser verificado nessas classes semânticas em diferentes línguas como inglês (FILLMORE, 1970), português (CANÇADO et al., 2013a), espanhol (KOONTZ-GARBODEN, 2009), italiano (CHIERCHIA, 2004 [1989]), francês (LABELLE, 1992), alemão (FRENSE & BENNETT, 1996), basco (OYHARÇABAL, 2003), japonês (YAMAGUCHI, 1998), línguas da Ásia (BEAVERS & ZUBAIR, 2013) e línguas indígenas da América (CAMPOS, 2007). Essa extensa ocorrência levou Horvath e Siloni (2011) a postularem a classe dos verbos de mudança de estado e sua ocorrência na alternância causativo-incoativa como um universal linguístico.

Entretanto, é importante realçar, como apontam Cançado e Gonçalves (2016), baseadas em Levin (2010), que o *grain-size*, o tipo de classificação

---

12. Observe que a leitura agramatical dessas sentenças não é a reflexiva. Cf. sobre isso, a Seção 3.3.1 do Capítulo 2.

em diferentes níveis de análise, deve ser levado em conta na definição das classes verbais. Assim, as autoras propõem três níveis de classificação: *coarse-grained* (nível mais amplo), *medium-grained* (nível refinado) e *fine-grained* (nível mais restrito)[13].

Cada tipo de classificação está associado a diferentes fenômenos linguísticos. Por exemplo, uma classificação do tipo *coarse-grained* pode ser definida como aquela que resulta em classes verbais menos refinadas. Os verbos classificados dessa maneira se agrupam por propriedades semânticas que têm impacto na sintaxe, mas que são mais gerais e que são apenas partes das informações semânticas de estruturas lexicais dos itens verbais. Também esse nível de classificação traz menos informações sintáticas a respeito dos verbos. Portanto, classes de verbos no nível *coarse-grained* são menos refinadas em relação às informações semânticas e sintáticas de um item verbal. Esses tipos de classes podem ser definidos a partir de categorias aspectuais (p. ex., verbos de atividade, de estado etc.), da quantidade de argumentos (verbos monoargumentais, biargumentais etc.), ou até mesmo a partir de um papel temático dos argumentos. Por exemplo, segundo Jackendoff (1972), verbos que apresentam um agente na posição de sujeito podem ser passivizados:

(45) a. A faxineira lavou a roupa.
    b. A roupa foi lavada pela faxineira.
(46) a. O pedreiro construiu a casa.
    b. A casa foi construída pelo pedreiro.

Portanto, a passivização é um exemplo de propriedade sintática que motiva uma classificação verbal em um nível *coarse-grained*, pois essa classe

---

13. Vamos adotar o termo em inglês, por não haver ainda na literatura uma tradução técnica. Basicamente, chama-se de *grain-size* o refinamento da análise: para uma análise que se vale de noções mais amplas emprega-se o termo *coarse-grained*, para uma análise de conceitos mais refinados usa-se o termo *medium-grained*, e para uma análise baseada em propriedades mais específicas usa-se *fine-grained*.

apresenta apenas uma propriedade semântica de um grupo de verbos e se relaciona a apenas uma propriedade sintática.

A classificação do tipo *medium-grained* resulta em classes mais refinadas do que a classe dos verbos agentivos, pois envolve todas as informações semânticas das estruturas lexicais de grupos de verbos e um número maior de propriedades sintáticas. A classe de verbos que denotam uma mudança de estado é um exemplo desse tipo de classe. Esses verbos possuem a mesma estrutura lexical, ou seja, são verbos que possuem um agente e um paciente como argumentos e estão associados a uma série de propriedades sintáticas em comum. Por exemplo, segundo Cançado et al. (2013), em português, verbos dessa classe aceitam a alternância causativo-incoativa, aceitam a inclusão do clítico *se* e podem aceitar um instrumento na posição de adjunção:

(47) a. A porta (se) abriu.
     b. O menino abriu a porta com uma chave mestra.
(48) a. A folha (se) queimou.
     b. O menino queimou a folha com um fósforo.

Esses fenômenos podem ser analisados, então, como propriedades relevantes para uma classificação em um nível *medium-grained*. As classes desse nível são as mais comumente analisadas na literatura, pois são baseadas em toda a informação das estruturas lexicais e trazem um número maior de informação sintática a respeito dos verbos. Com isso, são caracterizadas como as classes mais "canônicas" de análise.

Por fim, a classificação do tipo *fine-grained* é considerada a mais específica, e as classes verbais resultantes dessa classificação são definidas por propriedades semânticas que têm impacto na sintaxe, mas que não são representadas explicitamente nas estruturas lexicais. Essas classes, geralmente, são definidas a partir de um sentido mais específico de um grupo de verbos. Exemplo de classe verbal tipo *fine-grained* é a dos verbos chamados recíprocos[14]. Trata-se de verbos que denotam uma relação de reciprocidade entre dois participantes e que, por isso, exigem que um dos argumentos tenha uma denotação plural. Entretanto, os argumentos desses verbos não partilham do mesmo tipo de propriedade semântica, podendo variar até mesmo a transitividade, como os verbos *conversar* e *misturar*, exemplificados abaixo. Segundo Godoy (2009, 2010), uma propriedade sintática considerada típica desses verbos é a alternância denominada pela autora de "simples-descontínua", que permite o desmembramento do argumento plural em dois argumentos singulares:

(49) a. Os comerciantes conversaram. (forma simples)
     b. O vendedor de peixes conversou com a florista. (forma descontínua)
(50) a. A queda da caixa misturou as bolinhas de gude. (forma simples)
     b. A queda da caixa misturou as bolinhas verdes com as azuis. (forma descontínua)

Portanto, classes que se agrupam por uma propriedade semântica específica que não está presente nas estruturas lexicais de verbos e, em geral, são associadas a apenas uma propriedade sintática são classificadas como tipo *fine-grained*.

Para se caracterizar as estruturas lexicais das classes de verbos, de uma maneira que isso possibilite um estudo sistemático dessas propriedades em diferentes línguas, propõem-se dentro da Semântica Lexical as chamadas "representações lexicais". Desde os anos de 1980, muitas teorias sintáticas se basearam na afirmação de que a realização sintática dos argumentos de um verbo pode ser derivada de suas propriedades semântico-lexicais. As representações sintáticas nessas teorias resultam da projeção de propriedades lexicais através de princípios[15], sem, entretanto, se estabelecer com muita

---

14. Sobre verbos recíprocos, cf. Dowty (1991), Levin (1993), Dimitriadis (2004, 2008) e Maslova e Nedjalkov (2005); especificamente para o português, cf. Ilari (1987) e Godoy (2009, 2010).

15. Como o Princípio de Projeção da Teoria de Princípios e Parâmetros de Chomsky (1981), as Condições de Completude e Coerência da Gramática Funcional Lexical (KAPLAN & BRESNAN, 1982) e a Restrição de Completude da Gramática de Papel e Referência (FOLEY & VAN VALIN, 1984; VAN VALIN & LaPOLLA, 1997; VAN VALIN, 2005).

precisão qual seria a representação lexical tomada como base para essas projeções. Diferentemente da perspectiva da Sintaxe, na Semântica Lexical busca-se explicitar a representação semântica que é projetada na sintaxe de uma forma mais cuidadosa e sistemática possível. As representações lexicais são fundamentais para a determinação das classes verbais (cada classe possui sua própria representação, que a distingue de outras classes) e para a construção de regras e generalizações a respeito do léxico. Além disso, as representações lexicais abarcam todas as informações semânticas importantes para a sintaxe, deixando esta livre de informações de sentido e, consequentemente, mais simples. Retomando a classe dos verbos de mudança de estado proposta por Fillmore (1970), exemplificamos como as representações lexicais podem ser formuladas na Semântica Lexical:

(51) a. *quebrar*: {Causa, Paciente}
 b. *quebrar*: [[X ACT] CAUSE [BECOME [Y <*QUEBRADO*>]]]
(52) a. *v*: {Causa, Paciente}
 b. *v*: [[X ACT] CAUSE [BECOME [Y <*STATE*>]]]

Em (51) e (52), apresentamos exemplos de representações propostas para o verbo *quebrar* e para a classe dos verbos de mudança de estado, respectivamente; em (a), tem-se uma representação em termos de papéis temáticos, e, em (b), uma representação em termos de decomposição de predicados. Informações a respeito do aspecto lexical dos verbos podem ser derivadas a partir dessas representações. Essas representações são utilizadas para explicitar aquelas propriedades semântico-lexicais que têm relevância gramatical, para agrupar os verbos em classes e para servir de base para a projeção dos itens na sintaxe. A distinção semântica que afeta a realização argumental de um verbo é relevante para uma estrutura da representação semântico-lexical, enquanto outras propriedades semânticas que não afetam essa realização devem ser ignoradas. Geralmente, esses componentes semânticos relevantes gramaticalmente são isolados pelo exame do denominador semântico comum dos verbos que exibem os mesmos tipos de comportamento sintático. Cada um desses tipos de representação será explicado detalhadamente ao longo deste livro.

Portanto, os estudos da Interface Sintaxe-Semântica Lexical têm como preocupação central estabelecer a relação entre a estrutura semântico-lexical dos predicados, principalmente dos verbos, e a estruturação e as propriedades sintáticas das sentenças. Ou seja, objetiva-se tornar explícita a interferência da semântica na sintaxe das línguas. Dessa forma, classificam-se verbos com base em propriedades semânticas que tenham impacto na sintaxe. O estabelecimento de classes verbais é um dos principais objetivos dos estudiosos dessa área. Procura-se organizar o léxico de forma que grupos semanticamente uniformes de itens lexicais possuam sempre as mesmas propriedades sintáticas.

Tendo em vista toda essa argumentação acerca dos estudos em Semântica Lexical, resumimos os principais objetivos dessa área de pesquisa em alguns pontos importantes observados por Levin e Rappaport Hovav (2005):
- identificar as propriedades semânticas que são realmente relevantes gramaticalmente;
- identificar a relevância das classes semânticas e sua relação com regras e generalizações a respeito do léxico;
- explicitar essas propriedades através da representação semântico-lexical dos verbos e das classes verbais;
- estabelecer a ligação entre a semântica lexical e a sintaxe.

Exploraremos esses pontos em cada um dos capítulos deste livro.

3 SUGESTÕES DE LEITURA

Em português, uma introdução aos estudos de Semântica, como uma ampla disciplina, pode ser encontrada no livro *Semântica*, de Ilari e Geraldi (1987) e também em *Manual de Semântica: noções básicas e exercícios* (com primeira edição de 2005, pela editora UFMG, e nova edição de 2012, pela Editora Contexto), de autoria da primeira autora deste livro. Nesses livros o leitor também encontra sugestões de leitura sobre cada um dos temas abordados. Especificamente em Semântica Formal, em um nível mais avançado, tem-se o livro *Semântica Formal: uma breve introdução*, de Pires de Oliveira (2010), e também os livros traduzidos *Semântica*, de Chierchia (2003) e *Curso de Semântica*, de Hurford e Heasley (2004).

Sobre Semântica Lexical, em português, indicamos a leitura da tradução do livro de Pinker (2008), *Do que é feito o pensamento*, que é de uma leitura mais acessível a não especialistas e apresenta um importante tratado sobre a Semântica Lexical. Como não existem outros trabalhos introdutórios em português (é esse justamente o propósito deste livro), remetemos o leitor, então, a importantes obras em inglês. Primeiramente, sugerimos a obra de Geeraerts (2010), que apresenta em seu livro *Theories of Lexical Semantics* uma ampla trajetória das possíveis teorias e tipos de estudo que são elencados como "Semântica Lexical". Uma resenha desse livro foi publicada em português na revista *ReVEL* (OLIVEIRA, 2011). Também sugerimos o livro de Cruse (1986), *Lexical Semantics*, que aborda o primeiro tipo de Semântica Lexical que apresentamos, aquele que estuda os campos lexicais, a análise componencial e as relações entre palavras, como sinonímias, hiponímias, meronímias etc. Recomendamos o livro de Levin e Rappaport Hovav (2005), *Argument Realization*, que aborda a Semântica Lexical do ponto de vista de sua interface com a Sintaxe, ou seja, a área conhecida como Interface Sintaxe-Semântica Lexical. A obra de Levin e Rappaport Hovav é bastante completa e aborda todas as questões dessa área de pesquisa apresentadas na literatura até o momento. Por fim, recomendamos a leitura do livro de Pinker (1989), *Learnability and cognition*, que trata de uma forma bem ampla a estrutura argumental de verbos.

Na Interface Sintaxe-Semântica Lexical, um trabalho empírico muito relevante, sobre o léxico verbal do inglês, é o livro *English verb classes and alternations: a preliminary investigation*, de Levin (1993). Nesse livro a autora apresenta uma extensa catalogação dos verbos do inglês, divididos em classes, e das alternâncias e estruturas sintáticas possíveis de cada classe de verbos. Para o português, baseado principalmente na obra de Levin (1993), tem-se o *Catálogo de verbos do português brasileiro* (vol. 1 – *Verbos de mudança*) (2013), de autoria das autoras deste livro juntamente com Luisa Godoy, cujo propósito é apresentar uma ampla catalogação dos verbos do português (862 verbos catalogados no primeiro volume) que apresentam o sentido de mudança, classificando-os por propriedades semânticas que tenham impacto na sintaxe. Além de uma ampla lista desses verbos e de suas propriedades semânticas e sintáticas, as autoras apresentam no catálogo os subsídios teóricos da análise, que podem ser vistos também como uma introdução à Semântica Lexical.

Capítulo 2

Papéis temáticos

Papéis temáticos são noções semânticas muito estudadas na literatura em Linguística, pois apresentam relações diretas com estruturações e propriedades sintáticas. Com isso, também são uma noção central de teorias que se apoiam na abordagem da Semântica Lexical. Existem diversas denominações para essas relações semânticas na literatura: relações temáticas (GRUBER, 1965; JACKENDOFF, 1972), casos semânticos profundos (FILLMORE, 1968), papéis participantes (ALLAN, 1986), papéis semânticos (GIVÓN, 1990) e papéis temáticos (DOWTY, 1989, 1991; JACKENDOFF, 1983, 1990). Como, atualmente, a denominação mais comum tem sido "papéis temáticos", será essa a aqui adotada.

Introduziremos, pois, neste capítulo as principais propostas de papéis temáticos, as definições desses papéis e a utilização dessa noção na pesquisa em Semântica Lexical. Apresentamos também os problemas dessa abordagem teórica e a relevância do estudo dos papéis temáticos para a explicação de diferentes tipos de fenômenos linguísticos[1].

1 DEFINIÇÃO DE PAPÉIS TEMÁTICOS

O estudo da relação entre as funções semânticas que um item lexical estabelece e as funções sintáticas de uma sentença tem sua origem no estudo

---

1. Também, em Cançado (2012a), encontra-se um capítulo sobre papéis temáticos; entretanto, neste livro, abordamos o tema de uma forma mais abrangente.

do sânscrito pelo gramático indiano Pānini, que viveu, provavelmente, no século IV a.C. Entretanto, só bem mais tarde, o tema retoma seu interesse entre linguistas, com os trabalhos de Gruber (1965), Halliday (1966, 1967), Fillmore (1968, 1970, 1971), Chafe (1970), Jackendoff (1972, 1976), entre outros. Esses autores alegam que é necessário assumir essas funções semânticas em estudos gramaticais, pois as funções sintáticas de sujeito, complemento e adjunto são insuficientes para traduzir certas relações existentes entre algumas sentenças. Por exemplo:

(1) a. O João quebrou o vaso intencionalmente.
   b. O vaso (se) quebrou.
   c. O vaso foi quebrado pelo João intencionalmente.

Nas sentenças em (1), *o vaso* tem a mesma função semântica de ser o paciente de uma ação, ou seja, aquele objeto que sofre a ação realizada por um determinado agente; mas, em (a), exerce a função sintática de complemento, e, em (b) e em (c), de sujeito. Já *o João* tem a mesma função semântica de ser o agente da ação em (a) e (c), entretanto, sintaticamente, está em posição de sujeito em (a) e em posição de adjunção em (c). Pode-se perceber então que, apesar de os argumentos estarem em diferentes posições sintáticas, as sentenças não são distintas e sem relação. Na realidade, elas descrevem um mesmo evento, sob diferentes perspectivas. Existe algum tipo de dependência entre elas, relacionando a ação de quebrar e as entidades João e vaso. Os elementos linguísticos que denotam essas entidades, relacionados pelo verbo, assumem uma mesma função semântica dentro das três sentenças. Como já afirmamos, o argumento *o João* tem a mesma função semântica de ser o agente de *quebrar* nas sentenças em (1a) e em (1c); e o argumento *o vaso* tem a mesma função semântica de ser o paciente da ação, o que sofre a ação de quebrar, nas sentenças em (1a), (1b) e (1c). Repetindo, os exemplos acima são diferentes formas sintáticas de apresentação de um mesmo fato: existe o evento, descrito por *quebrar*, cujos participantes são denotados pelos sintagmas *o João* e *o vaso*. As diferentes relações sintáticas apresentadas em (1) nada podem dizer a respeito dessa relação de dependência. Portanto, a dependência está nas relações de sentido que se estabelecem entre o verbo e os seus argumentos (sujeito e complementos): o verbo, estabelecendo uma relação de sentido com seu sujeito e seus complementos, atribui-lhes funções, um papel para cada argumento. São essas funções que chamamos de "papéis temáticos".

Como apontam Ilari e Geraldi (1987), pode-se perceber, ainda, que não existem apenas situações relativas às ações, como *quebrar, moldar, pintar* etc. O homem também experimenta sentimentos, sensações, tem percepções, é capaz de relacionar coisas, permanece em determinados estados etc., e isso também é expresso na língua. Essas experiências, por exemplo, podem ser relativas a questões psicológicas como em (2a), perceptivas como em (2b), ou cognitivas como em (2c):

(2) a. O Paulo se antipatizou com a Maria.
  b. O Paulo viu uma luz no fim do túnel.
  c. O Paulo acreditou no jornal.

Não se pode dizer que *o Paulo* tenha o papel de agente nos eventos descritos acima, visto que ele, simplesmente, passa por um processo de experiência mental. Isso se torna mais claro se compararmos (3a), em que se tem verbos de processos mentais, e (3b), em que se tem verbos de ação, cujos sujeitos recebem o papel temático de agente. Jackendoff (1972) propõe que verbos que aceitam expressões como *o que x fez foi...* têm como sujeito um agente. Veja a diferença entre (3a) e (3b):

(3) a. ?O que o Paulo fez foi se antipatizar com a Maria/ver uma luz no fim do túnel/acreditar no jornal.
  b. O que o Paulo fez foi quebrar/moldar/pintar o vaso.

Outros verbos, por exemplo, simplesmente denotam estados no mundo; também é impossível classificar o sujeito nesses casos como sendo o agente de uma ação, ou mesmo como sendo o experienciador de um processo. Exemplos de sentenças com verbos que descrevem esse tipo de situação são:

(4) a. O Francisco lembra o pai.
    b. O Francisco tem uma casa.

Como é sabido, verbos agentivos são os preferenciais para construções passivas (JACKENDOFF, 1972); portanto, uma maneira de se diferenciar estados de ações é constatar se os verbos analisados aceitam construções na perspectiva passiva. Veja que mesmo sendo verbos transitivos diretos, os verbos em (4) não aceitam a passivização:

(5) a. *O pai é lembrado pelo Francisco. (com a mesma interpretação de (4a))
    b. *Uma casa é tida pelo Francisco.

Fica evidente, pois, que os papéis temáticos estabelecidos entre os verbos e seus sujeitos e complementos (seus argumentos) podem ser de diferentes tipos.

Além dos verbos, nomes e adjetivos que pedem complemento, contidos em sintagmas como *construção da casa* e *orgulhoso de seus filhos*, e algumas preposições (dependendo da sua função na sentença), como no sintagma *com um martelo*, atribuem papel temático a seus complementos. Entretanto, o verbo é o atribuidor por excelência de papel temático, ou seja, sua semântica envolve diferentes números e tipos de papéis temáticos, sendo, por isso, o item lexical preferencial para tal estudo. Neste capítulo (e também neste livro), iremos tratar mais exclusivamente dos verbos.

A partir dos estudos iniciais de Gruber (1965), Halliday (1966, 1967), Fillmore (1968, 1970, 1971), Chafe (1970) e Jackendoff (1972, 1976), a noção de papel temático foi incorporada a várias teorias gramaticais, das mais variadas formas. Os primeiros autores a estudarem esses conceitos adotavam a posição de que os papéis temáticos são informações primitivas, semânticas, que um item já traz marcadas em suas informações lexicais. Por exemplo, o verbo *lavar* traz como informação que seu sujeito e que seu complemento estão associados aos papéis temáticos de agente e de paciente, respectivamente. A definição dessas propriedades semânticas é dada por uma listagem de papéis temáticos. Autores, como os citados acima, por exemplo, propõem uma extensa lista para a classificação dos diferentes tipos de papéis temáticos. Cançado (2012a), baseada nesses autores, propõe uma lista mais geral e abrangente de papéis temáticos, que reproduzimos aqui com algumas modificações (os argumentos que recebem os papéis temáticos apontados são marcados em itálico nos exemplos):

a) Agente: desencadeador de alguma ação, capaz de agir com controle

(6) O *motorista* lavou o carro.
(7) A *atleta* correu.

b) Causa: desencadeador de alguma ação, sem controle

(8) *As provas* preocupam a Maria.
(9) *O sol* queimou a plantação.

c) Paciente: entidade que sofre o efeito de alguma ação, havendo mudança de estado

(10) O João quebrou *o vaso*.
(11) O acidente machucou *a Maria*.

d) Tema: entidade transferida, física ou abstratamente, por uma ação

(12) O colega jogou *a bola* para a menina.
(13) O pai deu *uma viagem* para a filha.

e) Experienciador: ser animado que está ou passa a estar em determinado estado mental, perceptual ou psicológico

(14) *O namorado* pensou na amada.
(15) *O colecionador* viu um pássaro diferente.
(16) As provas preocupam *a Maria*.

f) Resultativo: resultado de uma ação, ou seja, alguma entidade que não existia e passa a existir ou vice-versa

(17) O pedreiro construiu *a casa*.
(18) A bruxa comeu *a maçã*.

g) Beneficiário: ser animado que é beneficiado ou prejudicado no evento descrito

(19) O patrão pagou *o funcionário*.
(20) *A mulher* perdeu a carteira.
(21) A bibliotecária emprestou o livro para *o aluno*.

h) Objeto Estativo: entidade ou situação à qual se faz referência, sem que esta desencadeie uma ação ou seja afetada por uma ação

(22) O aluno leu *um livro do Chomsky*.
(23) O marido ama *a mulher*.

i) Locativo: lugar de onde algo se desloca, para onde algo se desloca ou em que algo está situado ou acontece

(24) A modelo voltou de *Paris*.
(25) A Sara jogou a bola para *o alto*.
(26) Eu moro em *Belo Horizonte*.
(27) O show aconteceu n*o teatro*.

Outro papel temático muito citado na literatura é o de instrumento. Alguns autores apresentam esse papel como sendo atribuído por tipos específicos de verbos. Por exemplo, Jackendoff (1990) aponta que *servir* atribui papel temático de instrumento ao argumento na posição de sujeito e *usar* atribui papel temático de instrumento ao argumento na posição de complemento:

(28) a. *Essa faca* serve somente para descascar batatas.
    b. O cozinheiro usou *a faca* para descascar as batatas.

Entretanto, parece-nos que essa é uma análise equivocada, pois sobrepõe as propriedades inerentes do item lexical *faca*, que realmente trazem a informação de que essa entidade é um instrumento, à atribuição de papel temático pelos verbos *servir* e *usar*, que atribuem o papel temático de objeto estativo, não de instrumento, ao sujeito e ao complemento, respectivamente. Veja que se pode alocar qualquer tipo de sintagma nominal nessas posições, até mesmo um sintagma de natureza [+animado], ou uma sentença no caso de *servir*, e os exemplos se mantêm gramaticais. Se os verbos realmente atribuíssem um instrumento, no sentido estrito da palavra, como papel temático, os exemplos abaixo não seriam possíveis:

(29) a. *A internete* serve para levar as pessoas a mundos desconhecidos.
b. *A Maria* serve para ser professora.
c. *Falar muito* serve para nos colocar em confusão.

(30) a. A professora usou *a sua habilidade* para acalmar as crianças.
b. A modelo usou *um vestido vermelho* para desfilar.

Isso confirma a nossa hipótese de que esses verbos não atribuem o papel de instrumento aos seus argumentos.

Em uma análise bastante extensa de verbos do português[2] não se encontra nenhum verbo que precise necessariamente de um instrumento para que seu sentido fique completo, ou seja, o papel temático de instrumento não é atribuído à posição argumental de um verbo, não sendo, portanto, o verbo aquele que atribui o papel temático de instrumento a determinados sintagmas (ainda que sintagmas nominais que denotem um instrumento apareçam nas posições argumentais de verbos). Nem mesmo

---

2. Para uma análise semântica sobre verbos psicológicos em português, cf. Cançado (1995); sobre verbos de estado, Moreira (2000); sobre verbos de locação espacial, Silva (2002); sobre verbos beneficiários, Wenceslau (2003); sobre verbos de trajetória, Corrêa (2005); sobre verbos recíprocos, Godoy (2008a); sobre verbos de modo de movimento, Amaral (2010); sobre verbos de criação, Amaral (2013); e sobre verbos instrumentais, Meirelles (2013). Todos esses trabalhos encontram-se disponíveis em www.letras.ufmg.br/nucleos/nupes. Ainda, sobre verbos que denotam mudança, cf. Cançado et al. (2013a).

os verbos denominados instrumentais (*serrar*, *martelar*, *escovar* etc.) pedem um instrumento como argumento na posição de complemento; ao contrário, esses itens não aceitam um instrumento na sentença, nem na posição de adjunto, pois essa informação já está contida no próprio nome do verbo: **o carpinteiro serrou a madeira com um facão* (MEIRELLES & CANÇADO, 2015). O próprio Jackendoff (1990) aponta que o papel temático de instrumento parece ser atribuído somente pelos verbos *usar* e *servir*, de uma forma bem idiossincrática, não devendo esse papel figurar em uma análise dos argumentos dos verbos (como em uma hierarquia temática, noção que será explicada adiante), pois é um papel restrito à adjunção. Portanto, a conclusão a que chegamos é que o papel temático de instrumento é atribuído somente pela preposição *com* que insere um sintagma nomina (SN) com esse papel na sentença, em posição de adjunção:

(31) O João quebrou o vaso com *o martelo*.
(32) A aluna cortou as gravuras com *uma tesoura sem ponta*.
(33) O médico operou o paciente com *um bisturi*[3].

Nenhum dos verbos acima, *quebrar*, *cortar* ou *operar*, precisa do instrumento para ter seu sentido saturado:

(34) O João quebrou o vaso.
(35) A aluna cortou as gravuras.
(36) O médico operou o paciente.

Pode-se notar que em sentenças em que existe a possibilidade de o argumento na posição de sujeito ser um agente (dependendo do tipo de agente),

---

3. Observe que a atribuição do papel temático instrumento pela preposição *com* não se restringe a itens lexicais com a propriedade inerente de instrumento: *o professor treinou os alunos com uma técnica inovadora/a mãe corrigiu o filho com palavras duras*. O papel temático de instrumento, porém, não é atribuído por todas as instâncias da preposição *com*. P. ex., em sentenças do tipo *a mãe acalmou o filho com sua presença* trata-se de uma causa fatorada (*a presença da mãe acalmou o filho*) e em sentenças como *a janela quebrou com o vento* a preposição introduz uma causa.

também existe a possibilidade da inserção de um instrumento como adjunto. Croft (1991) mostra que o instrumento tem o papel de ser o mediador entre o agente e a ação. Entretanto, não é o verbo que estabelece essa relação, e sim a preposição com seu complemento.

Sobre o papel temático de instrumento, vale ainda realçar que alguns autores assumem também um tipo de alternância em que um instrumento utilizado pelo agente pode ocupar a posição de sujeito:

(37) Uma tesoura sem ponta cortou as gravuras.

Entretanto, como apontamos, o papel temático de instrumento não faz parte da estrutura argumental de verbos do tipo *cortar*, não se podendo tratar, dessa maneira, de uma alternância de estrutura argumental. Não se pode dizer que *a tesoura sem ponta* seja argumento de *cortar*, e que este esteja alternando com o argumento *a aluna*, pois quem atribui o papel temático de instrumento é a preposição *com*[4]. Evidentemente, existe algum tipo de ligação e de dependência semântica entre o fato de *a aluna* poder ser o agente de *cortar* e o fato de *uma tesoura sem ponta* ser o instrumento dessa ação, como aponta Croft (1991). Mas essa relação não é de alternância verbal. Por exemplo, Brunson (1993) argumenta que os papéis de agente e instrumento fazem parte de uma causa, que pode ser fatorada em dois sintagmas, como nos exemplos em (31) a (33). Pode-se pensar também em um tipo de relação metonímica que permite que tanto o agente quanto o instrumento usado por ele para praticar a ação ocupem a posição de sujeito. Estudos mais detalhados devem ser feitos para que esse fenômeno fique mais claro.

Concluindo, propomos uma definição para o papel temático de instrumento, mas realçando que nossa hipótese é a de que esse papel é atribuído somente pela preposição:

---

4. Alexiadou e Schäfer (2006) propõem que, em verbos como *cortar*, instrumentos em posição de sujeito são agentes ou causas.

j) Instrumento: instrumento usado por um agente no desencadeamento da ação

Outra observação importante é sobre a polissemia dos verbos. Na atribuição de papel temático deve-se levar em conta o sentido específico do verbo na sentença analisada. Veja os exemplos abaixo com o verbo *abrir*:

(38) O comerciante abriu a porta.
(39) O comerciante abriu uma loja.

Tomando-se as definições dadas acima, no exemplo em (38), o verbo *abrir* atribui os papéis temáticos de agente para o sujeito *o comerciante* e paciente para o complemento *a porta*: uma entidade que sofre o efeito de alguma ação, havendo mudança de estado. Entretanto, em (39), o verbo *abrir* apesar de atribuir o mesmo papel de agente para o sujeito *o comerciante*, atribui para o complemento *uma loja* o papel de resultativo: o resultado de uma ação, ou seja, alguma entidade que não existia e passa a existir. Marantz (1984) já aponta que o argumento que está na posição de complemento tem uma relação semântica mais forte com o verbo, compondo-se primeiramente com este, e sendo relevante para a construção do sentido final do verbo. Vamos, então, assumir que para cada sentido específico do verbo, seja uma polissemia ou uma homonímia, existem distintas informações lexicais.

Finalmente, é importante esclarecer alguns aspectos relacionados a papéis do evento e a papéis temáticos (BARWISE & PERRY, 1983; CHIERCHIA, 1989; FRANCHI, 2003 [1997]). Os autores distinguem os papéis do evento, enquanto uma relação entre participantes e o evento no qual estes participam, ou seja, noções do mundo, dos papéis temáticos, enquanto propriedades dos itens lexicais, ou seja, noções linguísticas. Por exemplo, em sentenças chamadas de "incoativas", do tipo *a fruta apodreceu/a mulher envelheceu/o menino adoeceu*, pode-se afirmar que existe algo que causa esses processos. Entretanto, essa causa é um papel do evento e não é explicitada nas sentenças exemplificadas, não sendo, portanto, um papel temático desses verbos. Essa também é a análise de Haspelmath (1993) e Parsons (1990), que afirmam que em sentenças incoativas não existe nenhuma causa como relação temática, embora possa-se inferir que exista algo do evento no mundo que desencadeie o processo de apodrecer/envelhecer/adoecer.

De posse, então, das informações apresentadas até aqui, estamos aptos a apontar os papéis temáticos, ou seja, as funções semânticas que os argumentos desempenham em grande parte das sentenças do português. Veja o exemplo:

(40) A Maria tampou a caixa.

Em (40), pode-se apontar o argumento *a Maria* como sendo o agente da ação descrita pelo verbo *tampar* e *a caixa* como o paciente dessa ação. Para se detectar os tipos de papéis dos verbos, pode-se lançar mão de alguns testes. Por exemplo, um teste já mostrado acima constata que verbos que aceitam expressões como *o que x fez foi...* têm como sujeito um agente (JACKENDOFF, 1972):

(41) O que a Maria fez foi tampar a caixa.

Jackendoff (1972) propõe ainda outro teste para se identificar um agente: sentenças que têm um agente aceitam as expressões *deliberadamente*, *com a intenção de* etc. Isso reflete o fato de que um agente está caracteristicamente associado à vontade e à animacidade. Os exemplos em (42) identificam *a Maria* como agente em (a), mas não em (b):

(42) a. A Maria tampou a caixa com a intenção de/para esconder o que havia lá dentro.
　　b. ??A Maria ganhou a caixa com a intenção de/para ver o que havia lá dentro.

Outros testes bem simples, sugeridos também por Jackendoff (1972), predizem que para um paciente Y, ocorrerão as estruturas em (43):

(43) a. O que aconteceu com Y foi...
    b. O que X fez com Y foi...

Portanto, para se identificar o paciente *a caixa* em (40), aplicam-se os testes acima:

(44) a. O que aconteceu com a caixa foi a Maria tampá-la.
    b. O que a Maria fez com a caixa foi tampá-la.

Concluindo esta seção sobre a definição dos papéis temáticos, pode-se afirmar que os papéis discutidos aqui são, a princípio, os papéis mais comumente usados na literatura. Passamos agora para algumas reflexões a respeito do uso dessas funções em análises gramaticais.

2 PROBLEMAS COM AS DEFINIÇÕES DE PAPÉIS TEMÁTICOS

O grande problema enfrentado pelos autores que tratavam os papéis temáticos como uma lista dada *a priori* foram as definições assumidas. Veja que as definições acima correspondem a caracterizações bastante intuitivas, contudo, muito informais e vagas para um tratamento teórico. Além disso, a lista aqui apresentada é uma tentativa de se estabelecer uma lista mais geral, porque, de fato, existem várias definições de autores diferentes para um mesmo papel temático.

Há uma grande divergência entre as definições propostas na literatura para os vários tipos de papel temático. Por exemplo, o agente, para Fillmore (1968), é a função desempenhada por um ente animado que é responsável, voluntária ou involuntariamente, pela ação ou pelo desencadeamento dos processos. Para Halliday (1967), é o elemento controlador da ação. E, para Chafe (1970), é algo que realiza a ação, incluindo aí animados, forças naturais e inanimados. Analisando a sentença abaixo:

(45) A soprano quebrou a taça de cristal com seu grito, sem querer.

A *soprano* seria o agente da ação para Fillmore (1968) e para Chafe (1970), entretanto, não o seria para Halliday (1967). E, segundo a definição de Cançado (2012a), seria simplesmente a causa. Veja outros exemplos abaixo:

(46) O artista colou o vaso com cola plástica.
(47) A ventania derrubou o vaso.

Instrumento, para Chafe (1970), é o objeto usado pelo agente para realizar as ações, como força inanimada ou objeto causalmente envolvido na ação ou estado, excluindo força motivadora, causa ou instigador ativo. Portanto, o autor analisaria *cola plástica* como instrumento, mas não analisaria *a ventania* com esse mesmo papel temático. Já Fillmore (1971), que define instrumento como sendo a causa imediata dos eventos, o estímulo de eventos psicológicos, e também as forças naturais, analisaria os dois argumentos, *cola plástica* e *a ventania*, como sendo instrumentos, o que também vai contra a proposta aqui apresentada.

Em vista dos exemplos dados, pode-se perceber ainda que, além de se ter definições incongruentes, também se corre o risco de encontrar uma lista enorme de papéis temáticos. A cada ocorrência da língua pode-se encontrar uma nova especificidade entre as relações lexicais que gerará um novo papel temático. Veja os exemplos abaixo:

(48) a. O menino ganhou um presente.
     b. O menino perdeu seu brinquedo.

Se a definição de beneficiário é "ser animado que é beneficiado ou prejudicado no evento descrito", pode-se atribuir o papel de beneficiário ao sintagma nominal em posição de sujeito, *o menino*, em (48a) e (48b). Entretanto, alguns autores alegam que o nome beneficiário remete a conotações positivas e, portanto, o papel temático mais adequado a ser atribuído ao argumento *o menino* em (48b) não seria um beneficiário, mas sim um maleficiário. Pode-se intuir que um procedimento como este, a cada ocorrência mais específica inventar um novo papel temático, não é ideal do ponto de vista teórico, pois assim se pode encontrar uma lista não finita de papéis temáticos, tornando a proposta inconsistente[5].

Outro problema que pode surgir ao se usar os papéis temáticos como uma lista é que se corre o risco de os critérios usados nessas definições nem sempre associarem apenas um papel temático a cada argumento. Veja por que isso seria um problema.

Os papéis temáticos têm sido objeto de estudo de várias correntes teóricas. Por exemplo, uma questão central da Teoria de Princípios e Parâmetros, de Chomsky (1981), é o Critério-Theta[6]. Esse critério, bastante aceito entre os linguistas, estabelece que deve existir uma correspondência um a um entre os argumentos de um verbo e os seus papéis temáticos, ou seja, cada argumento recebe apenas um papel temático, e cada papel temático é associado a apenas um argumento. Para tornar essa afirmação mais clara, usaremos a analogia proposta por Haegeman (1991) entre papéis temáticos/papéis atribuídos aos atores de uma peça de teatro e argumentos/atores da peça. Em uma peça teatral (a sentença), há um *script* (o verbo) estipulando os papéis (os papéis temáticos) que devem ser distribuídos aos atores (os argumentos). Para que a peça seja adequadamente encenada, para cada papel deve existir um ator, e para cada ator deve existir apenas um papel. Ou seja, se faltarem atores para encenar os papéis do *script*, ou um mesmo ator receber dois papéis simultâneos, a peça não fará muito sentido. O mesmo acontece com os papéis temáticos: se faltar algum argumento para

---

5. Levin e Rappaport Hovav (2005) apontam que existem propostas que chegam a levar em conta cerca de 50 papéis temáticos, como a de Ostler (1979). Dowty (1991) também critica o que chama de "fragmentação de papéis", a subdivisão de um papel temático como resultado de algumas especificidades semânticas e sintáticas, como o caso de beneficiário/maleficiário. Cruse (1973), p. ex., aponta quatro diferentes papéis derivados da fragmentação do agente e Van Valin (2005) subdivide o papel de instrumento em instrumento e implemento, de acordo com propriedades sintáticas. Para críticas mais detalhadas, cf. tb. Rappaport e Levin (1988).

6. Para uma introdução em português sobre a Teoria Gerativa, cf. Mioto et al. (2013) e Kenedy (2013).

receber papel temático, ou se um mesmo argumento receber dois papéis temáticos, a sentença será agramatical. Veja um exemplo em que falta um argumento ao verbo, e isso torna a sentença agramatical:

(49) *O João quebrou.

Se aceito esse princípio, tem-se um problema para os exemplos em (50) e em (51), em que parece existir mais de um papel temático para um mesmo sintagma:

(50) *O maratonista* correu muito.
(51) As provas preocuparam *os alunos*.

Em (50), *o maratonista* recebe o papel de agente. É possível constatar essa atribuição pelo teste de Jackendoff (1972): *o que o maratonista fez foi correr*. Mas poderia também ser um tema, já que o argumento denota uma entidade deslocada. Em (51), o sintagma *os alunos* recebe o papel temático de experienciador, pois os alunos passam por uma experiência psicológica. Mas pode-se afirmar que esse sintagma pode receber também o papel temático de paciente, pois os alunos mudam de um estado mental para outro. Portanto, percebe-se que nem sempre é fácil atribuir esses papéis de maneira única. Alguns poderiam argumentar se não seria o caso de existirem outros dois papéis temáticos: agente-tema e paciente-experienciador? Entretanto, fica fácil imaginar que essa proposta também não seria a mais adequada para uma teoria gramatical, pois considerando as várias combinações que se pode ter a partir da lista de papéis temáticos apresentada, pode-se perceber que chegaríamos a um número indesejável para um tratamento teórico.

Veja que Jackendoff (1987, 1990), em outra perspectiva teórica, sugere que a um argumento pode ser atribuído mais de um papel temático, em uma estrutura conceptual mental. O autor propõe uma teoria composta por dois planos nesse nível conceptual: o plano temático, que descreve relações espaciais, e o plano da ação, que descreve relações do tipo agente-paciente. Entre esses dois planos existe um mecanismo de ligação. Um exemplo de Jackendoff (1990, p. 126), traduzido para o português, é:

(52) Bill entrou no quarto.
    Tema   Alvo   (plano temático)
    Agente   (plano da ação)

Como pode ser visto, em (52), *Bill* é simultaneamente o tema e o agente da ação. *Grosso modo*, esses planos são ligados entre si por um processo de indexação, e, posteriormente, indexados a somente um sintagma na sintaxe, garantindo que os dois papéis temáticos sejam atribuídos a um mesmo argumento[7]. A conclusão a que Jackendoff (1990) chega com essa proposta é clara: os papéis temáticos que são atribuídos aos argumentos devem ser mais complicados que um simples rótulo como o de agente, o de paciente etc.[8]

Em vista dessas dificuldades, a pergunta que se coloca é por que, então, se deve insistir no estudo dessas funções semânticas, pois são vários os autores e teorias, ainda nos dias de hoje, a lançarem mão dessas noções.

3 A RELEVÂNCIA DOS ESTUDOS DOS PAPÉIS TEMÁTICOS

Algumas correntes teóricas, em vista da dificuldade de se lidar com definições tão vagas e amplas, desistiram de adotar os papéis temáticos, ou pelo menos os tipos semânticos desses papéis, como noções que possuam um *status* em seu arcabouço teórico. Por exemplo, a corrente sintática de

---

7. Sem entrarmos em detalhes sobre a proposta de Jackendoff (1983, 1990), para nossos propósitos aqui, o que interessa é a ideia de se poder recuperar os dois possíveis papéis temáticos de um verbo. Para uma aplicação dessa proposta no português, cf. Soares e Menuzzi (2010).

8. Outros autores, como Foley e Van Valin (1984), Dowty (1989, 1991), Reinhart (1996, 2002), Franchi e Cançado (2003a [1997]) e Cançado (2005), entre outros, também tentam capturar essa intuição. Mostraremos, no próximo capítulo, as propostas de Dowty (1989, 1991) e Cançado (2005) mais detalhadamente.

Princípios e Parâmetros proposta por Chomsky (1981) usa o conceito de papel temático como uma engrenagem de seu mecanismo sintático, sendo relevante apenas a atribuição dessas funções, sem conferir nenhuma relevância gramatical ao conteúdo semântico dos papéis. Ou seja, a única função do papel temático é estar presente nas devidas posições da estruturação sintática, formando sentenças boas gramaticalmente. Em relação ao seu conteúdo semântico, ser um agente ou ser um paciente não é uma questão relevante para essa teoria. Entretanto, é sabido que algumas dessas noções são decisivas para determinadas estruturas sintáticas. Por exemplo, pode-se afirmar com um grau de certeza bem grande que os argumentos, nas mais diversas línguas, que estão associados ao papel temático de agente ocupam a posição de sujeito da sentença na voz ativa:

(53) *O João* comeu uma banana.
(54) *John* ate a banana.
(55) *Jean* a mangé une banane.

Portanto, a propriedade de ser agente, ou alguma propriedade relacionada a esta, deve ter alguma influência para a estruturação sintática das sentenças. Veja que a propriedade de ser agente também está estreitamente relacionada à ocorrência da formação de sentenças passivas (JACKENDOFF, 1972). Sentenças transitivas diretas que têm um agente aceitam a propriedade de passivização. Observe que não estamos afirmando que todas as sentenças que aceitam passivas têm que ter um agente na sua forma ativa; estamos afirmando que aquelas que têm um agente, com certeza, podem ser passivizadas:

(56) Uma banana foi comida por *João*.
(57) A banana was eaten by *John*.
(58) Une banane a été mangée par *Jean*.

Também parece ser bem geral a observação de que locativos, em várias línguas, ocupam a posição de complemento indireto ou adjunção:

(59) a. O professor colocou o livro *na mesa*.
   b. A soprano cantou *no Palácio das Artes*.
(60) a. The teacher put the book *on the table*.
   b. The singer sang *in the Opera House*.
(61) a. L'enseignant a mis le livre *sur la table*.
   b. La chanteuse a chanté *à l'Opéra*.

Baseados, então, em evidências como as mostradas acima, muitos autores tentam estabelecer uma relação entre os tipos de relações semânticas e a organização da estrutura sintática, seja em relação às posições de sujeito e complementos, seja em relação às restrições sobre as realizações argumentais dos verbos, como, por exemplo, a alternância causativa, ou às construções com sentenças médias, mediais, reflexivas, passivas etc.

3.1 Estrutura argumental

Para se explicar mais detalhadamente a relevância do conteúdo semântico dos papéis temáticos para a sintaxe faz-se necessário deixarmos claros alguns conceitos e termos utilizados na literatura linguística.

Primeiramente, vamos falar um pouco sobre o conceito de argumentos. O termo *argumento* tem sua origem nos estudos denominados "Lógica de Predicados"[9]. Na teoria, toda sentença é composta de predicado, uma estrutura que não tem seu sentido completo, ou seja, insaturada, e que pede um determinado número de argumentos que lhe completem ou saturem o sentido (usando o termo proposto pelo lógico Gottlob Frege[10]). Em um sistema de lógica de predicados, o predicado é especificado quanto ao número de argumentos que ele exige para se tornar uma expressão semanticamente saturada. Por exemplo, o predicado *correr* pede um argumento, sendo, portanto, classificado como um predicado de um lugar (*o Paulo corria*); o predicado

---

9. Para uma introdução aos estudos da Lógica de Predicados aplicada à semântica, em português, cf. Pires de Oliveira (2010).
10. Cf. Frege (1960 [1891]).

comer pede dois argumentos, sendo classificado como um predicado de dois lugares (*o macaco comeu uma banana*); o verbo *colocar* exige três argumentos (*o professor colocou os livros na mesa*), sendo tratado como um predicado de três lugares, e assim por diante. Na linguagem lógica, pode-se achar predicados de cinco, seis, *n* lugares. É importante, ainda, realçar que a noção de predicado tradicionalmente relacionada a sujeito e complemento e, consequentemente, a certos tipos de categorias gramaticais, não é a mesma noção usada por Frege (1960 [1891]). Para o lógico, somente importa a estrutura semântica e a forma que itens insaturados (predicados) são saturados por argumentos. Um exemplo da distância da análise fregeana para as nossas análises gramaticais tradicionais é o seguinte: *beijar* pode ser considerado um predicado de dois lugares, mas a sequência *o namorado beijar* pode ser considerada um predicado de um lugar. Fica claro, então, que a lógica não relaciona predicado e argumento às noções triviais da gramática.

Contudo, a Teoria da Gramática Gerativa toma emprestadas essas noções da Lógica e propõe que, tal como em um sistema lógico, as expressões linguísticas podem ser analisadas em um predicado central, ou em um predicador central (um item lexical), e argumentos que lhe completem o sentido, convertendo o predicador em uma expressão semanticamente completa. *Predicador* é um termo utilizado por Raposo (1992), por exemplo, para diferenciar as noções de predicado existentes: na Lógica, um termo insaturado; na Gramática Gerativa, o sintagma verbal (SV); na Semântica Lexical, uma categoria gramatical insaturada; e, ainda, na Gramática Tradicional, o verbo e seus complementos e adjuntos. Na estrutura da sentença o predicador mais importante é o verbo, e são esses predicadores os focalizados neste capítulo, como já comentado cima. Os argumentos de um predicador verbal correspondem sintaticamente ao sujeito e aos complementos selecionados por esse predicador[11]. É a esses argumentos que são atribuídos

---

11. Na Gramática Gerativa, à informação relativa aos tipos de sintagmas que os predicadores selecionam como complementos, dá-se o nome de subcategorização.

os papéis temáticos. Essas informações estão contidas nas informações se-mânticas e sintáticas do item lexical verbal, e a esse grupo de informações dá-se o nome de "estrutura argumental" de um item lexical. Existem auto-res que usam esse termo para se referir somente ao número de argumentos e suas relações sintáticas. Já outros autores incluem nesse estudo também as relações semânticas estabelecidas para os argumentos. Adotamos aqui a noção mais ampla de estrutura argumental, incluindo as informações sintáticas e semânticas que estão representadas em um item lexical. As representações dessas informações podem ser notadas de diversas manei-ras: marcando em itálico ou sublinhando o argumento que corresponde ao sujeito, colocando os argumentos em uma determinada ordem, onde o sujeito é relacionado ao primeiro papel temático e os complementos são relacionados ao segundo e ao terceiro papel, entre várias outras manei-ras (GRIMSHAW, 1990). Adotamos aqui a última notação, como em (62), (63) e (64), em que a ordem dos papéis temáticos apresentada na estrutura indica a posição sintática dos argumentos – sujeito, complemento direto e complemento indireto (se houver apenas um argumento, será o sujeito; se houver dois, serão sujeito e complemento, respectivamente; se houver três, serão sujeito, complemento direto e complemento indireto, nessa ordem):

(62) *correr*: {Agente}
(63) *quebrar*: {Causa, Paciente}
(64) *colocar*: {Agente, Tema, Locativo}

Este termo, *estrutura argumental*, que aparece nos anos de 1980 na Lin-guística Americana, equivale, *grosso modo*, ao conceito de valência verbal, introduzido anteriormente na Linguística Europeia pelo linguista francês Tesnière (1959). Segundo Crystal (2000, p. 264):

> O termo [*valência*] se origina da química, e é usado na linguística com referên-cia ao número e ao tipo de laços que podem existir entre os elementos sintáti-cos. Como na química, um determinado elemento pode ter diferentes valências em diferentes contextos. Uma gramática de valências apresenta um modelo de sentença contendo um elemento fundamental (em geral, um verbo) e certo

número de elementos dependentes (denominados argumentos, complementos ou valentes), [...].

Assim como no estudo das estruturas argumentais, existem autores que usam o termo *valência* para se referir somente ao número de argumentos e suas relações sintáticas e outros incluem nesse estudo também os tipos semânticos dos argumentos. Neste livro, seguimos a Linguística Americana e adotamos o nome de estrutura argumental para o estudo dos itens verbais[12].

Antes de seguir com a nossa argumentação, cabe uma observação a respeito da presença de alguns papéis temáticos em estruturas argumentais, como, por exemplo, o locativo representado na estrutura argumental do verbo *morar*:

(65) *morar*: {Objeto Estativo, Locativo}

Pode-se pensar que todo verbo tem um locativo, pois toda situação acontece em algum lugar (*O Paulo correu na rua/Eu quebrei um vaso em casa/O Chico tem uma casa na praia*). Realmente, essa afirmação é verdadeira. Entretanto, seguindo a ideia de Corrêa e Cançado (2006), vamos separar as noções de locativo do evento e locativo do predicador[13]. O locativo do evento não aparece na estrutura argumental, pois ele não faz parte do sentido específico do verbo, mas do evento denotado por qualquer item lexical verbal; nesse caso, o papel de locativo é atribuído por qualquer preposição que peça um complemento que denote lugar. Já o locativo do predicador faz parte da estrutura argumental do verbo que exige um argumento locativo para saturar seu sentido; nesse caso, é o próprio verbo o atribuidor do papel de locativo. Entretanto, como fazer essa distinção, se ambos os locativos indicam o lugar em que o evento ocorre e são acarretamentos das

---

12. Para uma análise da Gramática de Valências no português, cf. Borba (1996).

13. Já Chomsky (1965) aponta para o fato de existirem "locativos internos ao sintagma verbal" e "locativos externos ao sintagma verbal". Os primeiros são construções mais próximas dos verbos e os segundos modificam todo o sintagma verbal, ou mesmo toda a sentença. Cf. tb. Brunson (1993), para maiores detalhes sobre locativos.

sentenças em que esses papéis aparecem? Mioto et al. (2013) apresentam um teste, em que a ambiguidade ou não das sentenças indica o valor argumental do locativo. Veja os exemplos:

(66) A soprano disse que mora em Belo Horizonte.
(67) A soprano disse que canta em Belo Horizonte.

Os autores mostram que a sentença em (66) não é ambígua, pois o sintagma *em Belo Horizonte* só pode entrar para saturar o sentido do primeiro verbo, *morar*, que, no caso, pede o locativo. Portanto, esse locativo é representado na estrutura argumental do verbo *morar*. Entretanto, em (67), pode-se ter duas interpretações para a sentença: a soprano estava em Belo Horizonte quando ela disse que cantava ou a soprano disse que o lugar em que ela canta é Belo Horizonte. Essa ambiguidade se deve ao fato de os dois verbos da sentença em (67), *dizer* e *cantar*, não pedirem nenhum complemento locativo para saturar seu sentido, podendo o locativo, portanto, funcionar como adjunto de ambos os verbos, indicando somente o lugar em que um (*dizer*) ou outro evento (*cantar*) ocorre. Com isso, nas estruturas argumentais dos verbos *dizer* e *cantar* não é representado o papel de locativo. Tem-se, então, exemplo de um locativo do predicador em (66) e de um locativo do evento em (67).

O mesmo raciocínio pode ser feito para tempo: qualquer evento pode acontecer em um determinado tempo. Mas, também, existem verbos que pedem argumentos desse tipo semântico para lhe saturarem o sentido, especificamente. Propomos um exemplo para identificar se um sintagma nominal que denota tempo é um argumento (como no caso do verbo *durar*) ou um adjunto (com o verbo *correr*):

(68) O juiz esperou que o jogo durasse vinte minutos.
(69) O juiz esperou que o atleta corresse vinte minutos.

A sentença em (68) não tem uma leitura ambígua, pois o sintagma *vinte minutos* é argumento do verbo *durar*, ou seja, o verbo pede um sintagma que denote tempo para completar seu sentido, não podendo o sintagma *vinte minutos* funcionar também como adjunto do verbo *esperar*. Já em (69), há ambiguidade, pois o verbo *correr* não pede um sintagma que denote tempo para completar seu sentido, podendo o sintagma *vinte minutos* funcionar como adjunto dos dois verbos da sentença.

Portanto, fica evidente que o que será representado na estrutura argumental são somente os argumentos que o verbo pedir para saturar seu sentido, ou seja, o sujeito e os complementos[14].

Ainda em relação à estrutura argumental, pode-se observar que alguns verbos formam uma classe semântica específica, e que essa classe também pode ser representada em uma estrutura argumental mais ampla. Por exemplo, verbos como *dar, emprestar, doar, pagar* etc., que expressam uma transferência a partir do agente da ação, terão a seguinte estrutura argumental geral:

(70) *Verbos de transferência*: {Agente, Tema, Beneficiário}

Note que essa é uma maneira interessante de descrever características semânticas semelhantes, pois adotar um tipo mais genérico de representação semântica para os verbos tem um papel importante na descrição das línguas. Outras classes específicas podem ser a dos verbos psicológicos[15], como *amar, detestar, temer* etc., a dos verbos de trajetória, como *vir, ir, chegar* etc.:

(71) *Verbos psicológicos*: {Experienciador, Objeto Estativo}
(72) *Verbos de trajetória*: {Agente, Locativo}

---

14. Para uma discussão mais aprofundada sobre a diferença entre complementos e adjuntos cf. Baker (2003), Koenig e Davis (2006) e, especificamente para o português, Cançado (2009).

15. Sobre verbos psicológicos, cf. os seguintes autores: Ruwet (1972), Belletti e Rizzi (1988), Grimshaw (1990), Pesetsky (1995), Cançado (1995), Iwata (1995), Cançado e Franchi (1999), Landau (2010), entre outros.

Por fim, apontamos uma última observação a respeito das estruturas argumentais, já comentada anteriormente. Até aqui, tratamos apenas dos verbos, os atribuidores de papéis temáticos por excelência. Entretanto, há autores, como Anderson (1979), Cinque (1980), Torrego (1985), Borba (1996) e Giorgi e Longobardi (1991), que também associam a alguns nomes (em geral, os deverbais, ou seja, nomes que se originam de verbos) a propriedade de atribuírem papéis temáticos; são nomes que pedem complementos:

(73) a. a construção d*a casa* (Resultativo)
　　 b. o aperfeiçoamento d*o curso* (Paciente)[16]

Ainda se pode estender a atribuição de papel temático aos adjetivos:

(74) a. orgulhoso de *seus filhos* (Objeto Estativo)
　　 b. contente com *seu desempenho* (Objeto Estativo)
　　 c. *O Milton* é feliz. (Objeto Estativo)

E mesmo algumas preposições, em determinados ambientes, também atribuem papel temático a seu complemento. Como foi visto, *com* atribui o papel de instrumento, mas também pode atribuir o papel temático de companhia ao seu complemento, como em (75), abaixo. *Sobre* atribui o papel temático de locativo a seu complemento em (76):

(75) A Marta veio com *a Sofia*. (Companhia)
(76) O fazendeiro dormiu sobre *o feno*. (Locativo)

---

16. É interessante fazer uma ressalva sobre os papéis temáticos dos complementos de nomes, seguindo observação de Gabriel Othero: "Para a tradição gramatical, é justamente aí que reside a distinção entre complemento nominal e adjunto adnominal. Um complemento nominal é um complemento que "vem" de um objeto direto da estrutura verbal que dá origem ao nome deverbal; um adjunto adnominal é o sujeito que "vem" do sujeito do verbo. Por isso, um complemento nominal nunca (ou raramente) receberá o papel de agente ou causador, papéis destinados ao sujeito verbal:
i. a. [A destruição de Nero] entrou para a história.
　　 b. [de Nero], agente (Nero destruiu...) = adjunto adnominal
ii. a. [A destruição de Roma] entrou para a história.
　　 b. [de Roma], paciente (Alguém destruiu Roma) = complemento nominal."

Entretanto, percebe-se que a preposição é uma classe de palavra muito específica, e para se saber exatamente a informação temática de seus argumentos parece necessária uma composição com os verbos[17].

De posse dessas informações sobre a estrutura argumental de um item lexical, temos agora instrumentos para apontarmos, de uma forma detalhada, as vantagens de se adotar o conteúdo semântico dos papéis temáticos como noções relevantes gramaticalmente.

3.2 Ligação entre papéis temáticos e funções sintáticas

Como apontamos acima, a representação da estrutura argumental adotada neste livro já traz em si a informação a respeito da ordem dos argumentos na sintaxe em relação aos papéis temáticos daquele item lexical. Veja a representação da estrutura argumental do verbo *maquiar*:

(77) *maquiar*: {Agente, Paciente}

A estrutura em (77) nos informa que o agente está na posição de sujeito e o paciente, na posição de complemento. Parece óbvio e simples, pois é sabido que em português, quando se tem sentenças do tipo *a mãe maquiou a filha*, o agente é o sujeito e o paciente é o complemento. Mas como explicitar esse nosso conhecimento em termos teóricos? Por que, quando se vê o evento no mundo, por exemplo, de uma mãe maquiar a sua filha, não se relata esse evento usando a sentença *a filha maquiou a mãe*? Veja que, construindo uma sentença desse tipo, não se estaria cometendo nenhum erro sintático, ou seja, a ordem da sentença [SN V SN] e outras competências sintáticas estão sendo obedecidas. Também não se estaria cometendo nenhum erro em termos semânticos de restrições selecionais, nem em

---

17. Para um estudo mais detalhado do comportamento semântico das preposições do português, cf. Berg (2005), Godoy (2008b) e Cançado (2009), onde as autoras tratam da atribuição de papéis temáticos pelas preposições, mostrando a distinção entre preposição funcional (não atribuidora de papel temático) e lexical (atribuidora de papel temático).

termos de papéis temáticos, pois o verbo *maquiar* pede dois argumentos para saturar seu sentido, que recebem os papéis de agente e paciente. Portanto, essa sentença é gramatical para os falantes do português. Então, por que não é usada para falar do evento que citamos acima? Pode-se afirmar, com certeza, que, no português, ao se narrar um evento em que haja um agente da ação e um paciente que sofra a ação, o argumento que denota o agente sempre está associado à posição de sujeito e, consequentemente, o paciente à posição de complemento. Assim, ao se usar a sentença *a filha maquiou a mãe*, o papel temático de agente é automaticamente associado ao argumento *a filha* e, por isso, não se está relatando o evento visto. Com esse raciocínio, apontamos uma primeira regra teórica de ligação entre os papéis temáticos e a sintaxe – o argumento que denota o agente sempre está associado à posição de sujeito e o paciente à posição de complemento –, regra esta que é explicitada pelos linguistas como sendo parte do "Princípio da Hierarquia Temática" ou também "Princípio de Ligação entre a Sintaxe e a Semântica"[18]. Com essa afirmação, fica claro, também, que a ordem dos papéis temáticos na representação da estrutura argumental de um item lexical, como a aqui adotada, é uma informação derivada desse princípio.

Essa regra de ligação entre sujeito/agente e complemento/paciente parece funcionar não só para o português, mas também para várias outras línguas, como inglês, francês, italiano, espanhol, entre outras. E é exatamente esse tipo de regra, envolvendo as funções sintáticas e também outros papéis temáticos, que muitos linguistas vêm tentando incorporar ao Princípio da Hierarquia Temática. Portanto, existe um grande consenso na literatura de que existe um princípio que rege a organização da sintaxe, relacionando os papéis temáticos às funções sintáticas de uma sentença, e essa informação está representada na estrutura argumental de um item lexical. É assumido

---

18. Podemos citar: Fillmore (1968), Jackendoff (1972, 1983, 1990), Givón (1984), Foley e Van Valin (1984), Van Valin e LaPolla (1997), Van Valin (2005), Carrier-Duncan (1985), Baker (1988), Bresnan e Kanerva (1989), Grimshaw (1990), Dowty (1991), Hudson (1992), Franchi e Cançado (2003b [1997]), Cançado (2005), entre muitos outros.

que, quando um falante constrói uma sentença, tende a colocar o agente na posição de sujeito; se não houver um agente, a segunda preferência é para um paciente ou tema; e assim por diante[19]. Entretanto, existem muitas versões dessa proposta hierárquica e nem sempre há um consenso entre quais são os papéis que dela fazem parte ou qual é a ordem exata desses papéis. Exemplificamos esse princípio, de uma maneira mais geral, através de uma sequência hierárquica de alguns dos papéis temáticos aqui propostos:

(78) Agente ou Causa > Paciente ou Tema ou Resultativo > Objeto Estativo > Locativo

Existem papéis que não ocorrem simultaneamente, ou seja, não existem verbos que tenham um agente e uma causa[20], ou um paciente e um tema em sua estrutura argumental. Na estrutura hierárquica em (78), os papéis localizados mais à esquerda são os que têm a preferência para a posição de sujeito; ou seja, se um verbo apresentar em sua estrutura argumental mais de um papel, será o agente ou a causa que terá a preferência para ser o sujeito desse verbo. Por exemplo, o verbo *maquiar*, como mostramos acima, atribui a seus argumentos os papéis de agente e paciente. Pela hierarquia em (78), o papel de agente tem a preferência para ocupar a posição de sujeito e, consequentemente, o paciente ocupará a posição de complemento. Portanto, é esse princípio que estabelece a ordem dos papéis temáticos apresentada na estrutura argumental do verbo em (77), e repetida abaixo:

(79) a. A mãe maquiou a filha.
    b. *maquiar*: {Agente, Paciente}

---

19. Não entraremos em detalhes aqui, mas é importante realçar que também é preciso existir algum mecanismo para que haja o reconhecimento de qual argumento corresponde ao sujeito e qual corresponde ao complemento na sentença. Uma boa proposta, no nosso entender, encontra-se nas teorias gerativistas, com a atribuição de casos sintáticos: associa-se o sujeito ao caso nominativo e o complemento ao caso acusativo. Assim, os casos sintáticos "tornam visíveis" os papéis temáticos na sentença.

20. Mostraremos no Capítulo 3 a relevância de se ter agente e causa como dois papéis temáticos distintos, apesar de alguns autores não assumirem essa distinção.

Se o evento no mundo a ser descrito é que a mãe maquiou a filha, pelo conhecimento semântico do falante, sabe-se que a mãe é o agente dessa ação e que a filha é o paciente. Para se fazer a ligação desse conhecimento semântico com a sintaxe, o falante usa o Princípio da Hierarquia Temática e associa o sintagma *a mãe*, que denota a pessoa mãe no mundo, à posição de sujeito. Da mesma maneira se faz com o paciente denotado pelo sintagma *a filha*, associando-o à posição de complemento. E assim tem-se uma sentença que é a denotação do evento presenciado: *a mãe maquiou a filha*. Se a situação a ser descrita no mundo fosse a inversa, a filha é que maquiou a mãe, então o falante teria de fazer o mesmo procedimento, associando *a filha* à posição de sujeito, e assim por diante.

Outro exemplo é a estrutura argumental do verbo *ir*, que atribui os papéis temáticos de agente (ou tema) e locativo para os seus argumentos. Segundo o Princípio da Hierarquia Temática, o agente (ou mesmo o tema) tem preferência sobre o locativo; daí, tem-se a seguinte estrutura argumental:

(80) a. A aeromoça foi para Paris.
    b. *ir*: {Agente, Locativo}

Um último exemplo para ilustrarmos o princípio é o verbo *morar*, que atribui os papéis temáticos de Objeto Estativo e Locativo para os seus argumentos. Segundo o Princípio da Hierarquia Temática, o objeto estativo tem preferência para preencher a posição de sujeito em relação ao locativo; daí, tem-se a seguinte estrutura argumental:

(81) a. O Paulo mora em Belo Horizonte.
    b. *morar*: {Objeto Estativo, Locativo}

Pode-se perceber que os papéis temáticos de experienciador e beneficiário não apareceram na nossa proposta. Vários autores incluem esses papéis na hierarquia, o que é esperado, dadas as definições apresentadas. Entretanto, esses papéis trazem sérios problemas às hierarquias propostas, pois eles aparecem em distintas posições nas estruturas argumentais de certos verbos. O experienciador pode aparecer em posição de sujeito e de complemento, dependendo do tipo do verbo. Já o beneficiário pode aparecer na posição de sujeito, complemento direto e indireto. Por exemplo, se lançarmos mão da hierarquia de Bresnan e Kanerva (1989), teremos um problema para a análise dessas ocorrências. Abaixo mostramos a proposta dos autores (tradução nossa):

(82) Agente > Beneficiário > Experienciador > Instrumento> Tema ou Paciente
> Locativo

A hierarquia dos autores estabelece uma ordem de prioridade para o beneficiário e o experienciador em relação ao tema. Como a hierarquia em (82) não prevê um papel temático que seja simplesmente um objeto sobre o qual se faz referência ou simplesmente uma causa, vamos assumir que os papéis dos argumentos em posição de objeto em (83a) e em posição de sujeito em (83b), assim como os papéis dos argumentos em posição de complemento em (84a) e (84c), são temas, como é comum se assumir na literatura:

(83) a. A Raquel ama o Felipe. {Experienciador, Tema}
    b. As provas preocupam os alunos. {Tema, Experienciador}
(84) a. A aluna ganhou um prêmio. {Beneficiário, Tema}
    b. O patrão pagou o empregado. {Agente, Beneficiário}
    c. A professora deu um prêmio para a aluna. {Agente, Tema, Beneficiário}

Fazendo uma análise das estruturas argumentais de (83) e (84), baseadas na proposta de Bresnan e Kanerva (1989), tem-se que, além de não se conseguir atribuir os tipos de papéis nas sentenças acima de uma forma muito clara, pode-se perceber nitidamente que (83a) e (84a e b) estão de acordo com a proposta, mas (83b), em que se tem um tema em posição mais alta do que o experienciador, e (84c), em que se tem um tema mais alto do que o beneficiário, vão em direção oposta à assumida pela hierarquia. Portanto, os papéis experienciador e beneficiário são também um problema apresentado pela proposta de papéis temáticos.

Concluindo, mostramos como os papéis temáticos estabelecem a estreita relação entre a semântica e a sintaxe de uma língua, através do Princípio de Ligação ou da Hierarquia Temática, e esse seria um dos principais motivos para se continuar os estudos nessa área. A proposta de hierarquia é muito aceita pela literatura linguística; no entanto, como mostramos, existem várias divergências a respeito da ordem dos papéis, de quais são os papéis realmente relevantes para a hierarquia e de como esses papéis são definidos. Algumas soluções já foram propostas na literatura para os problemas aqui apresentados. Mostraremos, no capítulo seguinte, algumas dessas soluções, mas antes mostraremos, ainda, a relevância de estudos sobre os papéis temáticos para os fenômenos da alternância verbal e da formação da voz passiva.

3.3 Alternância verbal

Como foi visto, os indícios de que certos aspectos semânticos são relevantes para a sintaxe das expressões linguísticas corroboram a tentativa de se tratar os papéis temáticos de uma maneira mais rigorosa, tendo um *status* teórico em uma teoria gramatical. Além das evidências empíricas da língua de que há uma relação de hierarquia entre as posições sintáticas e os papéis temáticos, existem ainda algumas outras propriedades sintáticas que apresentam restrições de ordem semântica para ocorrer. Um exemplo é o caso do que é conhecido na literatura linguística como *alternância verbal* (ou *alternância de diátese*[21]). Quando se quer falar de um evento no mundo, a língua oferece aos falantes alguns instrumentos; por exemplo, pode-se falar da perspectiva do agente, ou pode-se omitir esse agente, entre outras possibilidades. Essas diferentes formas de a língua organizar a estrutura sintática estão relacionadas ao que se chama de "alternância verbal".

---

21. Os termos apresentam o mesmo significado na Semântica Lexical (LEVIN, 1993; FRANCHI, 2003 [1997]).

O termo *alternância verbal* é muito amplo e usado de diferentes formas na literatura. Geralmente, o termo se refere à possibilidade de um verbo apresentar mais de uma representação de estrutura argumental e diferentes formas de transitividade para denotar distintas perspectivas de um mesmo evento no mundo. Por exemplo, o verbo *quebrar* pode aparecer em duas sentenças diferentes e com distintas estruturas argumentais, como nos exemplos abaixo:

(85) a. O menino quebrou a vidraça.
     b. *quebrar*: {Causa, Paciente}
(86) a. A vidraça (se) quebrou.
     b. *quebrar*: {Paciente}

Pode-se dizer das representações acima que o verbo *quebrar* alterna entre duas estruturas argumentais: uma perspectiva causativa e outra perspectiva incoativa (ou ergativa)[22]. Esse seria um fenômeno típico de alternância verbal. Entretanto, não são todos os verbos que permitem essa alternância:

(87) a. O atacante jogou a bola.
     b. *jogar*: {Agente, Tema}
(88) a. *A bola jogou.
     b. **jogar*: {Tema}

Fillmore (1970) argumenta que verbos como *quebrar* e *jogar* diferem em relação ao tipo de papel temático de seus complementos e, por isso, apresentam distintos comportamentos de realização argumental, ou seja, o primeiro pode apresentar uma alternância, ao passo que o segundo não

---

22. Segundo Dixon (1994), o termo *ergativo* empregado em relação à alternância verbal é menos adequado, pois há também o caso ergativo, um conceito sintático, utilizado principalmente nos estudos de línguas indígenas. Mas é importante realçar que também o termo *incoativo* não é totalmente adequado. Esse termo está sendo aqui usado para indicar que o evento está sendo visto apenas pela perspectiva de seu ponto final. Entretanto, o termo também é usado para descrever verbos que apresentam o aspecto inceptivo, ou seja, que trazem o sentido de início de uma situação (p. ex., *nascer, amanhecer*). Como se pode notar, esses verbos não apresentam a "alternância causativo-incoativa". Optamos pelo termo *incoativo* em oposição ao termo *causativo* (seguindo a nomenclatura assumida por LAKOFF, 1970), por ser o termo mais usado na área da Interface Sintaxe-Semântica Lexical.

apresenta essa possibilidade. Uma das hipóteses correntes na literatura é que verbos que têm um paciente como complemento aceitam esse tipo de alternância verbal; os que não apresentam um paciente na posição de complemento não permitem a alternância. Portanto, esse tipo de argumentação é uma evidência de que propriedades semânticas dos itens verbais, ou, mais especificamente, os tipos de papéis temáticos, têm relevância direta na estruturação sintática apresentada pelos verbos. Tem-se aí outra forte motivação para se investir em estudos sobre os papéis temáticos. Com um conhecimento mais profundo dessas noções, com definições mais explícitas, pode-se compreender melhor a real relevância da semântica na estruturação sintática das sentenças.

Outra observação a respeito da alternância verbal, proposta por alguns autores, tem relação com a transitividade. Para alguns, a alternância verbal diz respeito somente às duas possibilidades sintáticas de um verbo ser realizado, ou seja, apresentar uma forma transitiva e outra intransitiva. Entretanto, segundo Levin (1993), pode-se assumir uma definição mais ampla de alternância, incluindo aí qualquer forma de reorganização da estrutura argumental de um verbo. Contudo, como reconhecido pela autora, uma das formas mais comuns de alternância envolve a mudança na transitividade do verbo, que passa de uma forma sintática [SN V SN] para uma forma [SN V]; nesse caso, o papel temático do sujeito do uso intransitivo é o mesmo que o papel temático do complemento da forma transitiva. Em português, esse fenômeno pode ser ilustrado com a alternância causativo--incoativa mostrada em (85) e (86)[23]. Veja mais exemplos desse fenômeno:

(89) a. O vento abriu a porta. {Causa, Paciente}
    b. A porta (se) abriu. {Paciente}
(90) a. A briga machucou a menina. {Causa, Paciente}
    b. A menina (se) machucou. {Paciente}
(91) a. Os exercícios pesados cansaram a atleta. {Causa, Paciente}
    b. A atleta (se) cansou. {Paciente}

---

23. Um amplo estudo sobre os vários tipos de alternâncias verbais existentes no português encontra-se em Amaral (2015).

Em português, pode haver a inserção do clítico *se* na forma intransitiva, como uma forma de marcar a alternância verbal. Entretanto, notamos que, onde o *se* aparece entre parênteses (marcando opcionalidade) nos nossos exemplos, pode haver variação em relação à obrigatoriedade do clítico em alguns dialetos do português. Por exemplo, a presença do *se* em sentenças com argumentos animados, como em (90b) e (91b) não é opcional para falantes de várias regiões do Brasil. É importante salientar também que a ocorrência do clítico *se* no português é muito ampla e não se restringe apenas à marcação da alternância causativo-incoativa. Por isso, antes de continuarmos nossa explicação sobre as alternâncias, é fundamental que façamos uma explicação a respeito da ocorrência desse clítico em português, de uma maneira geral.

3.3.1 O clítico *se* em português

O clítico *se* aparece em vários tipos de sentenças do português, como nos casos que mostraremos abaixo. Seguindo, em parte, análises já apontadas para o clítico *se* no português (NUNES, 1990, 1995; GODOY, 2012), pode-se afirmar que existe uma forma *se* que é um clítico, apresentando, pelo menos, nove tipos de usos[24]. Mostramos aqui esses tipos, lembrando que, onde colocamos parênteses, pode haver variação dialetal, com a obrigatoriedade do uso do clítico em algumas regiões do Brasil:

(92) A menina *se* lavou. (reflexiva)
(93) As meninas *se* lavaram. (reflexiva ou recíproca)
(94) A menina (*se*) sentou. (média)
(95) A menina (*se*) machucou. (incoativa)
(96) Menina (*se*) machuca facilmente. (medial)[25]
(97) Machucou-*se* a menina. (passiva sintética)

---

24. Também existe a forma *se* não clítica da conjunção condicional, que não é relevante para o nosso estudo: *se a menina for, eu vou.*

25. Existem alguns linguistas que tratam sentenças desse tipo como exemplos de médias, talvez pela tradução do inglês, em que essas sentenças são chamadas de "*middle*". Entretanto, trataremos essas sentenças como "mediais", seguindo a sugestão de Souza (1999), distinguindo-as das médias, mostrada no exemplo em (94).

(98) Fala-*se* da menina por aí. (indeterminação)
(99) A menina (*se*) arrependeu. (inerente)
(100) Lá (*se*) vai a menina. (enfático)

Em (92), o uso mais associado ao clítico *se*, tem-se um exemplo da marca reflexiva que, quando aparece, apenas indica a mudança de voz, substituindo o argumento em posição de complemento; esse *se* continua a ser um argumento do verbo, recebendo papel temático e exercendo função de complemento. Nas sentenças reflexivas o *se* não pode ser omitido: **a menina lavou*. Outro teste a ser feito, seguindo Camacho (2003) e Godoy (2012), para se verificar a natureza reflexiva do clítico, é substituí-lo pela expressão *ela mesma*: *a menina lavou ela mesma*. Apenas os reflexivos aceitam tal substituição na paráfrase da sentença.

Em (93), mostramos um exemplo de possível interpretação recíproca. Toda sentença em sua forma reflexiva com o clítico *se*, quando tem na posição de sujeito um sintagma que denote pluralidade, assume também uma leitura recíproca (MASLOVA, 2008). Pode-se assumir que a possibilidade de se ter uma forma recíproca com sujeitos plurais também evidencia se uma sentença está na sua forma reflexiva ou não[26].

Em (94), a marca, que denominamos "*se* médio", indica uma certa reflexividade do argumento em posição de sujeito, mas não substitui o argumento complemento como na reflexiva, não recebendo papel temático, nem exercendo função sintática (CAMACHO, 2003). Segundo Amaral (2015), esse tipo de clítico *se* apenas ocorre com verbos que denotam algum tipo de movimento. Diferentemente da reflexiva, o *se* médio pode ser omitido em alguns dialetos do Brasil – *a menina sentou* – e a sentença não pode ser parafraseada com a expressão *ela mesma* – **a menina sentou ela mesma* (CAMACHO, 2003; GODOY, 2012). Também pode-se perceber que o *se* médio ocorre em sentenças eventivas que denotam a afetação do argumento sujeito da sentença como um todo; a menina não pode sentar parte de seu corpo. Já o *se* reflexivo pode ocorrer em sentenças eventivas que são

---

26. Sobre reciprocidade em português, cf. Godoy (2008a).

interpretadas como tendo uma afetação em parte ou no todo desse mesmo argumento: em *a menina se lavou*, pode-se entender que a menina lavou alguma parte do seu corpo ou todo o seu corpo[27].

Em (95), tem-se o clítico *se* como a marca da alternância da forma transitivo-causativa para a forma intransitivo-incoativa de um verbo: *a briga machucou a menina/a menina (se) machucou*. Esse *se* não recebe papel temático, não apresenta função sintática e pode ser omitido na sentença em alguns dialetos do português: *a menina machucou*. Segundo Haspelmath (1993), o clítico *se* aparece nas línguas românicas para marcar a forma derivada de uma sentença que seria considerada básica. É importante realçar que essa sentença também pode ter uma leitura reflexiva, agentiva, diferentemente da incoativa em que o sujeito é um paciente, e em que a presença do *se* é indispensável: *a menina machucou ela mesma*. Ainda, para se diferenciar o clítico médio do clítico incoativo quando o sujeito das sentenças é animado (já que os dois tipos de clíticos podem ser apagados da sentença em alguns dialetos), pode-se evidenciar a natureza agentiva das sentenças médias com uma adjunção de finalidade, que é o teste sugerido por Jackendoff (1972): *a menina (se) sentou para descansar/*a menina (se) machucou para chorar* (essa última sentença só é gramatical em sua leitura agentiva, reflexiva).

Em (96), a princípio, o clítico *se* teria o mesmo papel do exemplo em (95), marcando a alternância do objeto para a posição de sujeito. Assim como na incoativa e na média, o clítico é opcional em alguns dialetos do português e não tem função de argumento ou de complemento do verbo. Entretanto, esse tipo de sentença derivada geralmente traz o verbo flexionado no tempo presente, parece precisar de uma marca adverbial para ter mais aceitabilidade e não denota mais o mesmo evento no mundo da sentença básica. Com isso, a partir da forma como definimos alternância verbal, esse não seria um exemplo de alternância em que ocorre a reorganização da estrutura argumental e uma mudança de perspectiva do evento (como também apontam

27. Sobre as restrições para a alternância média em português, cf. Amaral (2015).

LEVIN & RAPPAPORT HOVAV, 1994, para o inglês). Entendemos, como será mostrado no Capítulo 4, que há uma alternância de aspecto do verbo, que tem como aspecto básico um *accomplishment* e torna-se um estado derivado nesse tipo de construção. Sentenças desse tipo, que chamaremos de "mediais" seguindo Souza (1999), denotam genericidade em relação ao processo descrito pelo verbo e atribuem ao sujeito um tipo de estado, mais especificamente, uma propriedade de determinado indivíduo, como mostram Keyser e Roeper (1984). Veja que sentenças mediais não aceitam uma finalidade, por serem estativas: *meninas (se) machucam facilmente para atrair a atenção* (essa sentença é gramatical somente na leitura agentiva, reflexiva).

Em (97), o clítico *se* aparece como a marca da construção passiva sintética. Contrariamente ao *se* que marca incoativa, média e medial, não pode ser apagado e aparece somente em posição pós-verbal. Uma maneira de se distinguir a forma incoativa da passiva sintética é proposta por Souza (1999). Segundo o autor (e tb. PARSONS, 1990; HASPELMATH, 1993), a forma incoativa não acarreta que o sentido agentivo esteja contido na sentença e, como tal, não aceita uma sentença denotando finalidade: *a menina (se) machucou com a queda para assustar os policiais*. Já na forma da passiva sintética, a agentividade continua presente, permitindo adjunções que denotem finalidade: *machucou-se a menina para chamar a atenção dos policiais*. Por essa propriedade das passivas sintéticas, parece-nos que o *se* nesse caso é o argumento agente do verbo, o agente da passiva. Além da obrigatoriedade do clítico, outro indício de seu caráter argumental é a impossibilidade de inserção do agente da passiva encabeçado pela preposição *por* nas passivas sintéticas: *a menina foi machucada pelo malfeitor/*machucou-se a menina pelo malfeitor*. Também se pode perceber não somente a mudança de perspectiva, mas uma marca de indeterminação do sujeito, o que não é característica das passivas analíticas. Evidência de tal fato é o uso bastante comum na língua não culta de sentenças do tipo *vende-se casas*, em que não há a concordância do possível sujeito com o verbo, gerando apenas a interpretação de que alguém indeterminado vende casas[28].

---

28. Sobre o *se* apassivador e indeterminador no português, cf. Nunes (1990).

Em (98), o clítico *se* marca a mesma indeterminação do sujeito apontada acima, só que com verbos transitivos indiretos. Também nesse caso, o clítico tem papel de indicar que a referência do argumento do verbo que ocupa a posição de sujeito é indeterminada (não se sabe qual é essa referência) ou é irrelevante (dependendo da intenção do falante). Pode-se dizer, portanto, que o *se* indeterminador é um argumento e recebe papel temático, já que ocupa uma posição argumental do verbo, é utilizado para saturar seu sentido, não é opcional e pode ser substituído por um pronome indefinido em uma paráfrase (*fala-se da menina por aí/alguém fala da menina por aí*).

Em (99), tem-se um *se* que parece ser algum resquício histórico, pois não tem nenhuma função, pode ser omitido e é associado a alguns verbos específicos do tipo: *arrepender, chamar, atrever, queixar* etc. A Gramática Tradicional trata esses verbos como sendo verbos pronominais e assume que o clítico é parte inerente desses itens. Nessas sentenças, o *se* não é um argumento do verbo e não recebe papel temático. Podemos confirmar tal proposta com a constatação de que o clítico em alguns dialetos é opcional (*a menina arrependeu (de ter ido à festa)/a menina se arrependeu (de ter ido à festa)*) e de que esses verbos pedem somente um argumento, atribuindo também apenas um papel temático. Como se tem um clítico que pode ser apagado e verbos de natureza agentiva, em alguns casos, pode haver alguma dificuldade em se distinguir o clítico inerente do clítico médio. Entretanto, basta notar que as sentenças médias são derivadas de uma forma transitiva, como em *a mãe sentou a menina/a menina (se) sentou*, diferentemente das sentenças com clíticos inerentes **o padre arrependeu a menina/a menina (se) arrependeu*. Ainda, as médias sempre denotam algum tipo de movimento, o que não é característica dos verbos que ocorrem com o clítico inerente.

Em (100), o *se* não exerce nenhuma função sintática. Porém, intuitivamente, pode-se observar uma distinção semântica entre sentenças com e sem o *se*: *lá vai a menina/lá se vai a menina*. Nesse caso, o *se* exerce uma função de reafirmar alguma propriedade do argumento sujeito do verbo (na Gramática Tradicional, nesse uso o clítico realça a espontaneidade de uma atitude ou de um movimento do sujeito). Chamaremos essa ocorrência do clítico de "enfático", seguindo Nunes (1995). Também nesse caso o *se* não é um argumento do verbo e não recebe papel temático. Indícios para essa natureza não argumental são a opcionalidade do clítico e o fato de que uma sentença como *lá vai a menina* já possui todas as posições argumentais do verbo preenchidas, não sendo necessário que o *se* entre para saturar o predicador. Também, não é possível substituir o clítico por um argumento do verbo em uma paráfrase.

Uma última observação sobre o clítico *se* é que ele está marcado para a terceira pessoa, nos casos mostrados acima. Nos exemplos de (92) a (96), se o sujeito das sentenças for alterado para a primeira pessoa, os clíticos *me* ou *nos* podem também ocorrer: *eu me lavei* (reflexiva); *nós nos lavamos* (reflexiva/recíproca); *eu (me) sentei* (média); *eu (me) machuquei* (incoativa); *eu (me) machuco facilmente* (medial); *eu (me) arrependi* (inerente). No caso da primeira pessoa do plural marcada por *a gente* e também para a segunda pessoa (*você(s)*), sempre ocorre o clítico *se*, já que esses pronomes, no português, são formalmente marcados para a terceira pessoa, apesar de se referirem semanticamente à primeira e à segunda pessoas. Em alguns dialetos, em que permanece o pronome *tu*, formalmente marcado para a segunda pessoa, ocorre também o clítico *te*. Nos casos restantes, passiva, indeterminação, inerente e enfático, exemplificados em (97), (98), (99) e (100), respectivamente, não há distinção de pessoa e apenas o clítico *se* pode ser usado.

Concluindo a explicação sobre o clítico *se*, pode-se perceber que em português a mesma partícula é usada para marcar diferentes noções semânticas, apresentando interpretações da perspectiva média à perspectiva passiva. Entretanto, é interessante observar que em outras línguas, como o húngaro, o russo e o japonês, essas diferentes noções semânticas são marcadas por morfemas diferentes. Em húngaro, por exemplo, a reflexiva é marcada pelo pronome *magat*, enquanto a média é marcada pelo morfema *kod-* ou *koz-* (HORVATH & SILONI, 2011; MALDONADO, 2008) e a incoativa é marcada pelo morfema *-ódik* ou *-ik*, dentre outras formas possíveis (HASPELMATH, 1993). Portanto, o clítico *se* em português não pode ser entendido como uma partícula usada para diferentes formas reflexivas, como é interpretado por alguns autores (CHIERCHIA, 2004 [1989]; KOONTZ-GARBODEN, 2009); antes, trata-se de diferentes noções semânticas sendo marcadas por uma mesma partícula.

3.3.2 Restrições semânticas para a alternância causativa

Retomando a nossa análise sobre a alternância causativo-incoativa, mostraremos aqui as possíveis restrições de natureza semântica à ocorrência desse fenômeno. Voltemos aos exemplos em (89)-(91), repetidos abaixo (com nova numeração):

(101) a. O vento abriu a porta. {Causa, Paciente}
       b. A porta (se) abriu. {Paciente}
(102) a. A briga machucou a menina. {Causa, Paciente}
       b. A menina (se) machucou. {Paciente}
(103) a. Os exercícios pesados cansaram a atleta. {Causa, Paciente}
       b. A atleta (se) cansou. {Paciente}

Pode-se afirmar que em (101) o verbo *abrir* apresenta duas formas: a sentença transitiva em (a), que é uma sentença que expressa a causação entre dois subeventos[29] – o evento de ventar causa a porta ficar aberta; e a sentença intransitiva em (b), que expressa somente a parte final do evento – o estado final de a porta ficar aberta. O mesmo está expresso em (102): a sentença transitiva em (a) é uma sentença que expressa a causação entre dois subeventos – o evento de brigar causa a menina ficar machucada; e a sentença intransitiva em (b) expressa somente a parte final do evento – o estado final de a menina ficar machucada. Igualmente ocorre em (103):

_____

29. A noção de causação é explicada de uma forma detalhada nos Capítulos 4 e 5.

a sentença transitiva em (a) é uma sentença que expressa a causação entre dois subeventos – o evento de fazer exercícios pesados causa a atleta ficar cansada; e a sentença intransitiva em (b), expressa somente o estado final do evento – o evento de a atleta ficar cansada.

Para vários autores (HASPELMATH, 1993; LEVIN & RAPPAPORT HOVAV, 1995; REINHART, 2002), uma das sentenças da alternância é a forma básica e a outra é uma forma derivada. Segundo Haspelmath (1993), a forma derivada de uma sentença é sempre marcada de alguma forma, seja fonologicamente, morfologicamente ou sintaticamente. Nas línguas românicas, o clítico *se* aparece na forma intransitiva, o que significa que esta é a forma marcada e, portanto, derivada, e a forma transitiva seria considerada a forma básica. A partir da forma básica, pode-se traçar restrições semânticas para a ocorrência da alternância. Whitaker-Franchi (1989), para o português, e Levin e Rappaport Hovav (1995), para o inglês, argumentam que o que permite que verbos do tipo *abrir/machucar/cansar* participem da alternância causativo-incoativa é o complemento da forma transitiva ter o papel de paciente e o sujeito não ser estritamente agentivo, ou seja, não aceitar somente o papel de agente. Isso se comprova nos exemplos de (101) a (103). Veja que verbos que não recebem o papel temático de paciente no seu complemento ((104)-(106)) ou que são estritamente agentivos ((107)-(109)) não aceitam a alternância:

(104) a. O vento empurrou a porta. {Causa, Tema}
     b. *A porta (se) empurrou.
(105) a. O rapaz ganhou um carro. {Beneficiário, Objeto Estativo}
     b. *Um carro (se) ganhou.
(106) a. O aluno adorou a nova professora. {Experienciador, Objeto Estativo}
     b. *A nova professora (se) adorou.
(107) a. A cozinheira temperou a comida. {Agente, Paciente}
     b. *A comida (se) temperou.
(108) a. A Maria lavou a calçada. {Agente, Paciente}
     b. *A calçada (se) lavou.
(109) a. A decoradora enfeitou a casa. {Agente, Paciente}
     b. *A casa (se) enfeitou.

As restrições semânticas para a alternância causativo-incoativa podem ser explicitadas pela seguinte formulação: somente verbos que apresentam a estrutura argumental *v*: {Causa, Paciente} aceitam tal alternância. Portanto, a previsão da ocorrência de alternância verbal através de papéis temáticos é uma boa evidência para a relevância desse estudo e, realmente, em um grande número de verbos essas restrições se aplicam. Entretanto, ainda é fato que a falta de definições consistentes e congruentes para os papéis temáticos também é um problema para o tratamento das alternâncias verbais. Veja os exemplos abaixo, apresentados na literatura com as seguintes estruturas argumentais:

(110) a. O acidente na fábrica decepou o braço do operário. {Causa, Paciente}
     b. *O braço do operário (se) decepou.
(111) a. A chuva de granizo destruiu o jardim. {Causa, Paciente}
     b. *O jardim (se) destruiu.

Em (110) e (111), os verbos *decepar* e *destruir*, segundo vários autores, como Haspelmath (1993), Rappaport Hovav e Levin (2012) e Beavers e Zubair (2013), têm um paciente como complemento e não são necessariamente agentivos; entretanto, não aceitam a alternância causativo-incoativa, como seria o esperado. Uma questão a ser levantada é se os complementos desses verbos seriam realmente pacientes. Caso não o sejam, como diferenciar então alguns tipos de "pacientes"?

Concluindo, pode-se perceber que os papéis temáticos, ou propriedades relacionadas a eles, realmente têm alguma ligação com a ocorrência de alternâncias verbais. Contudo, essas noções precisam ser mais bem elaboradas, como estamos mostrando até aqui[30].

3.4 Passivas

Finalmente, um último exemplo da relevância do estudo dos papéis temáticos é o processo de passivização. Já mencionamos várias vezes ao longo

---

30. Vamos tratar dessa alternância, sob outras perspectivas, nos Capítulos 3 e 5.

deste capítulo que esse processo sintático tem uma forte relação com o papel temático de agente. Segundo Jackendoff (1972), pode-se prever que, se um verbo transitivo direto tiver um agente em sua estrutura argumental, este aceitará a formação da voz passiva:

(112) a. *lavar*: {Agente, Paciente}
     b. A faxineira lavou o alpendre.
     c. O alpendre foi lavado pela faxineira.
(113) a. *escrever*: {Agente, Resultativo}
     b. A professora escreveu o bilhete.
     c. O bilhete foi escrito pela professora.

Contudo, se o verbo exigir que seu sujeito seja somente uma causa, em outras palavras, se um verbo for estritamente causativo, este não aceitará a construção passiva:

(114) a. A doença preocupou a mãe. {Causa, Experienciador}
     b. *A mãe foi preocupada pela doença.
(115) a. A ginástica cansou o atleta. {Causa, Paciente}
     b. *O atleta foi cansado pela ginástica.
(116) a. Os gastos excessivos empobreceram o João. {Causa, Paciente}
     b. *O João foi empobrecido pelos gastos excessivos.

Portanto, pode-se, através dos papéis temáticos, fazer uma previsão de possibilidades e restrições à formação de passivas. Entretanto, há também outras propriedades semânticas, além dos papéis temáticos, envolvidas nesse processo sintático, como apontam Cançado e Franchi (1999) e Franchi e Cançado (2003a [1997]). Essa abordagem será apresentada mais à frente. Aqui, queremos deixar claro com esses exemplos que o estudo dos papéis temáticos, apesar de problemático, se faz relevante, pois essas funções semânticas têm relação com a estruturação sintática das sentenças.

Concluindo, mostramos com toda a argumentação acima que, apesar de os papéis temáticos terem uma interferência direta na sintaxe das sentenças, eles necessitam de um refinamento para serem adotados como noções de uma teoria. Mostraremos, no capítulo seguinte, outras propostas que tentam refinar o conteúdo dos papéis temáticos e minimizar esses problemas teóricos.

4 SUGESTÕES DE LEITURA

A literatura sobre papéis temáticos é bastante extensa, especialmente em língua inglesa. Recomendamos ao leitor alguns textos que consideramos mais importantes e relevantes. Em inglês, sugerimos a leitura do clássico texto de Fillmore (1968), *The Case for Case*. Esse texto é um trabalho seminal sobre a noção de papéis temáticos. O autor elabora uma "gramática de casos", em que *caso* é o nome dado às relações semânticas que aqui chamamos de papéis temáticos, e define uma lista desses casos, que seriam primitivos necessários para a teoria gramatical. Esse artigo encontra-se publicado também em um livro mais recente do autor, que reúne todos os seus principais trabalhos sobre papéis temáticos e que também recomendamos: Fillmore (2003), *Form and meaning in language – vol. 1: Papers on Semantic Roles*. Uma análise dos problemas das listas de papéis temáticos é encontrada no livro *Argument Realization*, de Levin e Rappaport Hovav (2005). No capítulo 2 desse livro, as autoras fazem uma breve introdução sobre papéis temáticos, mostram os vários problemas desses papéis apontados na literatura e também apresentam os trabalhos de autores que tentaram reformular as teorias de papéis temáticos, de modo a eliminar esses problemas. Nesse mesmo livro de Levin e Rappaport Hovav, o capítulo 6 é dedicado ao estudo da hierarquia temática, percorrendo as várias propostas da literatura sobre o tema. Indicamos também a leitura de obras mais específicas, mas que são de extrema importância para o desenvolvimento dos estudos sobre papéis temáticos: os livros *Semantics and Cognition* e *Semantic Structures*, de Jackendoff (1983, 1990) e o livro de Grimshaw (1990), *Argument Structure*.

Em português, encontram-se muitos trabalhos que usam papéis temáticos como instrumentação, mas pouco se encontra sobre o próprio conceito de papéis temáticos. Pode-se afirmar que os primeiros estudos especifica-mente sobre papéis temáticos são encontrados na tese de doutorado *Hipótese para uma teoria funcional da linguagem*, de Carlos Franchi (Unicamp, 1976). Entretanto, esse trabalho é extremamente formal, de difícil leitura e de difícil acesso, pois não se encontra digitalizado. Mas podemos indicar outros trabalhos mais acessíveis e que se valem de muitas das ideias já ex-plicitadas nessa tese. Franchi orientou dois trabalhos que são referência nos estudos sobre papéis temáticos no português e são sugeridos como boas introduções aos estudos de papéis temáticos: a dissertação de mestrado, *As construções ergativas: um estudo sintático e semântico*, de Regina Whita-ker-Franchi (Unicamp, 1989), e a tese de doutorado, *Verbos psicológicos: A relevância dos papéis temáticos vistos sob a ótica de uma semântica represen-tacional*, da primeira autora deste livro (Unicamp, 1995). Ainda podemos sugerir como leituras sobre o tema os manuscritos que foram publicados em 2003, na *Revista de Estudos da Linguagem*: *Predicação*, de Franchi (2003 [1997]), *Teoria Generalizada dos Papéis Temáticos* (FRANCHI & CANÇA-DO, 2003a [1997]) e *Reexame da noção de hierarquia temática* (FRAN-CHI & CANÇADO, 2003b [1997]). Posteriormente, a primeira autora deste livro e orientandos desenvolveram um extenso trabalho sobre papéis temáticos, mas usando uma abordagem diferente da apresentada neste ca-pítulo, baseada na proposta de Dowty (1989, 1991), que será apresentada no próximo capítulo.

Capítulo 3

Seleção argumental

Como foi visto no capítulo anterior, adotar os papéis temáticos como primitivos de uma teoria e estabelecer as definições dessas funções semânticas de uma forma consistente é problemático. Certamente, essas noções são intuitivas e aceitas por muitos na literatura linguística, mas as definições dadas a elas nem sempre são consensuais. Existem muitas controvérsias a respeito do que seja realmente um agente, ou um paciente etc. Também nem sempre é possível atribuir um único papel temático a um mesmo argumento. Com isso, a motivação existente para se investir em estudos sobre papéis temáticos (a proposta de um princípio de ligação entre a sintaxe e a semântica e as restrições semânticas para processos gramaticais) ficou comprometida teoricamente.

No decorrer dos estudos sobre papéis temáticos e estrutura argumental, outras propostas que tentam contornar esses problemas vão surgindo. Por exemplo, existem abordagens mais recentes que adotam um modelo teórico com definições menos refinadas do que a lista de papéis temáticos, assumindo papéis generalizados como noções derivadas da relação entre os verbos e seus argumentos. Exemplos desse tipo de modelo são os protopapéis de Dowty (1989, 1991) e os macropapéis de Foley e Van Valin (1984). Para esses autores, os papéis temáticos relevantes podem ser definidos com apenas dois itens, *grosso modo*, o agente e o paciente, tendo esses papéis definições bem mais abrangentes do que as dadas no Capítulo 2.

Outros tipos de abordagem adotam modelos com definições um pouco mais refinadas do que as de Dowty (1989, 1991) e de Foley e Van Valin

(1984), mas ainda menos específicas do que a lista de papéis temáticos. Um exemplo desse tipo de proposta é a representação da estrutura argumental pela decomposição do sentido do verbo em predicados primitivos, como elaborado em Jackendoff (1983, 1990), Levin e Rappaport Hovav (2005), Van Valin (2005), entre outros. Nessa abordagem, os verbos são decompostos em unidades menores de sentido, como causa, mudança, estado etc.

Propostas com definições mais amplas, como as de Dowty (1989, 1991) e de Foley e Van Valin (1984), são mais econômicas e interessantes no que diz respeito ao estabelecimento de um princípio que ligue a semântica à sintaxe, entretanto não conseguem abarcar informações sobre os eventos, sobre a aspectualidade e sobre o sentido específico dos verbos, entre outras informações. Já propostas do tipo da decomposição em predicados primitivos são mais custosas para o estabelecimento da ligação entre as estruturas sintática e semântica, mas são mais abrangentes no que diz respeito aos outros tipos de informações semânticas e sintáticas. Por isso, entendemos ser interessante mostrar essas duas perspectivas teóricas neste livro.

Primeiramente, neste capítulo, mostramos a proposta de Dowty (1989, 1991) e o refinamento dessa proposta para o português. Retomamos ideias de Franchi e Cançado (2003a [1997], 2003b [1997]) e de Cançado (2005) e estabelecemos um princípio de ligação entre a semântica e a sintaxe e as restrições semânticas para certas propriedades sintáticas. Essa abordagem resolve uma série de problemas das listas de papéis temáticos tradicionais, apresentados no Capítulo 2. E no Capítulo 5 delinearemos uma proposta baseada na perspectiva da decomposição em predicados primitivos, que inclui informações sobre o evento (o que não é contemplado pela lista de papéis temáticos nem pelos papéis mais amplos de DOWTY, 1991), além de trazer informações sobre os papéis temáticos, o aspecto lexical e o sentido idiossincrático dos verbos. Mostraremos, também, que noções como agente, paciente, beneficiário, experienciador etc., nas duas abordagens a serem apresentadas, são meramente descritivas e derivadas de outras informações.

1 A PROPOSTA DE DOWTY

Como já apontamos, a ligação entre as estruturas sintática e semântica é aceita por várias correntes linguísticas e é mais conhecida como Princípio da Hierarquia Temática ou, conforme Dowty (1991) nomeia, "Seleção Argumental". Vários são os linguistas que apresentaram propostas nesse sentido, utilizando-se do conceito de papéis temáticos e de uma hierarquia entre essas funções semânticas e as funções sintáticas[1]. Entretanto, apesar de as noções de papel temático e de hierarquia temática serem de extrema relevância na gramática das línguas, existem dois grandes problemas envolvendo essas noções, o que faz muitos desistirem de aceitá-las como partes integrantes de uma teoria gramatical, como já apontado no Capítulo 1. O primeiro problema se deve à inconsistência das definições usadas para os papéis temáticos que fazem parte das hierarquias propostas. O segundo problema é que essas hierarquias, apesar de serem apresentadas como um princípio universal, não apresentam uma mesma ordenação entre os papéis temáticos tradicionais, havendo grande divergência entre os autores. Compare alguns exemplos abaixo; veja que, após o agente, não existe um consenso entre quais são os papéis relevantes para a hierarquia e nem que ordem seria a universal:

(1) Agente > Locativo ou Fonte ou Alvo > Tema (JACKENDOFF, 1972)
(2) Agente > Causador > Locativo > Tema > Paciente (FOLEY & VAN VALIN, 1984)
(3) Agente > Beneficiário > Experienciador > Instrumento > Tema ou Paciente > Locativo (BRESNAN & KANERVA, 1989)

Com isso, outras propostas aparecem, tentando contornar esses problemas. Uma abordagem bem interessante, e assumida por muitos na literatura mais recente sobre papéis temáticos, é a de Dowty (1989, 1991).

---

1. Cf. Fillmore (1968), Jackendoff (1972, 1983, 1990), Givón (1984), Foley e Van Valin (1984), Van Valin e LaPolla (1997), Van Valin (2005), Carrier-Duncan (1985), Baker (1988), Bresnan e Kanerva (1989), Grimshaw (1990), Dowty (1991), Hudson (1992), Franchi e Cançado (2003b [1997]), Cançado (2005), entre muitos outros.

Dowty (1989, 1991), em sua proposta sobre papéis temáticos, aponta uma estratégia de pesquisa para avaliar se as relações temáticas realmente possuem relevância gramatical. Segundo o autor, deve-se trabalhar sobre cada domínio em separado, sem deixar que haja interferência de informações e concepções de certos domínios em outros. Pode-se, por exemplo, analisar as estruturas lexicais propostas inicialmente por Gruber (1965) e Jackendoff (1972), ou somente analisar a indexação dos argumentos para a projeção sintática, como na tradição gerativista, ou ainda o que é determinado pela análise dos fatos da seleção argumental, que é a escolha de Dowty (1989, 1991). O autor chama de "Seleção Argumental" o princípio das línguas naturais que determina quais papéis temáticos estão associados a quais argumentos de um verbo, incluindo aí não somente a seleção do sujeito, como era feito na Gramática de Casos[2], mas também a seleção de complementos. Pode-se assumir que se trata do mesmo Princípio da Hierarquia Temática, ou Princípio de Ligação entre a Sintaxe e a Semântica, mostrado no Capítulo 2.

Para estabelecer, então, o Princípio de Seleção Argumental, Dowty (1989, 1991) primeiramente assume que papéis temáticos não são primitivos semânticos, como na proposta de listagem dos papéis temáticos, mas são noções definidas em termos de acarretamentos lexicais de um verbo. Segundo o autor, papel temático é um grupo de acarretamentos atribuídos a um determinado argumento pelo verbo que o seleciona. Diferentemente do acarretamento semântico, propriedade estabelecida entre sentenças[3], no acarretamento lexical somente entram as propriedades inferidas pelo sentido do verbo, não sendo levadas em conta as inferências sobre o evento, como lugar, tempo etc.

---

2. A Gramática de Casos, proposta por Fillmore (1968), é uma das teorias pioneiras sobre papéis temáticos. O que o autor chama de "casos profundos" (*deep cases*) são, em realidade, os papéis temáticos de agente, beneficiário, locativo, instrumento e outros. Na Gramática de Casos já existe um Princípio de Hierarquia Temática e é assumido que as funções sintáticas dos argumentos são determinadas pelos casos profundos. Entretanto, Fillmore (1968) propõe uma hierarquia temática que prevê apenas qual argumento vai para a posição de sujeito.

3. A definição de acarretamento semântico é a seguinte: "uma sentença *a* acarreta uma sentença *b* se, quando a sentença *a* for verdadeira, a sentença *b* também o for necessariamente".

Por exemplo, em uma sentença do tipo *x construiu y*, o verbo *construir* acarreta lexicalmente para seus argumentos *x* e *y* as propriedades de *ser construtor* e de *ser construído*, respectivamente. Entretanto, não se pode afirmar, com base na noção de acarretamento lexical proposta por Dowty (1991), que o lugar onde se deu essa construção é um acarretamento do verbo *construir*, apesar de ser um acarretamento semântico de uma sentença do tipo *x construiu y*. Ou seja, o verbo *construir* não pede um lugar como argumento para ter seu sentido saturado[4].

A partir de acarretamentos desse tipo, Dowty (1991) desenvolve a noção de papel temático individual. Pode-se afirmar que o papel temático individual atribuído a *x* no exemplo acima é o "papel de construtor", porque é uma propriedade que se pode atribuir a *x*, somente por saber que uma sentença do tipo *x construiu y* é verdadeira. Já, em relação ao papel temático individual de *y*, pode-se afirmar que se trata do "papel de construído", porque isso consiste em uma propriedade que se pode atribuir a *y* nessa mesma sentença.

Obviamente, definir o papel temático individual de um verbo dessa forma trivial não é interessante do ponto de vista teórico, pois para cada verbo haveria um novo grupo de papéis temáticos, sendo impossível traçar generalizações gramaticais a respeito dessas funções semânticas. Entretanto, Dowty (1991) parte dessa noção para definir o que ele chama de "papel temático-tipo": papéis temáticos-tipo são conjuntos de acarretamentos mais gerais que são comuns a todos os papéis temáticos individuais de argumentos de diferentes verbos. Por exemplo, veja os seguintes verbos e seus argumentos:

(4) O pedreiro construiu o sobrado[5].
(5) O mecânico consertou o carro.
(6) A cozinheira temperou a comida.
(7) O professor escreveu um livro.

---

4. É necessário observar que existem certos verbos que apresentam lugar (ou locativo) ou tempo como argumentos que lhe saturam o sentido, como mostrado no Capítulo 2. Estes sim serão acarretamentos lexicais dos verbos.

5. A maioria dos exemplos utilizados para ilustrar a proposta de Dowty (1989, 1991) são traduções para o português de exemplos do próprio autor.

Pode-se afirmar que os argumentos em posição de sujeito dos verbos acima têm como acarretamentos lexicais em comum *desencadear uma ação, ter intenção de fazer essa ação, ter controle sobre essa ação, ter animacidade* (entre outros); essas propriedades irão caracterizar um papel temático-tipo. Contudo, como observa Dowty (1991), a definição de papel temático dada como a interseção de qualquer conjunto de acarretamentos deixa um problema em aberto: pode-se ainda encontrar uma lista enorme de propriedades, chegando-se ao mesmo problema atribuído aos papéis temáticos como noções primitivas. Como o propósito teórico é descobrir quais propriedades semânticas são relevantes para a estruturação da sintaxe, o procedimento, então, é estabelecer, entre esses acarretamentos, aqueles prototípicos, mais frequentemente associados a um grande número de verbos, realizados em posições argumentais proeminentes sintaticamente na sentença, como as de sujeito e de complemento direto. A proposta de Dowty (1991) é, então, estabelecer, de uma maneira geral, as propriedades semânticas relevantes gramaticalmente que são acarretadas lexicalmente pelos verbos a seus argumentos.

Para completar a caracterização do sistema de papéis temáticos-tipo, Dowty (1991) impõe três restrições à sua definição que, segundo o autor, são restrições necessárias para que os papéis temáticos possam ser utilizados como noções que denotam relações determinadas pelos verbos de uma língua natural:

• Completude
Todo papel temático individual contém algum papel temático-tipo, ou seja, a toda posição argumental de qualquer verbo é atribuído um papel temático-tipo.

• Distinção
Toda posição argumental de um verbo se distingue de qualquer outra posição argumental do mesmo verbo pelo papel temático-tipo que lhes é atribuído.

• Independência

As propriedades de um papel temático-tipo devem ser caracterizadas independentemente das relações (denotadas pelos verbos de uma língua natural) que as acarretam.

As condições de Completude e Distinção estão obviamente relacionadas ao Critério-Theta da Gramática Gerativa e contemplam também várias teorias linguísticas que adotam a noção de papéis temáticos. Por exemplo, em teorias que adotam o Princípio da Hierarquia Temática são encontradas condições do tipo "se um papel temático atribuído a um argumento de um verbo ocupa uma determinada posição na hierarquia, então esse argumento está associado a uma determinada posição sintática na sentença". Esse tipo de afirmação toma como verdade que todo argumento de um predicador verbal pode ser classificado por um papel temático, o que está explícito na condição de Completude, e que o argumento seja classificado de uma forma única, o que está explícito na condição de Distinção. O que se argumenta na condição de Independência é que as propriedades que servem para identificar, por exemplo, um agente, devem fazer parte do conjunto de propriedades que são comuns a todos os argumentos-agente, reconhecidas independentemente do verbo particular. Ou seja, ser um agente não é uma característica dependente do verbo *construir*, como o seria, por exemplo, o papel de *construtor*.

O próximo passo da argumentação do autor é que, em realidade, a noção relevante de papel temático-tipo é uma noção *fuzzy* 'difusa', ou seja, não é uma noção discreta[6]. Não se pode afirmar que vários verbos atribuam a seus argumentos os mesmos tipos de propriedades como um papel temático. O que se pode afirmar é que cada verbo atribui mais ou menos propriedades daquele tipo de papel temático aos seus argumentos. Com isso,

6. Alguns autores como Cruse (1973) e Van Valin e Wilkins (1996) também propõem, p. ex., que não existe somente um tipo de agente.

ao se analisar uma grande amostra de verbos e os papéis temáticos por eles atribuídos a seus argumentos, pode-se estabelecer empiricamente quais são as propriedades mais recorrentes nas posições de sujeito e complemento. A partir dessa lista de propriedades e sua relação com as posições sintáticas, Dowty (1991) conclui que apenas dois papéis temáticos-tipo precisam ser reconhecidos em relação à seleção argumental de um verbo, ou seja, somente é relevante atribuir aos argumentos propriedades que os associem às posições de sujeito ou de complemento. Com essa afirmação, o autor propõe que existem dois papéis temáticos prototípicos: o protoagente, relacionado à posição de sujeito, e o protopaciente, relacionado à posição de complemento direto. Cada protopapel apresenta uma lista de acarretamentos específicos, que foram estabelecidos pela análise dos papéis temáticos-tipo, atribuídos aos argumentos que aparecem mais comumente em posições de sujeito e de complemento. O número de acarretamentos que um determinado argumento apresenta relativo às propriedades que compõem um protopapel específico determina se lhe é atribuído o protoagente ou o protopaciente: alguns argumentos podem ser mais típicos, envolvendo um número maior de acarretamentos específicos do protopapel em questão; outros podem ser mais periféricos, com menos características específicas atribuídas a esse protopapel.

O protoagente caracteriza-se por apresentar as seguintes propriedades:
• ter envolvimento com volição no evento ou estado;
• ter consciência (ou percepção);
• ser um desencadeador de um evento ou de uma mudança de estado em outro participante;
• ter movimento (relativo à posição de outro participante);
• existir independentemente do evento nomeado pelo verbo.

E o protopaciente é caracterizado pelas seguintes propriedades:
• sofrer uma mudança de estado;

- ser um tema incremental[7];
- ser causalmente afetado por outro participante;
- estar estacionário (em relação ao movimento de outro participante);
- não existir independentemente do evento.

Dowty (1991) ainda argumenta, com alguns exemplos, que o verbo pode acarretar a um de seus argumentos apenas uma das propriedades do protoagente, ou seja, essas propriedades podem ocorrer isoladamente[8]:

(8) O que *ele* fez foi não comer por dois dias. (ter envolvimento com volição)
(9) *O João* acredita em/conhece alguém./*O João* vê/teme a Maria. (ter consciência/ percepção)
(10) *A solidão* causa sua infelicidade./*O desemprego na adolescência* causa a delin- quência. (ser o desencadeador de um evento)
(11) *O galho que caiu da árvore* passou a pedra./*A água* encheu o bote. (ter movi- mento em relação a outro participante)
(12) *O Carlos* precisa de um carro. (existir independentemente do evento)

E mostra, também, alguns casos em que as propriedades do protopa- ciente existem isoladamente:

(13) O Felipe moveu *a pedra*. (sofrer uma mudança de estado)
(14) O estudante atravessou *a avenida*./A cozinheira encheu *o copo* com água. (ser um tema incremental)

---

7. Argumentos que recebem a propriedade de *tema incremental*, segundo Dowty (1991), são afetados parte por parte. Um exemplo, dado pelo próprio autor, é o complemento direto em *cortar a grama*. Nesse caso, *a grama* é afetada gradualmente, parte por parte, durante o evento denotado por *cortar*. Dowty (1991) afirma que temas incrementais são objetos construídos, destruídos ou que sofrem uma mudança de estado durante o evento denotado pelo verbo que os seleciona. Outros exemplos do autor são: *construir uma casa, escrever uma carta, destruir a ponte, comer um sanduíche, pintar uma casa*.

8. Apesar de Dowty (1991) afirmar que é possível que cada uma das propriedades dos pro- topapéis ocorra isoladamente, acreditamos que esse não é o caso. P. ex., para as sentenças em (8) a (12), pelo menos a propriedade do protoagente *existir independentemente do evento nomeado pelo verbo* ocorre simultaneamente às outras propriedades. Em (17), o argumento que recebe o protopaciente pode apresentar, além da propriedade de *ser criado dependendo do evento*, a propriedade de *ser um tema incremental*. Voltaremos a esse ponto na seção 2.

(15) Fumar causa *câncer*. (ser afetado causalmente)
(16) A bala entrou n*o alvo*./A bala ultrapassou *o alvo*. (estar estacionário em relação a outro participante)
(17) O pedreiro construiu *uma casa*./O aluno apagou *o erro*. (ser criado ou destruído, dependendo do evento)

Em outros exemplos, pode-se observar a ocorrência de várias propriedades dos protopapéis em um mesmo argumento. Em (18) e (19), mostramos a coocorrência de diferentes propriedades do protoagente; em (20) e (21), exemplificamos a combinação de propriedades do protopaciente:

(18) *O bandido* assaltou o banco. (ter envolvimento com volição, ter consciência/percepção, ser o desencadeador do evento, ter existência independente)
(19) *O menino* desceu da cadeira. (ter envolvimento com volição, ter movimento em relação a outro participante, ter existência independente)
(20) O menino quebrou *a vidraça*. (sofrer uma mudança de estado, ser causalmente afetado por outro participante)
(21) A ventania cobriu *a casa* de folhas. (estar estacionário em relação a outro participante, ser causalmente afetado por outro participante)

É importante realçar também que, em alguns verbos, os argumentos podem ter acarretamentos dos dois protopapéis. O que irá definir qual é o tipo do protopapel atribuído a esse argumento é o número de acarretamentos; se houver mais acarretamentos de protoagente do que de protopaciente, o argumento será um protoagente e vice-versa. Mostramos alguns exemplos:

(22) *O manobrista* dirigiu o carro.
(23) O Lucas moveu *a pedra*.
(24) As brincadeiras irritam *a Sônia*.

Em (22), o argumento *o manobrista* tem como acarretamentos: *ter envolvimento com volição no evento ou estado, ter consciência/percepção, existir independentemente do evento nomeado pelo verbo e estar estacionário em relação ao movimento de outro participante*. Essa última propriedade é relativa ao papel de protopaciente, mas como o número de propriedades relativas ao protoagente é maior, o papel a ser atribuído ao argumento será este último.

Em (23), o argumento *a pedra* tem como acarretamentos: *sofrer uma mudança de estado, ser causalmente afetado por outro participante, ser um tema incremental, existir independentemente do evento nomeado pelo verbo* e *ter movimento em relação a outro participante*. As três primeiras propriedades são de protopaciente e as duas últimas de protoagente. Com isso, mesmo apresentando duas propriedades de protoagente, o papel a ser atribuído é o que apresenta o maior número de propriedades, nesse caso, o de protopaciente.

Por fim, em (24), o argumento *a Sônia* tem duas propriedades de protoagente: *ter consciência/percepção* e *existir independentemente do evento*; mas tem também como acarretamentos três propriedades de protopaciente *sofrer uma mudança de estado, ser causalmente afetado por outro participante* e *ser um tema incremental,* sendo considerado, portanto, um protopaciente.

Um primeiro ponto importante ao se comparar uma proposta como a de Dowty (1989, 1991) com a listagem de papéis temáticos é que as propriedades propostas pelo autor parecem apresentar definições mais intuitivas. Como o autor observa, uma noção como *tema* não é nada intuitiva ou participante da vida cotidiana; diferentemente, propriedades como *ter envolvimento com volição no evento ou estado, ter consciência, ser um desencadeador de um evento, sofrer uma mudança de estado, estar estacionário em relação a outro participante, ter movimento* etc. fazem parte das noções com que o falante lida no dia a dia[9].

Além disso, a ideia de um protopapel, baseado em um grupo de propriedades, tem um caráter mais flexível. Essa flexibilidade permite a atribuição dessas funções aos argumentos de vários verbos que eram problemáticos

---

9. Apesar de a crítica de Dowty (1989, 1991) ser bastante pertinente, o próprio autor se contradiz ao propor a noção de *tema incremental* como propriedade, que também não é uma noção intuitiva.

em propostas que assumiam listas de papéis temáticos, como *correr, diri-gir* etc., que podem ter os argumentos da posição de sujeito caracterizados como agente e tema simultaneamente; ou de verbos como *preocupar, abor-recer* etc., que podem ter os argumentos da posição de complemento carac-terizados como experienciador e paciente simultaneamente. A atribuição de dois papéis temáticos a um único argumento de uma mesma sentença contraria o conhecido e aceito Critério-Theta, já explicitado anteriormen-te. Entretanto, considerando papel temático como um grupo de proprieda-des atribuídas aos argumentos pelos acarretamentos do verbo, não se tem nenhum problema para classificar os papéis desses verbos. Aos argumentos em posição de sujeito de verbos do tipo de *correr*, podem ser associadas as seguintes propriedades: *ter envolvimento com volição no evento, ter cons-ciência, desencadear um evento, ter movimento* e *existir independentemente do evento nomeado pelo verbo*; essas propriedades levam a atribuir o papel de protoagente a esses argumentos. Aos argumentos em posição de com-plemento de verbos do tipo de *preocupar*, podem-se associar as seguintes propriedades: *ter consciência/percepção, existir independentemente do even-to nomeado pelo verbo, ser causalmente afetado por outro participante, ser um tema incremental* e também *sofrer uma mudança de estado*; essas pro-priedades levam a atribuir o papel de protopaciente a esses argumentos.

Essa flexibilidade também dá uma explicação satisfatória para a ocorrên-cia de propriedades distintas em um mesmo papel temático. Cruse (1973) já havia apontado a existência de "diferentes agentes", fato que Dowty (1991) motiva através das diferentes propriedades pertencentes ao protoagen-te. É exatamente esse caráter flexível da proposta de Dowty (1989, 1991) que permite integrar os papéis temáticos a uma teoria gramatical[10].

---

10. Além da proposta de Dowty (1989, 1991), como já mostramos no Capítulo 2, a propos-ta de Jackendoff (1990) – em termos de dois planos semânticos, o plano da ação e o plano temático – permite a um papel temático ter mais de uma propriedade. Mas essa proposta exige um custoso mecanismo de indexação entre esses dois planos – e desses dois planos para a sintaxe –, parecendo-nos mais econômica a proposta de Dowty (1989, 1991).

Entretanto, vale realçar que o próprio Dowty (1989) não inclui os papéis temáticos em uma teoria gramatical. Para o autor, papéis temáticos não fazem parte da gramática, mas sim do "mundo real". Traduzindo o autor (DOWTY, 1989, p. 73):

> Deixem-me esclarecer o que quero dizer com conteúdo semântico dos papéis temáticos: quando eu digo que um sistema de papéis temáticos distingue um argumento de outro semanticamente, quero significar que eles permitem distinguir objetos (do mundo real, não linguísticos), uns de outros, em virtude das propriedades que possuem enquanto participantes de um evento.

Mesmo adotando essa postura teórica, o autor ainda afirma que se pode facilmente reformular as afirmações de sua proposta em uma teoria que distinga os níveis semântico e gramatical e estabeleça correspondências entre eles. Essa é a postura que Franchi e Cançado (2003a [1997], 2003b [1997]) e Cançado (2005) adotam e que iremos discutir à frente.

1.1 Seleção argumental

Dado esse sistema de atribuição de papel temático, Dowty (1991) propõe, então, estabelecer os princípios que regem a seleção argumental. Seleção argumental, como já definido na seção 1, é o princípio das línguas naturais que determina quais papéis temáticos estão associados a quais posições sintáticas na sentença. O autor estabelece, baseado nos protopapéis, o Princípio de Seleção Argumental e seus corolários:

• Princípio de Seleção Argumental: em verbos com sujeitos e complementos gramaticais, o argumento para o qual o verbo acarreta o maior número de propriedades do protoagente será lexicalizado como o sujeito; o argumento que tem o maior número de propriedades como acarretamentos pertencentes ao protopaciente será lexicalizado como complemento direto.

• Corolário 1: se dois argumentos de uma relação tiverem (aproximadamente) número igual de propriedades do protoagente e do protopaciente, então ambos podem ser lexicalizados como o sujeito em sentenças alternantes (da mesma forma para os complementos).

• Corolário 2: com verbos de 3 lugares, o argumento que não for o sujeito e tiver o maior número de propriedades acarretadas do protopaciente será lexicalizado como complemento direto e o argumento que não for o sujeito e tiver o menor número de propriedades acarretadas do protopaciente será lexicalizado como um oblíquo ou complemento preposicionado (e se os dois argumentos que não forem o sujeito tiverem, aproximadamente, o mesmo número de propriedades acarretadas do protopaciente, então ambos podem ser lexicalizados como complementos diretos em sentenças alternantes).

• A natureza não discreta: protopapéis não classificam os argumentos exaustivamente (alguns argumentos nem têm um papel), ou unicamente (alguns argumentos podem dividir o mesmo papel), ou mesmo discretamente (alguns argumentos podem ser classificados parcialmente, mas igualmente para ambos os papéis).

Exemplificando a proposta, veja algumas sentenças:

(25) O menino construiu uma casinha de madeira.
(26) O poeta escreveu um soneto.

Comprovando o Princípio da Seleção Argumental, em (25) e (26) os argumentos na posição de sujeito têm como acarretamentos do protoagente: *ter envolvimento com volição no evento ou estado, ter consciência (ou percepção), desencadear um evento ou uma mudança de estado em outro participante, ter movimento (relativo à posição de outro participante)* e *existir independentemente do evento nomeado pelo verbo*. E para os argumentos na posição de complemento, tem-se os seguintes acarretamentos do protopaciente: *sofrer uma mudança de estado, ser um tema incremental, ser causalmente afetado por outro participante, estar estacionário em relação ao movimento de outro participante* e *não existir independentemente do evento*. Esses verbos seriam os exemplos mais prototípicos de sujeito agente e complemento paciente, pois apresentam vários acarretamentos do protoagente para seu argumento na posição de sujeito e vários acarretamentos do protopaciente para seu argumento na posição de complemento. E, além do mais, o argumento sujeito não apresenta nenhum acarretamento do protopaciente e o argumento complemento nenhum acarretamento do protoagente. Casos menos prototípicos, como prevê a proposta de Dowty (1991), podem ser exemplificados com as sentenças abaixo:

(27) As crianças amam a babá.
(28) As provas preocupam os alunos.
(29) A carroça desceu o morro.

Em (27), o argumento *as crianças* possui os acarretamentos do protoagente: *ter consciência (ou percepção)* e *existir independentemente do evento nomeado pelo verbo*; o argumento *a babá* possui o acarretamento do protoagente *existir independentemente do evento nomeado pelo verbo*. Com isso, o argumento com maior número de propriedades do protoagente, *as crianças*, ocupa a posição de sujeito. Em (28), o argumento *as provas* possui as propriedades de protoagente: *ser um desencadeador de uma mudança de estado em outro participante* e *existir independentemente do evento*; o argumento *os alunos* possui as propriedades de protoagente: *ter consciência (ou percepção)* e *existir independentemente do evento*; porém, possuem também as propriedades de protopaciente: *sofrer uma mudança de estado, ser afetado causalmente por outro participante* e *ser um tema incremental*. Com isso, é atribuído o papel de protoagente ao argumento *as provas*, que ocupa a posição de sujeito, e de protopaciente ao argumento *os alunos*, que ocupa a posição de complemento direto[11]. Por fim, em (29), o argumento *a carroça* possui as propriedades do protoagente: *ter movimento em relação a outro participante* e *existir independentemente do evento*; o argumento *o morro* possui somente a propriedade do protoagente *existir independentemente do evento*, mas apresenta a propriedade de proto-

---

11. Um sistema como o de Dowty (1991) não prevê tipos de sentenças alternadas como *os alunos se preocupam com as provas.*

paciente *estar estacionário em relação ao movimento de outro participante*. Portanto, *a carroça* vai para a posição de sujeito e *o morro* para a posição de complemento.

Exemplificando agora os corolários da seleção argumental, apresentamos as sentenças abaixo:

(30) O Marcos namora a Elisa./A Elisa namora o Marcos.
(31) O vaqueiro amarrou a corda na árvore.

Em (30), o verbo *namorar* acarreta para seus dois argumentos basicamente as mesmas propriedades: *ter envolvimento com volição no evento ou estado, ter consciência (ou percepção)* e *existir independentemente do evento nomeado pelo verbo*. Seguindo a restrição de Distinção, que foi vista anteriormente – toda posição argumental de um verbo se distingue de qualquer outra posição argumental do mesmo verbo pelo papel temático-tipo que lhes é atribuído –, pode-se dizer que existem acarretamentos específicos do verbo que diferenciam esses argumentos. Porém, em termos de uma classificação prototípica, ambos os argumentos terão o mesmo protopapel, que nesse caso é o de protoagente, e podem ser associados às posições de sujeito e de complemento direto, conforme o Corolário 1; essa é a razão de se encontrar as duas formas em (30), com igual sentido.

Em (31), exemplificamos um verbo com três argumentos. Tem-se para *o vaqueiro* os acarretamentos de protoagente: *ter envolvimento com volição no evento ou estado, desencadear o evento, ter consciência/percepção* e *existir independentemente do evento nomeado pelo verbo*. O número de acarretamentos do protoagente para esse argumento é maior que para os argumentos *a corda* e *a árvore*, portanto, *o vaqueiro* é corretamente localizado na posição de sujeito. Para os outros argumentos, além de ambos apresentarem a propriedade de protoagente, *existir independentemente do evento nomeado pelo verbo*, tem-se: *a corda*, com as propriedades de protopaciente *sofrer mudança de estado* e *ser afetado causalmente por outro participante* e *a árvore* com a propriedade *estar estacionário em relação ao movimento de outro participante*. Conforme o Corolário 2, nesse caso, o argumento que não é o sujeito e que possui mais propriedades de protopaciente vai para a posição de complemento direto. Portanto, aquele argumento com mais propriedades de protopaciente, *a corda*, é que aparece na posição de complemento direto.

Para concluir, apontamos algumas vantagens que um Princípio de Seleção Argumental como o proposto por Dowty (1989, 1991) apresenta em relação ao Princípio de Hierarquia Temática, composto por papéis temáticos canônicos, além das vantagens já mostradas para a definição por acarretamentos lexicais dos protopapéis. Primeiramente, consegue-se, com certa precisão e com apenas dois papéis temáticos, estabelecer a seleção argumental de vários verbos. Em segundo lugar, não se faz necessária na proposta do autor uma hierarquia estanque de papéis temáticos para se decidir qual argumento ocupará a posição de sujeito ou de complemento, não existindo, portanto, o problema de se definir a hierarquia entre papéis reconhecidamente problemáticos, como tema, experienciador e beneficiário.

1.2 Problemas da proposta

Apesar das vantagens apontadas, o sistema de Dowty (1989, 1991) também traz problemas importantes. Primeiramente, como para o autor papéis temáticos não são representações da gramática, são elementos do mundo real, não há nenhuma referência em sua proposta a processos gramaticais. Embora isso não seja um problema para a seleção argumental, que é o objetivo do autor, em seu sistema não é possível fazer previsões a respeito de alternâncias verbais (como mostramos na nota 11 deste capítulo) ou do processo de passivização, entre outros processos. Por exemplo, não é possível distinguir os papéis de agente e causa, o que parece ser relevante para a sintaxe das línguas naturais. Como apontam Franchi e Cançado (2003a [1997]), verbos que aceitam apenas causa na posição de sujeito não formam sentenças passivas, como em (32); ao contrário, verbos que aceitam um agente em posição de sujeito necessariamente aceitam a passivização, como em (33):

(32) a. Os alunos cansaram o professor.
    b. *O professor foi cansado pelos alunos.
(33) a. Os alunos elogiaram o professor.
    b. O professor foi elogiado pelos alunos.

Ainda, argumentos que recebem papel temático de causa podem aparecer em posição de adjunção nas sentenças alternadas com verbos causativos, ao passo que argumentos que recebem o papel temático de agente não podem aparecer nessa posição:

(34) a. O vento apagou a vela.
    b. A vela apagou com o vento.
(35) a. O padre apagou a vela propositalmente.
    b. *A vela apagou com o padre.

Em relação aos protopapéis, pode-se observar também que protoagentes volitivos aceitam instrumentos, diferentemente de protoagentes experienciais, fato também não previsto na proposta do autor:

(36) *O pai* consertou o brinquedo do menino com *uma furadeira*.
(37) **O Saulo* amou a namorada com *um chocolate*.

Outro ponto a ser observado é que, apesar de Dowty (1991) afirmar que os acarretamentos propostos são mais intuitivos do que os papéis temáticos dados por listagem, estes não são facilmente identificáveis nos argumentos. Como mostramos anteriormente, o autor propõe que cada uma das propriedades do protoagente e do protopaciente podem ocorrer isoladamente, entretanto, algumas dessas propriedades são muito difíceis de serem dissociadas. Por exemplo, se um argumento tem a propriedade de *ter volição*, necessariamente também terá a propriedade de *ter consciência/ percepção*. Será que seria possível agir volitivamente sem se ter consciência ou percepção de tal ação? O mesmo ocorre com as propriedades do protopaciente. Por exemplo, vir a ter existência é uma mudança de estado, e objetos construídos são temas incrementais. Portanto, tem-se aí três propriedades necessariamente atreladas: *não existir independentemente do evento, ser um tema incremental* e *sofrer uma mudança de estado*. Veja, ainda, que a propriedade de *existir independentemente do evento* está presente em todos os outros argumentos que não possuem a propriedade de *ser um tema incremental*. Parece-nos, portanto, que algumas propriedades propostas pelo autor se sobrepõem, não sendo todas elas necessárias para a seleção argumental. Essa sobreposição mostra que as propriedades não são facilmente identificáveis; é difícil dizer quando é acarretada a propriedade *não existir independentemente do evento* e quando é acarretada a propriedade *ser um tema incremental*, ou quando é atribuída a um argumento a propriedade *ter consciência/percepção*. Outra propriedade problemática é *ter movimento em relação a outro participante*. Essa propriedade é considerada como pertencente ao protoagente. Entretanto, o movimento de um objeto devido a algum tipo de causação é considerado por Dowty (1991) como uma mudança de estado, que é uma propriedade do protopaciente. Com isso, o autor conclui que *ter movimento* somente é uma propriedade do protoagente quando tal movimento não é causado por outro participante. Isso mostra que se há causação e movimento, a causação tem prioridade para a determinação do protoagente, o que também é bastante problemático, pois estabelece uma hierarquia entre as propriedades de um protopapel.

Um último problema que citamos em relação à proposta de Dowty (1991) é a seleção argumental para verbos estativos que não apresentam sujeitos com a propriedade *ter consciência/percepção*. Como as propriedades de protoagente e protopaciente não incluem propriedades estativas, com essas duas noções de papéis prototípicos não é possível prever qual argumento ocupa qual posição sintática em exemplos como os que mostramos a seguir:

(38) A sala tem 30 carteiras.
(39) A montanha contorna a cidade.

Para os exemplos em (38) e (39), além da propriedade de *existir in-dependentemente do evento*, que se aplica igualmente aos argumentos em posição de sujeito e complemento, quais propriedades de protoagente poderiam ser atribuídas aos argumentos *a sala* e *a montanha* para que fossem associados à posição de sujeito? Da mesma forma, aos argumentos em posição de complemento direto nas sentenças acima, 30 *carteiras* e *a cidade*, não se pode atribuir nenhum dos acarretamentos do protopaciente. Como Dowty (1991) afirma, alguns argumentos podem não se encaixar em nenhum protopapel e pode-se pensar que esse é o caso dos argumentos dos verbos estativos acima. Contudo, ainda nesse caso, o Princípio de Seleção Argumental não consegue prever a posição sintática dos argumentos[12].

2 REFORMULAÇÃO DA PROPOSTA DE DOWTY

Vistas, então, as vantagens e desvantagens de se adotar um sistema de papéis temáticos como o proposto por Dowty (1989, 1991), apresentamos nesta seção uma reformulação dessa proposta, tomando como objeto de análise o português. Levando-se em conta as vantagens da teoria do autor, vamos tentar contornar as desvantagens apresentadas na seção anterior, baseando-nos principalmente na noção de acarretamento lexical e na ideia de que papéis temáticos não são noções primitivas. Entretanto, vamos seguir as ideias já propostas anteriormente em Franchi (2003 [1997]), Franchi e Cançado (2003a [1997], 2003b [1997]) e Cançado (2005), que recuperam a relação entre semântica e sintaxe abandonada por Dowty (1991), além de adotarem uma noção discreta de atribuição de papel temático de forma composicional. Evidenciaremos as propriedades que são realmente relevantes para a seleção argumental, diminuindo o número de propriedades que

---

12. Para críticas mais específicas à proposta de Dowty (1989, 1991), cf. Levin e Rappaport Hovav (2005).

se sobrepõem no sistema de Dowty (1991) e facilitando a identificação dessas propriedades nos argumentos. Além disso, incluiremos os verbos estativos, não abordados adequadamente pelo autor. Enfim, vamos tentar estabelecer um Princípio de Seleção Argumental que também seja econômico, porém que seja mais abrangente e que faça parte de uma teoria gramatical. Iniciemos a apresentação dessa proposta retomando o verbo *quebrar*, do capítulo anterior:

(40) A chuva de pedra quebrou os vidros da casa. {Causa, Paciente}

Como já estudado, de uma maneira geral, as relações temáticas estabelecem-se entre um verbo e seus argumentos. Em (40), o verbo *quebrar* atribui o papel temático de causa ao argumento *a chuva de pedra* e de paciente ao argumento *os vidros da casa*. Entretanto, Marantz (1984) é o primeiro a mostrar que, sem dúvida, o verbo atribui papel temático ao seu argumento em posição de complemento, mas é o sintagma verbal, ou seja, o verbo mais o argumento na posição de complemento, que atribui papel temático ao argumento em posição de sujeito[13]. Isso significa que, em (40), é o verbo *quebrar* que atribui o papel de paciente ao argumento *os vidros da casa* e é o sintagma verbal *quebrar os vidros da casa* que atribui o papel de causa ao argumento *a chuva de pedra*. Marantz (1984) chama a atenção para a assimetria semântica das posições de sujeito e de complemento. O autor propõe que o argumento que está na posição de complemento tem uma relação semântica mais forte com o verbo, compondo-se primeiramente com este, e sendo mais relevante para a construção do sentido do que o argumento que está na posição de sujeito da sentença. Assim, a composição

13. Não faremos distinção entre sujeito e argumento externo, como nas propostas gerativistas. Com isso, não levamos em conta a ideia de que o argumento externo faz parte do SV em um primeiro momento e, só então, é movido para a posição de sujeito. Essa questão de cunho sintático não é relevante para os nossos propósitos. Aqui, apenas assumimos que o verbo e seu(s) argumento(s) em posição de complemento formam um sintagma verbal atribuidor de papel temático ao argumento em posição de sujeito.

do verbo com o argumento na posição de complemento define o sentido específico atribuído ao verbo em questão e essa composição atribui o papel temático ao argumento do verbo em posição de sujeito. Compare as sentenças abaixo:

(41) a. O menino quebrou o vidro da janela. {Causa, Paciente}
 b. O menino quebrou a sua promessa. {Agente, Objeto Estativo}
 c. O menino quebrou a cara. {Experienciador}

Em (41), tem-se três tipos distintos de estrutura argumental para o verbo *quebrar*. Evidentemente, trata-se de um item lexical polissêmico, mas o que define o sentido de cada polissemia é a composição do verbo com seu argumento em posição de complemento. Como assumimos no Capítulo 2, a atribuição de papel temático tem de levar em conta o sentido polissêmico específico dos verbos. Em (41a), o verbo *quebrar* em composição com o argumento *o vidro da janela* tem o sentido de partir algo em pedaços; nesse sentido, *quebrar* atribui o papel de paciente ao argumento em posição de complemento, e o sintagma *quebrar o vidro da janela* atribui o papel de causa ao argumento em posição de sujeito. Em (41b), o verbo *quebrar* em composição com o argumento *a sua promessa* tem o sentido de descumprir; nesse segundo sentido, *quebrar* atribui o papel de objeto estativo ao argumento em posição de complemento, e o sintagma verbal *quebrar a promessa* atribui o papel de agente ao argumento em posição de sujeito. Finalmente, em (41c), *quebrar* em composição com o argumento *a cara* torna-se uma expressão idiomática, com sentido de decepcionar, atribuindo somente o papel temático de experienciador ao argumento em posição de sujeito.

Ainda, como observa Kenedy (2013), se houver um segundo argumento na posição de complemento, o que se pode chamar, segundo a tradição gramatical, de complemento indireto, a atribuição de papel temático a esse argumento será feita pela composição do verbo mais o seu argumento em posição de complemento direto e, somente então, esse sintagma verbal composto atribuirá papel temático ao argumento em posição de sujeito[14]. Veja os exemplos:

(42) a. O menino escondeu o brinquedo no armário. {Agente, Tema, Locativo}
   b. O menino escondeu seus sentimentos durante anos. {Experienciador, Objeto Estativo}

Pode-se perceber que em (42a) o sintagma verbal composto pelo verbo mais seu complemento direto, *esconder o brinquedo*, ainda pede um terceiro argumento para ser saturado, atribuindo o papel temático de locativo para o argumento em posição de complemento indireto, o sintagma *o armário*; nesse caso, o verbo tem o sentido de colocar algo em algum lugar no qual possa ficar oculto e, por isso, pede um locativo como argumento, que é marcado semanticamente pela preposição *em*. Já em (42b), o sintagma verbal composto pelo verbo mais seu complemento direto, *esconder os sentimentos*, tem o sentido de manter em segredo, não necessitando de um terceiro argumento para ter o sentido saturado. Para evidenciar a natureza argumental do sintagma *no armário*, veja que (43a) não é uma boa paráfrase para (42a), evidenciando assim que esse sintagma é um argumento, pois é mais coeso com o sintagma *esconder o brinquedo*, não podendo ser deslocado; contrariamente, o sintagma *durante anos* é um adjunto, pois pode ser deslocado sem alterar o sentido da sentença em (42b).

(43) a. ?O que o menino fez no armário foi esconder o brinquedo.
   b. O que o menino fez durante anos foi esconder seus sentimentos.

---

14. Kenedy (2013, p. 161) propõe o seguinte: "Uma característica interessante dos papéis temáticos é que eles são marcados nos argumentos de maneira *composicional*, i. é, de acordo com a sequência das operações sintáticas que unem, via Merge ['junção'], o predicador e seus argumentos. [...] predicador e argumento interno [complemento direto] estabelecem relação sintática imediata. [...] A partir desse momento, o predicador não fará sozinho o Merge com o seu segundo argumento interno [complemento indireto] [...]. Antes, o novo Merge será feito entre o composto do [predicador + argumento interno] e o segundo argumento do predicador".

Com essas observações, passamos para a nossa definição de papel temático, que segue a proposta de Cançado (2005). A autora segue a ideia de atribuição composicional de papel temático mais ampla, proposta por Franchi (2003 [1997]) e Franchi e Cançado (2003a [1997]). Além disso, também segue parte da proposta de Dowty (1989, 1991), decompondo os papéis temáticos em propriedades semânticas derivadas dos acarretamentos estabelecidos entre o verbo e seus argumentos. Cançado (2005) faz uma adaptação da proposta de Dowty (1991), assumindo os acarretamentos lexicais apenas como uma maneira mais formal e mais fina de definir os papéis temáticos; entretanto, deixa de lado a noção não discreta e não gramatical atribuída a essas funções semânticas pelo autor. A definição de papel temático dada pela autora é a seguinte (CANÇADO, 2005, p. 28):

> O papel temático de um argumento, ou seja, a função semântica que determinado argumento exerce em uma sentença, é definido como sendo o grupo de propriedades atribuídas a esse argumento a partir das relações de acarretamento estabelecidas por toda a proposição em que esse argumento encontra-se.

Com isso, Cançado (2005) assume uma direção inversa à de Dowty (1991), que trata papéis temáticos enquanto uma noção *fuzzy* (não discreta) e prototípica. O foco maior da proposta da autora são as propriedades, enquanto noções discretas, que compõem os papéis temáticos. A essas propriedades é que será atribuído um *status* teórico.

Neste livro, assumimos a ideia de que os papéis temáticos são um grupo de propriedades discretas, acarretadas lexicalmente, mas faremos uma revisão da proposta de composicionalidade de Cançado (2005), assumindo que somente é necessária para a estipulação da estrutura argumental de um verbo a noção composicional já sugerida por Marantz (1984). Ainda, vamos estender a ideia de acarretamento lexical de um verbo, proposta por Dowty (1991), para acarretamento lexical de um predicador, assim como propõe Franchi (2003 [1997]), tendo em vista a definição de predicador da lógica: predicador é uma expressão insaturada que precisa de um argumento para ter seu sentido saturado. Nessa perspectiva, tanto o verbo como o sintagma verbal (composição do verbo e argumento(s) em posição de complemento) são predicadores. Com isso, propomos o seguinte:

• Os papéis temáticos de um verbo são grupos de propriedades atribuídas aos seus argumentos, a partir dos acarretamentos lexicais estabelecidos na relação entre o predicador verbal e o(s) argumento(s) na posição de complemento e na relação entre o predicador expresso pelo sintagma verbal e o argumento na posição de sujeito.

Ilustrando a proposta, tem-se que, na sentença em (41a), *o menino quebrou o vidro da janela*, o papel temático atribuído ao argumento *o vidro da janela* é o grupo de propriedades semânticas atribuídas a esse argumento, estabelecidas pelos acarretamentos decorrentes da relação entre o verbo *quebrar* e o argumento *o vidro da janela*. Ou seja, pode-se inferir a partir do sintagma *quebrar o vidro da janela* que o argumento *o vidro da janela*:

• passa por uma mudança de estado;
• é causalmente afetado por outro participante;
• é estacionário em relação ao movimento de outro participante;
• etc.

Já o papel temático atribuído ao argumento *o menino* é o grupo de propriedades semânticas atribuídas a esse argumento a partir dos acarretamentos decorrentes da relação estabelecida entre o sintagma verbal *quebrar o vidro da janela* e o argumento *o menino*. Ou seja, se é verdade que *o menino quebrou o vidro da janela*, então é necessariamente verdade que o argumento *o menino*:

• desencadeia um evento ou uma mudança de estado em outro participante;
• tem movimento (relativo à posição de outro participante);
• existe independentemente do evento nomeado pelo verbo;
• etc.

Como já apontamos para a proposta de Dowty (1991), a definição de papel temático como a interseção de qualquer conjunto de acarretamentos deixa um problema em aberto: pode-se encontrar uma lista enorme de propriedades. Como os propósitos teóricos aqui almejados pressupõem um sistema de propriedades semânticas específicas, ou seja, a caracterização empírica do sistema de papéis temáticos do português relevantes para uma teoria gramatical, deve-se, pois, definir esse sistema. Na verdade, é necessário definir certas propriedades semânticas que constituem o papel temático dos argumentos, propriedades estas relevantes para a explicação de certas generalizações gramaticais, como as regras de ligação entre semântica e sintaxe e as restrições a determinados processos gramaticais. É o que especificaremos a seguir. Ainda, vale antes observar que uma definição de papel temático como esta já apresenta uma vantagem em relação à proposta *fuzzy* de papel temático apresentada por Dowty (1989, 1991). Estamos lidando, aqui, com noções discretas, o que dá um caráter mais consistente à definição de papel temático e permite a introdução dessas noções em uma teoria gramatical, estabelecendo restrições semânticas mais específicas a determinados processos sintáticos, e não somente à seleção argumental[15].

2.1 As propriedades semânticas

Tendo sido definida a noção de papel temático, vamos focar nossa atenção, a seguir, nas propriedades relevantes para o estabelecimento da sele-

---

15. Na literatura, encontram-se também propostas que tratam os papéis temáticos como *clusters* ('agrupamentos') de traços semânticos. Essa abordagem é principalmente proposta por Reinhart (1996 e trabalhos subsequentes), que trata todos os papéis temáticos como sendo diferentes combinações dos traços [+/- causa/c] e [+/- estado mental/m]. O papel temático causa é definido como [+c], sendo subespecificado para o traço m, o papel de agente é [+c], [+m] e o paciente é [-c], [-m]. Essas propostas apresentam problemas significativos, como apontam Levin e Rappaport Hovav (2005). P. ex., um determinado argumento não pode causar uma mudança em si mesmo, sendo [+c] e [-c] ao mesmo tempo, já que os traços são binários. Isso inviabiliza a caracterização de desencadeadores afetados, como em sentenças médias (*a menina se sentou*) e em casos problemáticos como os verbos *correr* e *dirigir*, que apresentam argumentos que são agentes e temas, ou seja, apresentam as propriedades de desencadeador e afetado.

ção argumental e de restrições a algumas outras propriedades sintáticas. Fazendo uma revisão da proposta de Cançado (2005) para o português, vamos, pois, definir quais são as propriedades semânticas que têm um papel relevante na organização da estrutura sintática. A autora mostra que, em um processo empírico, foi analisada a correlação entre as funções sintáticas e semânticas de sentenças do português que contêm os papéis temáticos normalmente mais investigados na literatura (CANÇADO, 1995; MOREIRA, 2000; SILVA, 2002; WENCESLAU, 2003)[16]. Os acarretamentos decorrentes dessas sentenças foram analisados e, como resultado, foram, primeiramente, encontradas quatro propriedades semânticas, fundamentais para o estabelecimento das regras que relacionam a semântica e a sintaxe: *ser um desencadeador de um processo, ter controle sobre o desencadeamento de um processo, ser afetado por um processo* e *ser ou estar em um determinado estado*. Pode-se fazer um paralelo das três primeiras propriedades com as seguintes propriedades propostas por Dowty (1991), respectivamente: *ser um desencadeador de um evento ou de uma mudança de estado em outro participante, ter envolvimento com volição no evento* e *ser causalmente afetado por outro participante*. A propriedade de *ser ou estar em um determinado estado* não é tratada por Dowty (1991). Para se estabelecer a seleção argumental dos verbos estativos não tratados por Dowty (1991), essa propriedade no sistema de Cançado (2005) é combinada com mais oito propriedades específicas (*ser um possuidor, ser um experienciador, ser um o objeto de referência, ser um valor, ser uma qualidade, ser um locativo, ser a origem* e *ser o alvo*)[17].

Em nossa análise, percebemos que esse sistema pode ser ainda mais restrito do que o proposto em Cançado (2005); para o estabelecimento da

---

16. Esses trabalhos foram realizados no Núcleo de Pesquisa em Semântica Lexical (NuPeS), da Faculdade de Letras da UFMG, coordenado pela primeira autora deste livro. Esses trabalhos, e vários outros que tratam dos papéis temáticos sob a perspectiva das propriedades semânticas, são encontrados no site do núcleo, www.letras.ufmg.br/nucleos/nupes.

17. Cançado (2005) segue, em parte, a proposta de hierarquia entre papéis estativos de Moreira (2000).

seleção argumental são necessárias menos propriedades do que as propostas. Mesmo que o papel temático de um argumento possa ser composto por um grupo maior de propriedades, decorrentes dos acarretamentos lexicais dos predicadores, apenas seis dessas propriedades são relevantes para o estabelecimento de um Princípio de Seleção Argumental. Essa é outra vantagem em relação ao sistema de Dowty (1991). O sistema que aqui será apresentado nos permite lidar com um número pequeno de propriedades e seus arranjos, mantendo o caráter flexível da proposta do autor, mas eliminando a lista (inacabada) de propriedades dada por ele. Como foi visto em sua proposta, várias propriedades se sobrepõem; portanto, o número de propriedades semânticas que são realmente relevantes gramaticalmente é bem menor. Além disso, com um número menor de propriedades, estas podem ser reconhecidas de forma independente. O autor propõe que cada uma das propriedades do protoagente e do protopaciente podem ocorrer isoladamente; entretanto, algumas dessas propriedades são muito difíceis de serem dissociadas, como já apontamos. Por fim, é possível incluir aqui também os verbos estativos que não são contemplados pela proposta de Dowty (1989, 1991).

Feitas essas observações, inicialmente apontamos as propriedades que são relevantes para o Princípio de Seleção Argumental. A definição dessas propriedades não é dada sem problemas, mas acreditamos, assim como sugere Dowty (1991) para as propriedades propostas em seu sistema, que essas definições são intuitivas e que existe certo consenso entre os falantes a respeito do sentido das mesmas. O Princípio de Seleção Argumental baseia-se, primeiramente, em um eixo das eventualidades, composto por três propriedades: *ser um desencadeador de um processo, ser afetado por um processo* e *ser ou estar em um determinado estado*, ou resumidamente, *desencadeador, afetado* e *estativo*. Pode-se observar que essas três propriedades semânticas estão relacionadas a três grandes categorias semânticas, que compõem as eventualidades no mundo:

• ações/causações: uma categoria que denota o princípio, o meio e o fim de uma situação ou o início e a sustentação dessa situação; o *desenca-*

deador é a propriedade relacionada ao indivíduo, no sentido amplo do termo, que dá início a essa situação:

(44) a. *O João* quebrou o vaso.
   b. *O vento* forte abriu a janela.
   c. *O atleta* correu uma maratona.

• processos: uma categoria que denota o meio e o fim da situação; o *afetado* é uma propriedade que é associada ao indivíduo, no sentido amplo do termo, que sofre as mudanças ocorridas durante essa situação:

(45) a. *O vaso* quebrou.
   b. *A janela* abriu.

• estados: uma categoria que remete a estados permanentes de indivíduos, no sentido amplo do termo, durante um intervalo de tempo; o *estativo* é a propriedade relacionada ao indivíduo que está nesse determinado estado permanente:

(46) a. *O vaso* está quebrado.
   b. *A janela* está aberta.

Em outro eixo, que se aplica a verbos de natureza estritamente estativa, propomos mais três propriedades relevantes para o Princípio da Seleção Argumental: *estar em algum tipo de condição mental, ser o possuidor de algo* e *ser o objeto de referência do estado denotado pelo verbo*, ou resumidamente, *condição mental, possuidor* e *objeto de referência*. Essas propriedades estão relacionadas à grande categoria dos estados, uma categoria que remete a estados permanentes de indivíduos, que podem ser exemplificados da seguinte forma:

• Estados:
• *condição mental*: uma propriedade que denota o estado mental, seja psicológico, seja cognitivo, seja perceptual, de um indivíduo

(47) a. *O Beto* ama a Carla.
  b. *O aluno* sabe semântica.

• *possuidor:* uma propriedade que denota o estado de posse de um indivíduo

(48) a. *O rapaz* tem um carro novo.
  b. *O proprietário* possui muitas terras.

• *objeto de referência*: uma propriedade que denota o objeto para o qual se atribui uma determinada propriedade

(49) a. *O Ricardo* mora em Belo Horizonte.
  b. O menino detesta *jiló*.

Vamos mostrar, mais à frente, outras propriedades que são compatíveis com as propriedades estativas. Entretanto, essas outras propriedades não são necessárias para a organização do Princípio de Seleção Argumental, embora sejam relevantes para algumas propriedades sintáticas.

Ainda, para que esse sistema funcione adequadamente, propomos as seguintes restrições, adaptadas em parte do sistema de Dowty (1991):

• Completude
A todo argumento tem de ser atribuída, através da relação de acarretamento lexical, pelo menos uma das propriedades do eixo das eventualidades.

• Distinção
Todo argumento se distingue de outro por pelo menos uma propriedade acarretada.

Essas restrições garantem o cumprimento do Critério-Theta e o estabelecimento do Princípio da Seleção Argumental.

Exemplifiquemos, pois, a propriedade de *desencadeador*. Quando um verbo, como *correr* em (50), ou um sintagma verbal, como *assustar a mulher* em (51), acarreta para um argumento *ser o desencadeador de um processo*, este será um acarretamento que compõe o seu papel temático:

(50) *O atleta* correu.
(51) *A chegada inesperada do Paulo* assustou a mulher.

Para testar nossa proposta da atribuição de propriedades, vamos nos valer da propriedade semântica da contradição. É sabido que não se pode negar uma propriedade que faz parte do sentido do verbo, sem que haja contradição. Portanto, se as sentenças em que se nega o desencadeamento do processo por parte do argumento na posição de sujeito forem contraditórias, tem-se uma evidência de que a propriedade de *desencadeador* está sendo atribuída a esse argumento:

(52) ⊨ *O atleta* correu, mas não foi ele que desencadeou o processo de correr[18].
(53) ⊨ *A chegada inesperada do Paulo* assustou a mulher, mas não foi a chegada inesperada do Paulo que desencadeou o processo de assustar a mulher.

Uma observação importante é que a propriedade de *desencadeador* não deve ser comparada aos papéis temáticos de agente ou causa simplesmente, ou a qualquer outro papel temático. Por exemplo, o agente é normalmente associado à *intenção* e ao *controle*. Embora essas propriedades possam ser compatíveis com o *desencadeador*, não é o caso necessariamente, como no exemplo em (51). Repare que *desencadeador* é somente uma propriedade que pode ser associada a outras propriedades, em um grupo específico de propriedades, chamado papel temático. Consequentemente, o *desencadeador* pode ser parte de um "agente", um *desencadeador com controle*, como em (50), ou parte de uma "causa", um *desencadeador dessa causação*,

---

18. Relembrando, o símbolo ⊨ indica que a sentença é contraditória (CANN, 1993).

como em (51). Pode-se, até, ter um *desencadeador* associado a um processo mental, como nos exemplos abaixo:

(54) *O Paulo* leu/analisou/interpretou um livro.

Nesses exemplos, o *desencadeador* é parte de um "experienciador", podendo ser um *desencadeador experiencial*. Dessa maneira, as propriedades semânticas que estamos assumindo aqui não podem ser comparadas às noções comuns de papéis temáticos usadas na literatura.

Investiguemos agora a propriedade de *afetado*. Seguindo Cançado (2005), essa propriedade é definida por qualquer tipo de mudança. Toda vez que um verbo ou um sintagma verbal acarretar para um determinado argumento *algum tipo de mudança*, esse argumento é associado à propriedade *afetado*, incluindo aí mudança de lugar, mudança de estado físico, mudança de estado psicológico, mudança de posse etc. Note que a afetação aqui é definida de uma maneira ampla, podendo ser comparada à definição de afetação proposta por Beavers (2011). O autor propõe em seu trabalho que existem diferentes tipos de afetação e que estes podem ser relacionados a diferentes tipos de argumentos caracterizados como pacientes na literatura. A afetação é vista por Beavers (2011) como um movimento metafórico de um argumento y em uma determinada escala, e que varia em graus, de acordo com a especificidade do verbo em relação ao movimento de y na escala, ou seja, se o verbo especifica ou não até que ponto y deve se mover.

Portanto, seguindo a ideia ampla de afetação encontrada em Cançado (2005) e em Beavers (2011), assumimos que qualquer tipo de mudança, desde a mais prototípica como mudança de estado, passando por uma mudança de lugar, até a mais ampla, como uma mudança de posse será considerada uma propriedade de afetação. Veja que os exemplos em que são negados os tipos de afetação contidos nas sentenças geram contradições:

(55) $\models$ O ladrão matou *seu colega*, mas o colega não mudou de estado físico.
(56) $\models$ A filha adolescente aborreceu *sua mãe*, mas a mãe não mudou de estado psicológico.

(57) ⊨ O atacante jogou *a bola* para o gol, mas a bola não sofreu uma mudança de lugar.

(58) ⊨ *O rapaz* ganhou um carro, mas o rapaz não obteve uma mudança em suas posses.

Note-se que, em comparação com as propriedades do protopaciente de Dowty (1991), a noção de *afetado* é mais abrangente e engloba as propriedades: *mudança de estado, tema incremental, movimento em relação a outro participante* (uma propriedade problemática, atribuída ao protopaciente apenas quando causada por outro participante) e *causalmente afetado por outro participante*. Como mostramos, algumas dessas noções são indissociáveis, o que as torna redundantes.

Finalmente, o *estativo* é a terceira propriedade fundamental para a seleção argumental. Quando um verbo ou um sintagma verbal acarreta para um de seus argumentos que suas propriedades não se alteram durante um intervalo *t*, ou seja, para um estado *s* do argumento tem-se $s_{t1} = s_{t2} = s_{t3} = ... = s_{tfinal}$, associamos esse argumento à propriedade de *ser um estativo*. Veja o exemplo:

(59) O detetive investigou *a vida de Maria*.

Em (59), pode-se afirmar que o verbo *investigar* acarreta para o argumento *a vida de Maria* a propriedade de *estativo*, pois o argumento *a vida de Maria* não se altera durante o intervalo da situação descrita pelo verbo *investigar*, ou seja, permanece com as mesmas propriedades em $t_1, t_2 ...t_{final}$. É comum também na literatura se definir o estativo pela ausência das propriedades de *desencadeador* ou *afetado*, ou seja, aquilo que não desencadeia algo ou não é afetado por algo é um estado. Veja que sentenças descrevendo situações em que se associam as propriedades de *desencadeador* e de *afetado* ao argumento que recebe a propriedade de *estativo* não estabelecem uma relação de acarretamento, ou seja, os sentidos das propriedades de *desencadeador* ou *afetado* não estão contidos no sentido do verbo *investigar*:

(60) a. O detetive investigou *a vida de Maria*. ~ ⊢ A vida de Maria desencadeou esse processo[19].

    b. O detetive investigou *a vida de Maria*. ~ ⊢ A vida de Maria foi afetada por esse processo.

A sentença em (59) é um exemplo em que o verbo acarreta a propriedade de *estativo* para apenas um de seus argumentos. Entretanto, veja o exemplo em (61):

(61) *O professor* tem *muitos livros*.

Pode-se afirmar que o verbo *ter* acarreta para o argumento *muitos livros* a propriedade de *estativo*, pois o argumento *o livro* não se altera durante o intervalo da situação descrita pelo verbo *ter*. Mas também pode-se afirmar que o argumento *o professor* recebe a propriedade de *estativo* do sintagma verbal *ter livros*. Isso seria um problema para o estabelecimento do Princípio de Seleção Argumental, pois haveria dois argumentos recebendo o mesmo papel temático, violando o Critério-Theta. Entretanto, pode-se perceber que papéis temáticos de argumentos que são compostos pela propriedade de *estativo* também são compatíveis com outras propriedades semânticas (desde que não sejam o *desencadeador* e o *afetado*, pois, como já realçamos, essas propriedades são incompatíveis com a estatividade). Com isso, mesmo o *estativo* estando presente em ambos os argumentos do verbo, ainda é possível distinguir os papéis temáticos atribuídos a esses argumentos pela composição de propriedades específicas, fazendo valer nesses casos não somente a restrição da Completude, mostrada anteriormente (que se aplica a todos os casos aqui analisados), mas também a restrição da Distinção, também mostrada anteriormente. Em (61), o verbo *ter* também acarreta ao argumento em posição de complemento a propriedade de *ser uma posse* e o sintagma verbal *ter muitos livros* acarreta ao argumento em

---

19. O símbolo ⊢ indica que há um acarretamento entre as sentenças e ~ ⊢ significa que não há acarretamento entre as sentenças (CANN, 1993).

posição de sujeito a propriedade de *possuidor*. Veja a contradição existente nos exemplos abaixo, evidenciando a relação de possuidor e posse:

(62) ⊭ *O professor* tem *muitos livros*, mas ele não é possuidor desses livros.

Essa análise nos leva a atribuir a seguinte estrutura argumental para o verbo *ter* na sentença em (61):

(63) *ter*: {estativo/possuidor, estativo/posse}[20]

Um segundo exemplo de verbo estritamente estativo é o seguinte:

(64) *O músico* ama *a colega*.

Em (64), o verbo *amar* acarreta para seu argumento *a colega* em posição de complemento a propriedade de *estativo*; entretanto, pode-se perceber que também a esse argumento é acarretada a propriedade de *objeto de referência* do verbo *amar* (similarmente ao que propõe PESETSKY, 1995). Já o sintagma verbal *amar a colega* acarreta para o argumento em posição de sujeito as propriedades de *estativo* e *condição mental*. Evidenciando essas propriedades, mostramos as seguintes sentenças contraditórias:

(65) a. ⊭ *O músico* ama *a colega*, mas ele não está em determinado estado mental.

 b. ⊭ *O músico* ama *a colega*, mas a colega não é o objeto de referência de seu amor.

Com essa análise, pode-se atribuir a seguinte estrutura argumental para o verbo *amar* em (64):

(66) *amar*: {estativo/condição mental, estativo/objeto de referência}

---

20. A estrutura argumental na nossa proposta terá uma representação próxima a da estrutura proposta para os papéis temáticos, no Capítulo 2; a única diferença é que no lugar de papéis como agente, paciente etc. serão representadas as propriedades, agrupadas pelo símbolo /, indicando que o papel temático de determinado argumento é aquele grupo específico de propriedades.

Ainda se pode ter outras propriedades associadas ao estativo, tais como:

(67) O livro do Chomsky custa *cem reais*. (estativo/quantidade)
(68) O Antônio mora em *Belo Horizonte*. (estativo/locativo)

Veja as evidências dessas análises com as seguintes sentenças contraditórias:

(69) ⊨ O livro do Chomsky custa *100 reais*, mas 100 reais não é a quantia que esse livro vale.
(70) ⊨ O Antônio mora em *Belo Horizonte*, mas Belo Horizonte não é o lugar em que ele mora.

Percebe-se com os exemplos acima que para verbos estritamente estativos existem outras propriedades que estabelecem a seleção argumental, como propõe Moreira (2000). Como já apontamos, na nossa proposta, para o estabelecimento do eixo estativo do Princípio da Seleção Argumental, apenas três propriedades estativas serão relevantes: *possuidor, condição mental* e *objeto de referência*; as outras propriedades apontadas acima, como *posse, quantidade*[21], *locativo*, entre outras, apenas contribuirão para a atribuição do papel temático e para algumas outras propriedades sintáticas mais específicas[22]. Na proposta de Dowty (1991), entre as propriedades de protoagente e protopaciente, apenas o experienciador é levado em conta, mas o autor não faz referência às outras propriedades estativas, o que não nos permite prever para um verbo estritamente estativo, como em alguns exemplos acima, qual argumento ocupa qual posição sintática.

---

21. A propriedade *quantidade* é bastante ampla e engloba preços, pesos, comprimento e outras medidas. É a propriedade atribuída aos argumentos na posição de complemento de verbos como *pesar, medir, custar, valer*, entre outros.

22. Como exemplos, citamos o processo conhecido na literatura como *"possessor-raising"* 'alçamento do possuidor' (*o pé do menino quebrou/o menino quebrou o pé*) e as relações de posse alienável e de posse inalienável, que são relevantes gramaticalmente em muitas línguas (em português, apenas a posse inalienável permite o alçamento do possuidor, *o computador da menina quebrou/*a menina quebrou o computador*). Cf. Cançado (2010) e Cançado e Gonçalves (2016) para uma análise desses casos no português.

É interessante observar também que, em uma análise por propriedades relevantes, não é necessário utilizar noções estanques e problemáticas como os papéis temáticos de experienciador ou beneficiário; esses conceitos passam a ser propriedades participantes de alguns papéis temáticos, e não os próprios papéis. O que já observamos no Capítulo 2 é que, de fato, não existe apenas um tipo de experienciador ou um tipo de beneficiário. Veja os exemplos abaixo:

(71) *O advogado* analisou o processo.
(72) As provas preocupam *os alunos*.
(73) *O Júlio* ama a Marta.
(74) *O rapaz* ganhou uma herança.
(75) O patrão pagou *o rapaz*.
(76) O João enviou um presente para *a Maria*.

Em (71), o sintagma verbal *analisar o processo* acarreta para o argumento *o advogado* as propriedades de *desencadeador* e de *controle*, mas, também, a propriedade de *passar por um processo mental*; em (72), *os alunos* é um argumento *afetado por um processo* e, também, *sofre uma mudança de condição mental*; em (73), o argumento *o Júlio* recebe a propriedade de *estativo*, pois ele permanece constante em seu estado, mas também recebe a propriedade de *estar em determinada condição mental*. Com esses exemplos, percebemos que não se pode falar de apenas um "experienciador", pois existem três tipos: um "experienciador/desencadeador", um "experienciador/afetado" e um "experienciador/estativo".

O mesmo ocorre com o beneficiário. Em (74) e (75), o argumento *o rapaz* é *afetado por um processo* (tem uma mudança de posse) e também é *beneficiado por esse processo*. Entretanto, em (76), *a Maria* é o *alvo*, o lugar para onde se dirige o processo, mas também é *beneficiada por esse processo*, embora não se possa afirmar que ela seja afetada por ele. Veja que a sentença *o João enviou um presente para Maria, mas ela não o recebeu* não é contraditória. Essa afirmação atesta o fato de que o argumento *a Maria* não necessariamente tem uma mudança de posse, não sendo acarretada a propriedade de *afetado* a esse argumento. Como no caso do experienciador, não se pode aqui falar de apenas um tipo de beneficiário, pois existe um "beneficiário/afetado" e um "beneficiário/estativo".

Concluindo, então, tem-se o seguinte quadro de propriedades:

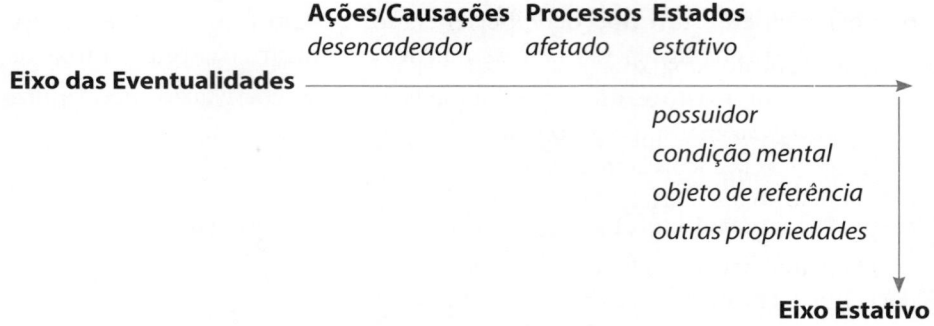

Propomos, então, que essas são as propriedades semânticas realmente relevantes para a organização da estrutura sintática, pelo menos para o português. Essa relevância foi confirmada pelo estudo empírico realizado por Cançado (1995), Moreira (2000), Silva (2002) e Wenceslau (2003), que investigaram a correlação entre semântica e sintaxe de um grande número de sentenças, das mais variadas classes semânticas de verbos. Consequentemente, essas propriedades vão compor as regras estabelecidas para a ligação entre a estrutura argumental de um verbo e a estruturação sintática das sentenças e também vão participar de generalizações a respeito de processos gramaticais. É o que mostraremos a seguir.

2.2 O Princípio da Seleção Argumental

O objetivo principal de autores que fizeram propostas para o Princípio de Hierarquia Temática, ou Princípio da Seleção Argumental para Dowty (1991), sempre foi o de expressar as generalizações sobre a ordem dos argumentos de um predicador verbal: os argumentos mais baixos na hierarquia são compostos semanticamente com o predicador antes que os argumentos correspondentes a papéis temáticos mais altos (BRESNAN & KANERVA, 1989). Em outras palavras, o argumento na posição de sujeito tem certa proeminência na hierarquia temática, ao passo que, na outra ponta, os argumentos na posição de complemento devem receber um papel temático mais baixo na hierarquia. Assumimos também essas ideias gerais baseando-nos em dois pilares principais:

a) As regras de ligação sintaxe-semântica organizam os argumentos dos predicadores, isto é, as regras estabelecem uma correlação hierárquica entre as propriedades semânticas acarretadas por predicadores e as posições de sujeito e complementos das sentenças.

b) As regras não são baseadas nos papéis temáticos *per se*, mas em propriedades semânticas relevantes que os compõem.

O vantajoso no sistema aqui apresentado é que, apesar de a hierarquia proposta ser composta apenas por três propriedades semânticas principais, *desencadeador, afetado* e *estativo*, no eixo das eventualidades, e mais três outras propriedades, no eixo estativo, *possuidor, condição mental* e *objeto de referência*, essas seis propriedades e sua composição conseguem abranger, em uma classificação mais geral, a maioria dos papéis temáticos listados na literatura. Isso é uma vantagem sobre outras hierarquias, que têm de se valer de uma lista de papéis temáticos que nem sempre abrange a totalidade das noções relevantes para a seleção argumental. Essas regras de ligação trazem algumas vantagens até mesmo em relação à proposta de Dowty (1991): o número de propriedades é menor, não há referência a propriedades necessariamente atreladas a outras, como *existência dependente/independente do evento, tema incremental, movimento* etc. e é possível prever a projeção sintática dos argumentos dos verbos estativos.

Estabeleçamos, então, o Princípio da Seleção Argumental, a partir das regras que o compõem:

• **Regra A: eixo das eventualidades**

Nível semântico: Desencadeador > Afetado > Estativo

Nível sintático: Sujeito > 1º Complemento > 2º Complemento

• **Regra B: eixo estativo**
Nível semântico: condição mental ou possuidor > objeto de referência
> outros
Nível Sintático: Sujeito > 1º Complemento

• **Regra C: violação da hierarquia**
Todo argumento cujo papel temático viola a ordem hierárquica, quando
está presente na sentença, é marcado com uma preposição, na posição
de adjunção.

A Regra A do nosso sistema estabelece a ligação entre as propriedades dos
argumentos de verbos eventivos e as posições sintáticas de sujeito e complementos. Dado o esquema hierárquico estabelecido pela Regra A, pode-se
prever que o argumento de um verbo que tem como parte de seu papel
temático a propriedade mais proeminente da hierarquia no nível semântico
é associado à função mais proeminente da hierarquia no nível sintático,
que é a posição de sujeito da sentença; um segundo argumento de um verbo que tem como parte de seu papel temático a segunda propriedade mais
proeminente da hierarquia no nível semântico é associado à segunda função
mais proeminente da hierarquia no nível sintático, que é o complemento
direto de uma sentença; e se houver um terceiro argumento da hierarquia
no nível semântico, este é associado à terceira função no nível sintático, o
complemento indireto de uma sentença[23]. Veja alguns exemplos:

(77) O bandido assassinou/empurrou a Maria. → desencadeador > afetado
(78) O engenheiro construiu/desenhou uma casa. → desencadeador > afetado

---

23. Em português, a preposição é introduzida no argumento em posição do segundo complemento do verbo para satisfazer a atribuição de caso na sintaxe (cf. MIOTO et al., 2013).
Existem alguns verbos não canônicos do português em que o primeiro complemento também recebe uma preposição, como em *gostar de, morar em* etc. Entretanto, essa questão é de
outra natureza, não interferindo na Regra A do Princípio da Seleção Argumental proposto.
A ligação dos argumentos continua obedecendo a mesma hierarquia. Sobre preposições fun-
cionais, cf. Berg (2005), Godoy (2008b) e Cançado (2009).

(79) O vento quebrou a janela. → desencadeador > afetado
(80) As provas preocuparam os alunos. → desencadeador > afetado
(81) A firma pagou o funcionário. → desencadeador > afetado
(82) O professor analisou/interpretou o livro. → desencadeador > estativo

Nesses exemplos, tem-se na primeira posição argumental a proprieda-de de *desencadeador*. Veja que, em relação a (77), as sentenças *o bandido assassinou/empurrou a Maria, mas não foi ele que desencadeou esse processo* são contraditórias. Isso evidencia a presença da propriedade de *desencadea-dor* no argumento denotado pelo sintagma *o bandido*. O mesmo ocorre com os outros exemplos. Ter como uma de suas propriedades o *desencadeador*, segundo a Regra A, já é suficiente para alojar o argumento na posição de sujeito, independentemente do segundo argumento ter a propriedade de afetado ou de estativo. Como esses verbos só apresentam duas posições argumentais a serem preenchidas, o outro argumento vai para a posi-ção de primeiro complemento.

É possível se encontrar, também, sentenças em que duas propriedades do eixo das eventualidades são atribuídas a um mesmo argumento:

(83) A menina sentou na cadeira. → desencadeador/afetado > estativo

Nesse caso, há também correspondência com a Regra A: o argumento com as propriedades mais proeminentes semanticamente, *desencadeador* e *afetado*, vai para a posição sintaticamente mais proeminente, a posição de sujeito; o argumento que recebe a propriedade semanticamente menos proeminente, *estativo*, vai para a posição sintática menos proeminente, a posição de primeiro complemento. Note que se pode confirmar as pro-priedades de *desencadeador* e *afetado* no argumento *a menina* através da contradição da sentença *a menina sentou, mas não foi ela que desencadeou o processo e ela não mudou de lugar*. O argumento *a cadeira* não se altera durante a situação descrita.

Veja outros exemplos em que a segunda propriedade da hierarquia é a mais proeminente:

(84) O José recebeu uma herança. → afetado > estativo
(85) O Paulo perdeu o cargo de diretor. → afetado > estativo
(86) A Sônia ganhou uma viagem de navio. → afetado > estativo

Nos exemplos acima, o primeiro argumento possui a propriedade de *afetado*. Evidência dessa afirmação é que a sentença *o José recebeu uma herança, mas não alterou as suas posses* é contraditória. O mesmo ocorre com os outros exemplos. Como os verbos analisados só necessitam de dois argumentos para terem seu sentido saturado, segundo a Regra A, o argumento *afetado* vai para a posição de sujeito e a outra posição argumental só pode ser preenchida por um *estativo*. O que é fato, pois os argumentos *uma herança, o cargo de diretor* e *uma viagem de navio* não se alteram durante a situação descrita.

Outra possibilidade é quando existe um terceiro argumento. Veja os exemplos:

(87) A Joana enviou o livro para sua mãe. → desencadeador > afetado > estativo
(88) O rapaz jogou flores para as moças. → desencadeador > afetado > estativo
(89) O atirador lançou uma flecha no alvo. → desencadeador > afetado > estativo

De (87) a (89), o primeiro argumento apresenta a propriedade de ser um *desencadeador*: é contraditória a sentença *a Joana enviou o livro para sua mãe, mas não desencadeou o processo de enviar*; o mesmo ocorre com os outros exemplos. O segundo argumento recebe a propriedade de *afetado*, pois também é contraditória a sentença *a Joana enviou o livro para sua mãe, mas o livro não mudou de lugar*; o mesmo ocorre com os outros exemplos. E o terceiro argumento é um *estativo*, pois os argumentos *sua mãe, as moças* e *o alvo* permanecem inalterados no intervalo de tempo das situações descritas.

Sobre esse último caso, façamos uma observação. Pode-se pensar que a propriedade de *locativo*, atribuída ao argumento *o alvo*, também possui a propriedade de *afetado,* e não de *estativo*, pois o alvo passa a ficar com uma flecha. Entretanto, não nos parece que lugares possam estabelecer uma relação de mudança de posse. Parece estranho afirmar que "o alvo mudou as suas posses, após o atirador jogar a flecha". Veja que é possível colocar outro tipo de preposição que mostra que o alvo só indica a direção, o lugar para o qual a flecha foi atirada, não indicando necessariamente algum tipo de afetação: *o atirador jogou uma flecha em direção ao alvo*. Portanto, vamos assumir que locativos estabelecem apenas uma relação estativa de lugar, o que também é assumido na literatura. Com isso, as posições preenchidas são a aplicação direta da Regra A: o argumento para o qual é atribuída a propriedade de *desencadeador* é o sujeito; o argumento que recebe a propriedade de *afetado* é o primeiro complemento; e o argumento para o qual é atribuída a propriedade de *estativo* é o segundo complemento.

Veja agora um caso em que a Regra A parece não se adequar:

(90) A bondosa senhora deu várias roupas para os desabrigados.

Em (90), o argumento *a bondosa senhora* recebe a propriedade de *desencadeador*. A sentença *a bondosa senhora deu várias roupas para os desabrigados, mas ela não desencadeou o processo* é contraditória. O argumento *várias roupas* recebe a propriedade de *afetado*, pois há mudança de lugar. Também é contraditória a sentença *a bondosa senhora deu várias roupas para os desabrigados, mas as roupas não saíram do lugar*. Entretanto, em uma aparente violação da Regra A, o argumento *os desabrigados* também parece receber a propriedade de *afetado*, além da propriedade de *ser beneficiado pelo processo*. Propomos duas análises para esse tipo de ocorrência. Pode-se interpretar que não necessariamente o argumento *os desabrigados* sofra uma afetação (conforme aponta JACKENDOFF, 1990). Veja a sentença:

(91) A bondosa senhora deu várias roupas para os desabrigados, mas eles não as receberam, pois houve um desvio na doação.

A sentença acima não é contraditória, o que evidencia que não há afetação acarretada para o argumento *os desabrigados*. Não há alteração necessária de posse. Entretanto, parece haver uma implicatura de afetação quando o argumento que é o alvo do processo é também beneficiado por esse processo. Nesse caso, os dois argumentos são concorrentes para a posição de primeiro complemento e podem se alternar nessa posição. Essa constatação pode ser evidenciada com exemplos do inglês, em que é possível que ambos os argumentos afetados sejam alocados na posição de primeiro complemento (JACKENDOFF, 1990; LEVIN, 1993), o que não fere a Regra A:

(92) a. Susan gave a gift to her daughter.
     'Susan deu um presente para sua filha.'
     b. Susan gave her daughter a gift.
     'Susan deu sua filha um presente.'

Entretanto, se um dos argumentos do verbo tiver uma interpretação estritamente locativa, não permitindo a implicatura de afetação do beneficiário, a forma alternada não é possível e apenas o argumento com a propriedade de *afetado* pode ocupar a posição de complemento direto (JACKENDOFF, 1990), também conforme a Regra A:

(93) a. Susan sent the letter to Bill/to New York.
     'Susan enviou a carta para Bill/para Nova York.'

b. Susan sent	Bill the	letter.	
Susan enviou	Bill a	carta	

     'Susan enviou a carta para Bill.'

c. *Susan sent	New York	the	letter.
Susan enviou	Nova York	a	carta

Interessantemente, esse tipo de alternância parece estar se incorporando ao português, em formas bem coloquiais de alguns dialetos (ainda com pouca produtividade):

(94) a. A menina deu um presente para a mãe.
     b. A menina deu a mãe um presente.

E a forma alternada, assim como em inglês, apenas é licenciada se houver uma implicatura de afetação, causada pela propriedade de *ser beneficiado*, ou seja, se o argumento na posição de complemento indireto da sentença básica puder obter alguma mudança em suas posses. Observe que, para um mesmo verbo, ambos os argumentos podem ocorrer na posição de complemento direto apenas se puderem ser afetados. Em uma leitura estritamente locativa, o argumento apenas ocorre na posição de complemento indireto, obedecendo, nos dois casos, à Regra A:

(95) a. O Mauro entregou um bilhete para a Ana.
    b. O Mauro entregou a Ana um bilhete.
(96) a. O carteiro entregou o pacote na sala 2.
    b. *O carteiro entregou a sala 2 o pacote.

Como última observação a respeito da Regra A, vale notar que assumimos aqui que para a projeção dos argumentos nas posições sintáticas não se faz necessária a menção à propriedade de *controle* ou a qualquer outro tipo de propriedade associada à volição, diferentemente do assumido por Cançado (2005) e muitos outros autores[24]. O que percebemos na nossa análise é que, independentemente de o desencadeador de um processo estar relacionado ao controle, este sempre será mais proeminente e irá para a posição de sujeito, não se fazendo necessária a inclusão dessa última propriedade na hierarquia.

Passando para a Regra B, propomos que essa regra estabelece a hierarquia para verbos estritamente estativos, ou seja, verbos que possuem dois argumentos com a propriedade de *ser ou estar em um determinado estado*, seguindo a proposta de Moreira (2000). Se os dois argumentos de um verbo tiverem como parte de seu papel temático a propriedade de *estativo*, a eles terá de ser aplicada uma hierarquia específica das outras propriedades que fazem a composição com essa propriedade no estabelecimento de seu papel temático. Essa regra estabelece a ligação entre as propriedades dos argumentos de verbos estativos e as posições sintáticas de sujeito e primeiro complemento. Não existe na língua um verbo estativo que tenha um

---

24. Apesar de não ter papel na seleção argumental, a propriedade de *controle* é relevante para outros aspectos da gramática, como mostraremos à frente.

segundo complemento. Portanto, dado o esquema hierárquico da Regra B, repetido abaixo:

• Regra B: eixo estativo
Nível semântico: estado mental ou possuidor > objeto de referência > outros[25]
Nível sintático: Sujeito > 1º Complemento,

pode-se prever que o argumento de um verbo que tem como parte de seu papel temático a propriedade mais proeminente da hierarquia no nível se- mântico é associado à função mais proeminente da hierarquia no nível sintá- tico, que é a posição de sujeito da sentença; um segundo argumento de um verbo que tem como parte de seu papel temático a segunda propriedade mais proeminente da hierarquia no nível semântico é associado à segunda função mais proeminente da hierarquia no nível sintático, que é o comple- mento direto de uma sentença. Apliquemos essa regra aos exemplos:

(97) As crianças amam/temem/admiram a babá. → estativo/condição mental > estativo/objeto de referência
(98) O Carlos tem uma casa. → estativo/possuidor > estativo/posse
(99) A Fátima mora em Paris. → estativo/objeto de referência > estativo/locativo
(100) A casa custa U$ 100,000. → estativo/objeto de referência > estativo/ quantidade
(101) O pacote pesa 150 gramas. → estativo/objeto de referência > estativo/ quantidade

Em (97), ao argumento em posição de sujeito são atribuídas as proprie- dades de *estativo* e *condição mental*. A sentença *as crianças amam/temem/ admiram a babá, mas não estão em um estado mental* é contraditória. Igual- mente é contraditória a sentença *as crianças amam/temem/admiram a babá, mas a babá não é o objeto de referência do amor/do temor/da admiração das*

---

25. Essas outras propriedades nunca ocorrem simultaneamente em uma mesma estrutu- ra argumental.

crianças, sendo, portanto, atribuída ao segundo argumento a propriedade de *objeto de referência*. Pode-se afirmar, portanto, que as sentenças em (97) seguem o esquema hierárquico da Regra B.

Para o exemplo em (98), tem-se um argumento na posição de sujeito que recebe as propriedades de estativo e possuidor. Aplicando-se o teste da contradição, tem-se a sentença contraditória *o Carlos tem uma casa, mas ele não é possuidor de nada*. O segundo argumento recebe as propriedades de *estativo* e *posse*. A sentença *o Carlos tem uma casa, mas a casa não é sua posse* é contraditória. Como a propriedade de *possuidor* é mais proeminente e a propriedade de *posse* entra nas propriedades em que não há necessidade de serem especificadas por serem as menos proeminentes na hierarquia, a Regra B também se confirma nesse exemplo.

Nos exemplos em (99), (100) e (101), os argumentos na posição de sujeito recebem a propriedade de *estativo*, pois não se alteram durante a situação descrita. Esses argumentos também recebem a propriedade de *objeto de referência*, pois são os argumentos que denotam o objeto para o qual se atribui uma determinada propriedade. Em (99), atribui-se uma propriedade relacionada ao lugar de morada ao argumento em posição de sujeito; em (100), atribui-se a propriedade de valor ao argumento em posição de sujeito; e em (101), atribui-se uma propriedade de peso ao argumento em posição de sujeito. Nesses casos, os argumentos que recebem a propriedade de *objeto de referência* se projetam na posição de sujeito, pois são mais altos que qualquer outra propriedade que possa aparecer em composição com argumentos estativos na estrutura hierárquica. Assim, essas sentenças obedecem à Regra B.

A Regra C prevê que alguns predicadores verbais permitem uma violação na ordem da hierarquia quando há uma reorganização sintática da estrutura da sentença. É o caso de construções como passivas, alternâncias como a causativo-incoativa, a agente-beneficiário e sentenças comitativas, entre outras. Nessas situações específicas, aplica-se a Regra C que estabelece que o argumento que viola a ordem hierárquica, quando aparece na sentença (pois há situações em que esse argumento é simplesmente omitido), é marcado com uma preposição. Esses tipos de alternância, via de regra, são morfologicamente marcadas na sentença[26]. Por exemplo, veja a estrutura argumental canônica do verbo *cansar*:

(102) *cansar*: {desencadeador, afetado}

A ordem prevista pela Regra A é desencadeador > afetado. E assim tem-se:

(103) Os exercícios cansaram o atleta. → desencadeador > afetado

Entretanto, esse tipo de verbo aceita um tipo de alternância (a alternância causativo-incoativa já mostrada no Capítulo 2) em que o argumento que recebe a propriedade de *afetado* passa para a posição de sujeito, podendo ser omitido ou não o argumento que estava em posição de sujeito na sentença básica[27]. Se a escolha do falante, nessa outra organização sintática, for incluir o *desencadeador* na descrição do evento, isto gera uma violação da Regra A do Princípio de Seleção Argumental, e esse argumento *desencadeador* deve ser projetado em posição de adjunção, marcado com uma preposição, seguindo o que prevê a Regra C. Nesses casos, a preposição é funcional, pois apenas marca essa mudança na organização sintática da estrutura argumental básica do verbo, continuando o papel temático a ser atribuído pelo sintagma verbal *cansar o atleta*:

(104) O atleta (se) cansou *com* os exercícios.

---

26. Regra similar é também proposta na Hierarquia Temática de Foley e Van Valin (1984).

27. Como já mostramos no Capítulo 2, estamos assumindo que existem formas básicas e derivadas dos verbos, seguindo alguns autores como Haspelmath (1993), Levin e Rappaport Hovav (1995), Reinhart (2002), entre outros. Para esses autores, uma das sentenças da alternância é a forma básica e a outra é uma forma derivada. Segundo Haspelmath (1993), a forma derivada de uma sentença é sempre marcada de alguma forma, seja fonologicamente, morfologicamente ou sintaticamente.

Segundo Haspelmath (1993), essas sentenças consideradas derivadas, alternâncias de uma ordem básica, principalmente em línguas românicas, quase sempre apresentam uma marca morfológica. Esse é o caso para as construções incoativas, que apresentam a inserção do clítico *se*, e para as construções passivas, que apresentam a inserção da forma participial do verbo principal mais o auxiliar *ser*:

(105) a. *machucar*: {desencadeador, afetado}
    b. O colega/a queda machucou a menina.
    c. A menina *se* machucou *com* a queda.
    d. A menina *foi machucada pelo* colega.

Ainda apontamos mais três exemplos em que o argumento violador da hierarquia é marcado com uma preposição:

(106) a. *preocupar*: {desencadeador, afetado}
    b. A desobediência da filha preocupa a mãe.
    c. A filha preocupa a mãe *com* a sua desobediência.
(107) a. *cortar*: {desencadeador/controle, afetado}
    b. O cabeleireiro cortou o cabelo do Juca.
    c. O Juca cortou o cabelo *com* o cabeleireiro.
(108) a. *carregar*: {desencadeador, afetado}
    b. O Carlos e o Jonas carregaram o piano.
    c. O Carlos carregou o piano *com* o Jonas.

No exemplo em (106), existe a possibilidade de se fatorar um único argumento em dois constituintes que ocupam duas posições sintáticas distintas, mas que continuam a receber um único papel temático. Esse fenômeno é chamado de "fatoração de argumentos" por Levin (1993). Pode-se pensar que o constituinte marcado é um "falso argumento", usado para estratégias discursivas. Em (106b), o argumento *a desobediência da filha* recebe a propriedade de *desencadeador*; em (106c), a propriedade de *desencadeador* continua a ser atribuída ao sintagma *a desobediência da filha*, que é fatorado em dois constituintes ligados por uma correferência anafórica, e com o sintagma *a sua desobediência* em uma posição mais baixa marcada com uma preposição. Em (107), o possuidor/beneficiário que está dentro do sintagma que recebe a propriedade de *afetado* é movido para a posição de sujeito e o sintagma que recebe a propriedade de *desencadeador*, mais alta na hierarquia, aparece em uma posição mais baixa, marcada com uma preposição. Esse fenômeno é nomeado por Cançado et al. (2013) de "alternância agente-beneficiário". Em (108), como o sintagma em posição de sujeito denota uma entidade plural no mundo, pode-se fatorar o argumento *o Carlos e o Jonas* em dois constituintes ocupando duas posições sintáticas distintas, a mais baixa na hierarquia sintática marcada por uma preposição, e recebendo a mesma propriedade semântica de *desencadeador*. Esse exemplo é conhecido na literatura como "propriedade comitativa".

Concluindo, com as regras apresentadas acima, acreditamos que se pode estabelecer a seleção argumental de um grande número de predicadores verbais, pelo menos para o português.

2.3 PROPRIEDADES SEMÂNTICAS E PROPRIEDADES SINTÁTICAS

Uma crítica à proposta de Dowty (1989, 1991) é a não aplicação de sua teoria em processos gramaticais da língua. Com a proposta de papéis temáticos por propriedades semânticas, tal como reformulamos acima, é possível estabelecer restrições semânticas para o processo de passivização e para a alternância causativo-incoativa, cobrindo essa carência do trabalho de Dowty (1991). Mas para tal temos de incluir no sistema a propriedade de *controle*, que, segundo Cançado (2005), pode ser definida como a capacidade de se começar ou interromper algo voluntariamente. Um papel temático pode ter, entre as propriedades que o compõem, ambas as propriedades de *desencadeador* e *controle*; só depende do acarretamento do sintagma verbal. O *controle* mais o *desencadeador* podem ser pensados como a capacidade de se iniciar ou não um processo. Veja a sentença abaixo:

(109) *O bandido* assassinou o colega.

A sentença em (109) acarreta que o argumento *o bandido* é o *desenca-deador* do processo e que tem *controle* sobre começar ou não o processo. Veja que a sentença abaixo é contraditória:

(110) ⊭ O bandido assassinou o colega, mas não teve controle sobre o início desse processo.

Portanto, *desencadeador* e *controle* são propriedades atribuídas ao argumento *o bandido* em (109) por acarretamento lexical. Entretanto, nem sempre o *controle* é associado lexicalmente a determinados tipos de verbos:

(111) *O bandido* matou o colega.
(112) *O bandido* matou o colega sem querer; ele não teve o controle sobre o iniciar do processo.

A sentença em (111) não acarreta que o argumento *o bandido* tenha controle no desenrolar do processo, embora ainda seja esse argumento o desencadeador do processo de *matar* (a propriedade de *controle* pode ser uma implicatura devido à animacidade do sujeito). Veja que a sentença em (112) não é contraditória. Entretanto, o verbo *matar* é compatível com a propriedade de *controle*, podendo coocorrer com algum tipo de adjunção que atribua tal propriedade:

(113) O bandido matou o colega friamente.
(114) ⊭ O bandido matou seu colega friamente, mas não teve controle no iniciar desse processo.

Verbos desse tipo, que aceitam a composição da propriedade de *controle* com a propriedade acarretada lexicalmente de *desencadeador* na construção de uma sentença, assim como os verbos que acarretam lexicalmente o *controle*, permitem o processo de passivização:

(115) O colega foi assassinado pelo bandido.
(116) O colega foi morto pelo bandido.

Essa hipótese segue a proposta de Franchi e Cançado (2003a [1997]), que argumentam que não é somente o papel temático, como um todo, que restringe a possibilidade de um verbo aceitar a passivização, como, por exemplo, argumenta Jackendoff (1972). Os autores estendem a restrição ao nível da sentença e propõem que toda sentença transitiva cujo argumento na posição de sujeito tenha ou aceite como propriedade semântica o *controle* aceita a propriedade sintática da passivização, mesmo que *controle* seja atribuído a esse argumento de uma forma composicional por adjunção. Portanto, a hipótese restringe a passivização à ocorrência de uma propriedade específica, o *controle*, atribuída lexicalmente pelo predicador ou composicionalmente na sentença. Pode-se concluir, com isso, que a passivização não é um processo licenciado por propriedades estritamente lexicais, mas depende também de propriedades atribuídas de forma composicional por elementos da sentença.

Ainda, Franchi e Cançado (2003a [1997]) e Cançado et al. (2013a) observam que existem verbos para os quais se pode prever uma restrição semântica para a construção da passiva: o processo sintático não será licenciado se o verbo exigir que seu sujeito seja somente uma causa, em outras palavras, se o verbo for estritamente causativo:

(117) a. A doença preocupou a mãe. {desencadeador, afetado}
      b. *A mãe foi preocupada pela doença.
(118) a. A ginástica cansou o atleta. {desencadeador, afetado}
      b. *O atleta foi cansado pela ginástica.
(119) a. Os gastos excessivos empobreceram o João. {desencadeador, afetado}
      b. *O João foi empobrecido pelos gastos excessivos.

Portanto, apesar do licenciamento da passiva ser feito de forma composicional, existem verbos que lexicalmente são incompatíveis com a propriedade de *controle* e não aceitam a passiva.

Outro ponto a ser realçado é que não são somente verbos que atribuem a propriedade de *desencadeador* que licenciam o processo de passivização. Verbos que denotam processos, e que, portanto, atribuem a propriedade de *afetado*, também permitem essa construção. Só que para essas passivas serem licenciadas são necessárias certas composições semânticas, como o tipo de objeto e, algumas vezes, até o tipo de adjunção, para que ao argumento em posição de sujeito desses verbos seja atribuída a propriedade de *controle*. Veja os exemplos[28]:

(120) a. O filho mais novo recebeu a herança.
     b. A herança foi recebida pelo filho mais novo.
(121) a. O João recebeu um tapa.
     b.*Um tapa foi recebido pelo João.
(122) a. O João recebeu o tapa com prazer.
     b. O tapa foi recebido pelo João com prazer.

Veja que o mesmo verbo *receber* tem diferentes realizações em relação ao processo de passivização. Em (120), a composição do verbo *receber* com o argumento *uma herança* atribui *controle* ao argumento em posição de sujeito; ao contrário, em (121), a composição de *receber* com o sintagma *um tapa* não atribui *controle* ao argumento em posição de sujeito; e em (122), o adjunto *com prazer* em composição com o sintagma verbal *receber um tapa* atribui *controle* ao argumento *o João*. Repare no contraste das sentenças abaixo:

(123) ⊭ O filho mais novo recebeu a herança, mas ele não teve controle sobre isso.
(124) O João recebeu um tapa, mas ele não teve controle sobre isso.
(125) ⊭ O João recebeu um tapa com prazer, mas ele não teve controle sobre isso.

O que esses exemplos nos indicam é que, nesses casos também, o licenciamento da passiva não é feito de uma forma lexical, mas de uma forma composicional na construção da sentença, que atribui a propriedade semântica do *controle* ao argumento afetado na posição de sujeito. Essa afirmação nos permite concluir que a propriedade de *controle* não é somente associada à propriedade de *desencadeador*, mas também à propriedade de *afetado* e que é a propriedade do *controle* a responsável pelo licenciamento das construções passivas.

---

28. Exemplos semelhantes para o inglês são encontrados em Pinker (1989).

Nas sentenças estativas abaixo, em que a propriedade de *controle* não está associada ao sujeito da sentença, e nem é permitida a composição do *estativo* com a propriedade de *controle* (que parece exigir um certo tipo de dinamicidade da situação), as passivas não são aceitas:

(126) a. O fazendeiro possui cem alqueires de terra *intencionalmente.
      b.*Cem alqueires de terra são possuídos pelo fazendeiro.
(127) a. O Túlio tem uma casa *intencionalmente.
      b.*A casa é tida por Túlio.
(128) a. A sala contém 30 cadeiras *intencionalmente.
      b.*Trinta cadeiras são contidas pela sala.

Uma última observação sobre passivas diz respeito aos verbos psicológicos que possuem argumentos com a propriedade de *estar em um estado mental* (o "experienciador") na posição de sujeito. Esses verbos são tratados na literatura como verbos de estado, devendo ser, portanto, incompatíveis com a propriedade de *controle*. Entretanto, esses verbos aceitam construções passivas:

(129) a. O Lucas amou a Marta durante toda a vida.
      b. A Marta foi amada pelo Lucas durante toda a vida.
(130) a. Os meninos adoram a professora.
      b. A professora é adorada pelos meninos.

Resta, então, um problema em aberto em relação a esses tipos de verbos. Um fato que parece ser diferente em relação a outros verbos de estado, que não permitem a passiva, como em (126) a (128), é que as sentenças na passiva com os verbos psicológicos parecem ter uma interpretação mais agentiva, tendo, portanto, uma certa dinamicidade. Por exemplo, de uma forma intuitiva, parece que a interpretação em (129b) é a de que Lucas fez muitas coisas em relação a Marta, inclusive com a participação dela; diferentemente de (129a), que parece ser apenas uma constatação do amor de Lucas. Veja como parece pior a sentença em (131b):

(131) a. O Lucas amou a Marta durante toda a vida, mas ela nunca soube disso.
b. ?A Marta foi amada pelo Lucas durante toda a vida, mas ela nunca soube disso.

Essa constatação confirma a proposta de Franchi e Cançado (2003a [1997]): toda sentença na voz passiva é interpretada como tendo algum tipo de agentividade. Com isso, aventamos a hipótese de que verbos psicológicos se comportam diferentemente de outros verbos estativos em relação ao seu aspecto. Fica, então, uma investigação a ser feita.

Em relação à restrição para alternância causativo-incoativa, pode-se realçar que, desde Chierchia (2004 [1989]) para o italiano, Whitaker-Franchi (1989) para o português e Levin e Rappaport Hovav (1994) para o inglês, é sabido que para um verbo alternar entre a forma causativa e a incoativa é necessário que este não seja estritamente agentivo e que seu complemento seja afetado. Em termos das propriedades aqui apresentadas, podemos propor, seguindo Ciríaco e Cançado (2009), que basta um verbo ter como estrutura argumental {desencadeador, afetado}, sem que haja nenhuma outra propriedade atribuída composicionalmente aos seus argumentos, para que a alternância se efetive. Veja alguns exemplos:

(132) a. O vento quebrou/abriu a janela. {desencadeador, afetado}
b. A janela (se) quebrou/abriu.
(133) a. As provas preocupam/aborrecem/cansam os alunos. {desencadeador, afetado}
b. Os alunos se preocupam/aborrecem/cansam com as provas.
(134) a. A aplicação na bolsa empobreceu/enriqueceu o empresário. {desencadeador, afetado}
b. O empresário (se) empobreceu/enriqueceu com a aplicação na bolsa.
(135) a. O Paulo assassinou/empurrou a Maria. {desencadeador/controle, afetado}
b. *A Maria se assassinou/empurrou.
(136) a. O engenheiro construiu/desenhou uma casa. {desencadeador/controle, afetado}
b. *Uma casa se construiu/desenhou.
(137) a. A firma pagou o funcionário. {desencadeador/controle, afetado}
b. *O funcionário se pagou. (na leitura incoativa)

Pode-se constatar que nos exemplos de (132) a (134), em que o *desencadeador* não se compõe com outras propriedades e o complemento é *afetado*, a alternância é possível. Já nos exemplos de (135) a (137), em que existe uma composição necessária do *controle* com o *desencadeador*, a alternância não se efetiva.

Com essas observações, encerramos este capítulo sobre papéis temáticos e seleção argumental, propondo que, no Capítulo 5, retomemos a alternância causativo-incoativa (e incoativo-causativa) sob a perspectiva da decomposição em predicados primitivos.

3 SUGESTÕES DE LEITURA

Este capítulo é baseado, principalmente, em quatro trabalhos sobre propriedades temáticas e seleção argumental: o artigo de Dowty, "Thematic proto-roles and argument selection", publicado na revista *Language* em 1991; os artigos "A Teoria Generalizada dos Papéis Temáticos" e "Reexame da noção de hierarquia temática" de Franchi em parceria com a primeira autora deste livro, escritos em 1997 e publicados na *Revista de Estudos da Linguagem* em 2003, e o artigo da primeira autora deste livro, "Posições argumentais e propriedades semânticas", publicado na revista *DELTA* em 2005. A contribuição desses trabalhos é apresentar uma visão nova sobre seleção argumental e sobre papéis temáticos (como grupos de propriedades). Neste capítulo, nosso propósito foi apresentar, primeiramente, a proposta de Dowty (1991), mostrando como esta supera os problemas de uma abordagem em termos de listas de papéis temáticos. Além disso, usamos as propostas anteriores de Franchi e da primeira autora deste livro para refinarmos a proposta de Dowty (1991), em pontos ainda problemáticos. Sugerimos ao leitor que pretende se aprofundar nessas questões a leitura desses trabalhos.

Capítulo 4

Aspecto lexical

Nos capítulos anteriores nos detivemos na noção de papéis temáticos e em sua relação com a sintaxe. Neste capítulo, trataremos do aspecto lexical e de sua relação com a sintaxe, principalmente no que diz respeito ao aspecto gramatical do português. Aspecto lexical é uma propriedade semântica que expressa a maneira como determinada situação descrita por um verbo se desenrola no decorrer do tempo. As origens das noções aspectuais remontam à distinção aristotélica entre ações que envolvem um movimento ou mudança que tende a um ponto final (*kinesis*) e ações que envolvem atividades que se prolongam no tempo, sem ter como objetivo um ponto final específico (*energeia*). Apesar de Aristóteles não elaborar a noção de aspecto propriamente dita, vários autores se referem ao seu trabalho como o início do estudo desse conceito. No que diz respeito aos estudos linguísticos de cunho tradicional, o estudo do aspecto se inicia na gramática russa, língua em que muitas das diferenças semânticas relacionadas ao aspecto são explicitadas através de marcas morfológicas. Como mostraremos, a categoria aspectual se divide em dois sistemas distintos, o do aspecto lexical e o do aspecto gramatical.

1 ASPECTO

Comecemos pela noção geral de aspecto, que às vezes se confunde com a noção de tempo. Vamos, primeiramente, distinguir bem esses dois conceitos. Veja alguns exemplos:

(1) O Alex dançava sempre.
(2) O Alex dançou ontem.

O que distingue as sentenças acima é a relação entre o evento descrito pelo verbo *dançar* e a distribuição temporal desse evento. A sentença em (1) descreve uma situação em que Alex tinha o hábito de dançar e, em (2), tem-se uma interpretação de que Alex dançou apenas uma vez ou em uma única situação específica.

O que é possível perceber é que as duas situações descritas nas sentenças em (1) e (2) são localizadas pela marca de tempo do verbo em um momento anterior ao momento de fala, ou seja, ambas ocorrem no passado. Entretanto, existe uma diferença entre a distribuição temporal da situação nos dois casos: em (1), a sentença apresenta um hábito, isto é, uma situação composta de eventos recorrentes e constantes ao longo de um período, e em (2), apresenta-se a situação como um evento único, um todo que se encerra num certo momento do tempo. Essa diferença semântica é a distinção aspectual. Segundo Comrie (1976), pode-se pensar no aspecto como os diferentes modos de observar a constituição temporal interna de uma situação; segundo Lyons (1977), o aspecto diz respeito ao contorno ou à distribuição temporal de um acontecimento ou estado de coisas, e não à localização da situação no tempo.

Através dessas primeiras observações sobre as distinções aspectuais, pode-se traçar uma importante diferença entre tempo e aspecto. Como foi visto, o aspecto se relaciona intrinsecamente ao tempo, mas não se iguala às categorias deste, isto é, às noções de passado, presente e futuro, embora tanto tempo quanto aspecto possam ser marcados, no português, através da flexão verbal. A grande diferença entre tempo e aspecto se refere à dêixis. A categoria de tempo é uma categoria dêitica, pois relaciona o tempo da situação descrita pelo verbo ao momento em que o enunciado é produzido pelo falante. Uma sentença marcada com o tempo passado localiza a situação descrita pelo verbo em um momento anterior ao proferimento da sentença; uma sentença marcada com o tempo presente localiza tal situação no momento exato do proferimento da sentença; e uma sentença marcada com o tempo futuro localiza a situação em um momento posterior ao proferimento da sentença.

Diferentemente do tempo, o aspecto não é uma categoria dêitica, pois não relaciona a situação descrita pelo verbo ao momento do enunciado. A categoria aspectual é tradicionalmente definida como o "tempo interno" de uma situação. Ou seja, o aspecto está relacionado não ao tempo dêitico, externo à situação, mas à maneira como ela se desenrola no decorrer do tempo.

Como já mencionamos, tradicionalmente o aspecto é dividido em dois tipos: aspecto gramatical e aspecto lexical. Descreveremos, primeiramente, o aspecto gramatical.

2 ASPECTO GRAMATICAL

O aspecto gramatical é também chamado de "aspecto do ponto de vista", pois pode descrever uma mesma situação a partir de diferentes perspectivas. A diferença entre as sentenças em (1) e (2) é uma distinção no nível do aspecto gramatical, pois ambas podem descrever o mesmo evento no mundo, sob diferentes pontos de vista. Por exemplo, imagine que o Alex é um dançarino que se apresentou lindamente ontem no teatro. Se você quiser descrever esse evento como um todo, como um conjunto em cuja constituição temporal interna você não está interessado, isto é, se a situação durou certo período de tempo, mas você não está interessado nas fases[1] do desenrolar dessa duração, e sim no evento em sua totalidade, certamente você usará uma sentença como a em (3):

(3) O Alex *dançou* lindamente ontem.

---

1. Segundo Comrie (1976, p. 48), o termo *fase* é usado para se referir a uma situação, em qualquer intervalo de tempo da sua duração.

Agora imagine que você quer descrever a mesma cena, mas como uma situação que estava em curso, enquanto, por exemplo, outro evento acontecia. Ou seja, você quer focalizar o fato de que a situação se desenrolava no tempo. Nesse caso, a sentença adequada será como a em (4):

(4) O Alex *dançava* lindamente, enquanto a orquestra tocava uma música suave.

Os exemplos acima ilustram a divisão clássica do aspecto gramatical: a forma perfectiva, em (3), e a forma imperfectiva, em (4). Como nosso objetivo neste capítulo é somente distinguir o aspecto gramatical do aspecto lexical, não vamos nos estender muito sobre o primeiro, apontando apenas como o aspecto gramatical, nas formas perfectiva e imperfectiva, é atualizado[2] no português, em suas realizações mais canônicas[3].

O aspecto perfectivo é utilizado quando se quer descrever uma situação pelo ponto de vista externo, ou seja, como se a situação fosse um todo, sem mostrar as fases do desenrolar dessa situação; apresenta o fato enunciado como global, sem indicar sua temporalidade interna. A forma mais usual de se atualizar o aspecto perfectivo em português é através da marca do pretérito perfeito:

(5) A professora *escreveu* uma carta.

O aspecto imperfectivo, por sua vez, é utilizado quando se quer descrever uma situação a partir de um ponto de vista interno, ou seja, quando se quer mostrar que uma situação é composta por fases. Segundo Jakobson (1971 [1957]), o imperfectivo é considerado uma forma "não marcada" semanticamente, pois apresenta mais distinções na marcação de uma determinada

---

2. O termo *atualizar* está sendo usado para indicar a expressão física de uma unidade linguística abstrata, seguindo definição de Crystal (2000).
3. Remetemos o leitor interessado em um estudo mais amplo sobre o aspecto gramatical do português para os trabalhos de Castilho (1968) e Travaglia (1985), que são referências sobre o tema. Não falaremos aqui, p. ex., dos tempos compostos, dos verbos aspectuais do tipo *começar*, *parar*, dos substantivos e adjetivos que marcam a aspectualidade etc.

língua e, também, apresenta grande variação entre as línguas[4]. Em relação à atualização desse tipo de aspecto, a imperfectivização no português se manifesta, sobretudo, na própria marca morfológica do tempo, mas também por meio de verbos considerados aspectuais, de perífrases, de gerúndios, de modificadores, entre outras tantas marcas.

Existem algumas propostas para as subdivisões aspectuais do imperfectivo na literatura. Uma proposta clássica é a de Comrie (1976), que propõe como subdivisões do imperfectivo o seguinte esquema: o aspecto habitual e o aspecto contínuo; este último dividindo-se em não progressivo e progressivo. Entretanto, não é fácil evidenciar a distinção proposta pelo autor para essa subdivisão em português, mesmo porque a marcação e a existência de certos tipos imperfectivos não são as mesmas para as várias línguas existentes. Note-se que as ideias de continuidade e de progressividade estão muito atreladas, ficando difícil apontar o que seria uma forma contínua e não progressiva. Ainda, segundo Garcia (2010, p. 150), "nem mesmo Comrie chegou a dar uma definição das circunstâncias em que o aspecto contínuo não progressivo ocorreria, nem forneceu exemplos". Por isso, vamos assumir apenas a divisão entre aspecto imperfectivo habitual e aspecto imperfectivo contínuo.

O imperfectivo habitual é um tipo de aspecto que exprime uma situação, vista sob um ponto de vista interno, composta de situações recorrentes ao longo de um período, trazendo em si uma ideia de repetição regular e constante[5]. As formas mais canônicas dessa marcação no português são o pretérito imperfeito, como em (6), e o presente, como em (7):

(6) O Paulo *escrevia* quando jovem.
(7) A Maria *escreve* atualmente.

---

4. Segundo Haspelmath (2006), forma marcada semanticamente é aquela que é mais específica do que a forma não marcada.

5. É importante realçar, como salienta Comrie (1976), que uma simples repetição não é suficiente para que se tenha o aspecto habitual; p. ex., a sentença *a professora parou de falar e tossiu três vezes*, apesar do ato iterativo, não expressa a habitualidade.

Em (6), a sentença descreve a ação de escrever como frequente e constante, em um tempo passado. Em (7), a mesma ação também é descrita como frequente e constante, porém em um tempo presente. Note-se que, em português, o tempo presente com uma interpretação não habitual é mais frequentemente marcado através da forma de gerúndio: *eu escrevo todos os dias* (habitual)/*eu estou escrevendo neste momento* (não habitual). Apenas com os verbos chamados de "estativos" (que mostraremos na seção seguinte), a flexão de presente não atualiza o aspecto habitual: *os alunos amam a professora *todos os dias*. Além das marcas da flexão verbal, certos advérbios e expressões adverbiais também marcam o habitual, como *sempre*, *todos os dias* etc.

O aspecto imperfectivo contínuo é utilizado quando se quer descrever uma situação composta por fases sucessivas, vista sob um ponto de vista interno. Esse tipo de aspecto é atualizado mais canonicamente pela forma perifrástica progressiva do verbo *estar* mais o gerúndio, como em (8), e também através do pretérito imperfeito, assim como o habitual, em (9). Para se evidenciar a diferença de interpretação entre o imperfectivo contínuo e o habitual quando se usa o imperfeito, é necessária alguma marca gramatical indicando que a descrição da situação não é recorrente:

(8) O cachorro *estava correndo* na lagoa.
(9) *No dia do acidente*, o cachorro *corria* na lagoa.

Veja que em (9) somente é possível a leitura contínua. Já para a sentença em (10) abaixo, descontextualizada, será sempre possível atribuir uma leitura habitual:

(10) O cachorro *corria* na lagoa.

Uma observação relevante é que não há uma relação necessária entre marcação de tempo e de aspecto. Parece, por exemplo, que o infinitivo e o futuro não atualizam nenhum tipo de aspecto gramatical (TRAVAGLIA, 1985). As informações sobre como os eventos se desenrolam nos exemplos

abaixo vêm dos sentidos dos verbos e têm relação com os tipos de propriedades lexicais denotadas por esses itens, as quais se relacionam ao chamado
"aspecto lexical":

(11) O aluno viu a professora *escrever* uma carta.
(12) A professora *escreverá/vai escrever* uma carta.
(13) O João viu seu pai *trabalhar* duro.
(14) No ano que vem, o João vai *trabalhar* duro.

Em (11) e (12), tem-se eventos que explicitam o princípio, o meio e o
fim de uma situação; em (13) e (14), tem-se eventos que explicitam a atividade de alguém, sem uma delimitação temporal específica.

Feitas essas breves considerações sobre o aspecto gramatical, estamos
aptas agora a passar para a discussão sobre o aspecto lexical.

3 ASPECTO LEXICAL

Além das distinções gramaticais já apontadas, existem outras distinções
aspectuais que se encontram em outro nível de análise, no léxico. Essas
distinções fazem parte do que é conhecido como "aspecto lexical" (também
chamado na literatura de "*aktionsart*", "modo da ação", "acionalidade" ou
"aspecto inerente"). O aspecto lexical é uma característica aspectual inerente ao sentido do verbo, ou seja, não é marcado morfossintaticamente,
pois já vem especificado na entrada lexical.

Evidência de que existe distinção aspectual no nível do item lexical é
o fato de que diferentes tipos semânticos de verbos, quando marcados da
mesma maneira para um determinado aspecto gramatical, geram interpretações aspectuais diferentes. Veja os seguintes exemplos:

(15) O menino está dançando.
(16) O menino está chegando.

As sentenças acima são idênticas, com exceção do verbo. As marcas
aspectuais da perífrase de gerúndio são as mesmas. Entretanto, pode-se

perceber que em (15) a interpretação é de aspecto contínuo, enquanto que em (16) a sentença descreve o evento como prestes a ocorrer, conforme apontam Rothstein (2004) e Wachowicz e Foltran (2006). Para evidenciar que, em (15), tem-se um evento em progresso e que, em (16), tem-se apenas a interpretação de um momento anterior à ocorrência do evento, mostramos as sentenças abaixo:

(17) O menino está dançando durante toda a tarde.
(18) *O menino está chegando durante toda a tarde.
(19) *Ele disse que está dançando, mas não dança nunca!
(20) Ele disse que está chegando, mas não chega nunca!

Em (17), a expressão temporal mostra a duração do evento, o que não é possível com (18), pois o verbo exprime um evento pontual, não aceitando a interpretação contínua. Em (19), fica evidente que a situação está em progresso, não sendo compatível com um fato que ainda vai acontecer; ao contrário da interpretação em (20).

Além das interpretações de aspecto contínuo e de iminência da situação descrita, alguns verbos apresentam um terceiro tipo de interpretação, quando combinados à marca da perífrase de gerúndio:

(21) A modelo está cabendo na calça jeans número 34.
(22) O Paulo está amando a Maria.

Parece-nos que uma leitura possível para sentenças como essas é a de que houve uma mudança de estado; antes a modelo não cabia na calça jeans número 34 e agora ela cabe, ou antes o Paulo não amava a Maria e agora ele a ama. Essas interpretações podem ser evidenciadas através de sentenças que mostram que, em um momento anterior no tempo, os estados de coisas descritos por *a modelo caber na calça jeans número 34* e *o Paulo amar a Maria* não existiam:

(23) No último desfile, a modelo não cabia na calça jeans número 34, mas neste ela está cabendo.
(24) No ano passado, o Paulo não amava a Maria, agora, ele está amando.

Ainda existem alguns verbos que geram sentenças completamente agramaticais quando combinados com a perífrase do gerúndio. Veja os exemplos:

(25) *O João está tendo uma casa na praia.
(26) * Esta caneta está pertencendo ao José.

Exemplos como esses, das diferentes interpretações aspectuais obtidas a partir da mesma marca, mostram que o sentido dos verbos interage com as marcas de aspecto gramatical, dando origem a uma interpretação aspectual final da sentença, ou até mesmo resultando em sentenças agramaticais. Portanto, os exemplos dados acima são evidência de que realmente existem propriedades aspectuais inerentes ao sentido do verbo.

Tendo como base essas observações, é proposto na literatura que os verbos pertencem a classes distintas no que diz respeito ao aspecto lexical, classes que vamos delimitar na próxima seção.

4 CLASSES ASPECTUAIS DE VENDLER

O agrupamento clássico dos verbos em classes aspectuais foi primeiramente proposto por Vendler (1967); trata-se do sistema de aspecto lexical mais conhecido e utilizado em Linguística. Conforme apontam Levin e Rappaport Hovav (2005), as propostas para as classes aspectuais não variam tanto na literatura quanto as propostas de papéis temáticos (que mostramos nos Capítulos 2 e 3), e a divisão de Vendler (1967) é ainda amplamente aceita e assumida pelos linguistas. O autor propõe que os verbos das línguas naturais podem ser divididos em quatro classes[6], de acordo com o seu aspecto lexical: estados, atividades, *accomplishments* e *achievements*[7]. Esses tipos podem ser entendidos como esquemas temporais definidos pelos verbos.

---

6. Smith (1997) propõe uma quinta classe, a dos verbos semelfactivos. Entretanto, essa classe não é aceita de forma unânime na literatura. Falaremos mais à frente sobre esses verbos.

7. Na literatura sobre aspecto em português convencionou-se deixar os termos *accomplishment* e *achievement* sem tradução.

Segundo Vendler (1967), essas classes podem ser caracterizadas em relação a três pares básicos de valores aspectuais, apontados de uma forma mais sistemática por Comrie (1976). O primeiro par é o da oposição *estatividade* x *dinamicidade*: um verbo é estativo quando descreve um estado que não se altera em um período de tempo; e é dinâmico se descreve um processo composto de uma sucessão de intervalos ou fases, ou mesmo de um único intervalo, que progride no tempo. O segundo par é a oposição *pontualidade* x *duratividade*: um verbo é pontual se descreve uma eventualidade[8] que ocorre em um momento único e instantâneo; e é durativo quando a eventualidade decrita se estende por um determinado período de tempo. Finalmente, o terceiro par é o da oposição *telicidade* x *atelicidade*, que diz respeito à possibilidade de um verbo apresentar um resultado final claro, no caso da telicidade, ou à possibilidade de um verbo não apresentar um resultado final determinado, no caso da atelicidade.

Baseadas nesses valores aspectuais, as quatro classes de Vendler (1967) podem ser definidas e exemplificadas da seguinte forma. Estados são estativos, durativos e atélicos:

(27) O João *tem* uma casa na praia.

Atividades são dinâmicas, durativas e atélicas:

(28) O Alex *dançava* balé no Metropolitan.

Accomplishments são dinâmicos, durativos e télicos:

(29) O menino *construiu* um castelo de areia.

---

8. Chamaremos de *situação* (SMITH, 1997) ou *eventualidade* (BACH, 1986) qualquer categoria aspectual; e, baseadas na distinção *estatividade* x *dinamicidade*, reservamos o termo *evento* para as categorias dinâmicas (*accomplishments*, *achievements* e atividades), em contraposição à categoria dos estados.

Por fim, *achievements* são dinâmicos, pontuais e télicos:

(30) O professor *chegou* na escola.

Passemos, então, para a categorização dos aspectos segundo as proprie-dades e as evidências que as distinguem.

4.1 Categorização do aspecto básico

De acordo com Smith (1997), um verbo pode ter seu aspecto lexical alte-rado, alternando entre classes aspectuais, dependendo dos elementos com os quais se combina morfossintaticamente – tipo de flexão aspecto-tempo-ral, de complementos e de adjuntos. Sendo assim, a autora propõe que os verbos devem ser classificados primeiramente pelo seu aspecto lexical bá-sico, embora, em um nível derivado, se houver determinadas propriedades sentenciais, o mesmo verbo possa ter outra leitura aspectual na sentença. Inicialmente, vamos analisar o aspecto básico dos verbos, em situações em que não há interferências de outras propriedades sentenciais. Em seguida, mostraremos situações em que o aspecto pode ser alterado, passando a ter uma leitura aspectual derivada na sentença em que se encontra.

4.1.1 Verbos de estado

Os verbos de estado trazem em seu sentido a informação de que a situa-ção que descrevem não progride ou não se desenvolve em um intervalo de tempo, não sendo necessário nenhum tipo de força ou de movimento para que a situação se mantenha. Exemplos desses verbos são:

(31) O João *tem* uma casa na praia.
(32) Este carro *pertence* ao José.
(33) A modelo *cabia* na calça jeans número 34.
(34) O Paulo *amou* a Maria.

Segundo Smith (1997), esses verbos não podem ser classificados como eventos, uma vez que descrevem situações que não apresentam uma dinâmica interna. Com isso, caracterizam-se pela propriedade de estatividade, que se contrapõe à característica dinâmica das outras três classes aspectuais.

Além da estatividade, uma segunda característica que pode ser apontada na classe dos verbos de estado é a duração. Os estados têm uma duração no tempo e podem ser medidos por expressões que denotam tal duratividade:

(35) O João tinha uma casa na praia *quando era criança*.
(36) Este carro pertenceu ao José *durante dez anos*.

A terceira característica dos estados é a atelicidade. A palavra *telicidade* vem do grego *telos*, que significa fim. Dessa maneira, verbos caracterizados como télicos são aqueles que descrevem situações que chegam a um resultado final, mais especificamente, a situação télica deve chegar ao fim para que se possa dizer que ela ocorreu. Diferentemente, verbos caracterizados como atélicos são aqueles que descrevem situações que não especificam um ponto final, ou, ainda, situações que, apenas tendo começado, já é possível dizer que ocorreram.

Em vista dessa característica, os verbos de estado são considerados atélicos, pois descrevem uma situação uniforme, que não precisa atingir um resultado final para que sentenças com esses verbos sejam verdadeiras. Quando se diz que "o João tem uma casa na praia", não existe um resultado final na situação descrita: em qualquer ponto ao longo da situação, a sentença será verdadeira. Assim, pode-se dizer que o estado de "o João ter uma casa na praia", cujo tempo de duração corresponde à situação como um todo, é o mesmo estado que se encontra em um momento t_1, que é o mesmo estado de um momento t_2 e assim por diante.

Em relação à marcação do aspecto gramatical nesses verbos, pode-se notar que, como os verbos de estado descrevem situações estáticas, não atualizam, por si sós, a interpretação imperfectiva de habitualidade, que expressa situações recorrentes, ou mesmo, a interpretação imperfectiva contínua, que traz a ideia de progressão. Como já mostramos anteriormente, quando esses verbos são marcados com o presente ou com o imperfeito, apenas se tem a simples constatação de uma situação. Não parece possível uma interpretação de hábito ou de sucessão de fases com as sentenças abaixo:

(37) a. O João tem uma casa na praia (*todos os anos).
     b. Este carro pertencia ao José (*todos os anos)[9].

Outra particularidade desses verbos é que, apesar de aceitarem a marca do imperfeito, mesmo sem haver a atualização do aspecto contínuo, não aceitam a marcação com a forma progressiva (mostraremos à frente que alguns casos em que verbos de estado ocorrem com a perífrase de gerúndio resultarão em um aspecto derivado):

(38) *O João estava tendo uma casa na praia.
(39) *Este carro estava pertencendo ao José.

Em relação ao perfectivo, não é fácil evidenciar se há de fato a atualização desse tipo de aspecto nos estados. Compare os exemplos:

(40) a. O João teve uma casa na praia.
     b. O João tinha uma casa na praia.

As sentenças acima apresentam uma interpretação muito similar. Talvez os estados descrevam somente constatações de situações, com marcação de

---

9. Segundo comentários de Sérgio Menuzzi, "o aspecto habitual parece poder se realizar com verbos de estado, pois, para haver um "hábito" com relação a um estado, a condição necessária é que se possa reiterar o estado – para isso, o intervalo temporal do hábito deve ser maior que os intervalos dos estados que o constituem", como evidencia o exemplo dado: (i) O João tinha/tem uma casa na praia *sempre que podia/pode*. Entretanto, realçamos que o que parece marcar a habitualidade no exemplo acima é a locução adverbial, e não a marca do presente ou do imperfeito, se for assumido que tal locução denota habitualidade, o que não é tão claro. A partir de exemplos desse tipo, pode-se concluir que alguns verbos de estado são compatíveis com uma leitura habitual, se este for marcado por algum tipo de elemento sentencial iterativo.

tempo, mas sem marcação de aspecto gramatical. Esse é um ponto que fica em aberto para maiores investigações.

Segundo Van Valin (2005), um bom teste para se diferenciar os estados das demais classes é um tipo de estrutura de "pergunta e resposta" que evidencia a dinamicidade da situação. Como já mostramos, os verbos de estado são os únicos que não possuem essa propriedade aspectual. A ideia é que os verbos estativos, por serem estáticos, não podem formar sentenças que sejam adequadas para responder à pergunta *o que aconteceu*, que indica situações dinâmicas. Veja o teste com alguns verbos estativos:

(41) A: O que aconteceu?
    B: ??O João teve uma casa na praia[10].
(42) A: O que aconteceu?
    B: ??Este carro pertenceu ao José.
(43) A: O que aconteceu?
    B: ??A modelo coube na calça jeans número 34.
(44) A: O que aconteceu?
    B: ??O Paulo amou a Maria.

Esse teste separa os estados dos outros tipos aspectuais, pois verbos que denotam os outros três tipos de aspecto, atividade, como em (45), *accomplishment*, como em (46), e *achievement*, como em (47), ao contrário, podem formar sentenças que respondem adequadamente à pergunta acima:

(45) A: O que aconteceu?
    B: O Alex dançou balé no Metropolitan.
(46) A: O que aconteceu?
    B: O menino construiu um castelo de areia.
(47) A: O que aconteceu?
    B: O professor chegou na escola.

Concluindo, com as propriedades de *estatividade, duratividade* e *atelicidade* é possível se descrever a classe dos verbos de estado. Não se pode

---

10. Vamos indicar a propriedade de inadequação linguística com uma sequência de duas interrogações (??).

afirmar que esses verbos atualizam o aspecto gramatical perfectivo com a marca do pretérito perfeito, mas é certo que não atualizam o imperfectivo habitual e o imperfectivo contínuo com as marcas do presente e do imperfeito. O teste mais específico a ser utilizado para identificar esses verbos é a inadequação das sentenças em resposta à pergunta *o que aconteceu.*

4.1.2 Verbos de atividade

Os verbos de atividade denotam eventos em que há uma sucessão de fases e que requerem algum tipo de força para que continuem a acontecer, sendo geralmente caracterizados por um movimento. Essas características atribuem às atividades a propriedade de dinamicidade. São exemplos de atividades:

(48) *Chovia* em Manaus.
(49) O Alex *dançava* balé.
(50) O menino *bochechava* o chá de boldo.
(51) O cachorro *corria* atrás do gato.

Outra propriedade característica das atividades é a duratividade. Dessa forma, assim como no caso dos verbos de estado, é possível incluir sintagmas nas sentenças com verbos de atividade que medem a duração do evento:

(52) O Alex dançou balé *por duas horas.*
(53) Estava chovendo em Manaus *durante a tarde.*
(54) O menino bochechava o chá de boldo, *enquanto a irmã brincava.*

Ainda, os verbos que se encaixam nessa classe denotam situações atélicas que se estendem no tempo sem um resultado final determinado – novamente, como os estados; porém, diferem dos estados porque há uma dinamicidade no desenrolar da situação; por isso, são consideradas eventos. Nas atividades, qualquer fase do evento pode ser caracterizada do mesmo modo que o evento como um todo:

(55) e = Choveu em Manaus (das 12h às 15h).
   e_{t1} = Choveu em Manaus (das 12h às 13h).
   e_{t2} = Choveu em Manaus (das 13h às 14h).
   e_{tf} = Choveu em Manaus (das 14h às 15h).

O evento como um todo, ou seja, *chover em Manaus*, pode ser caracterizado do mesmo modo que o evento em um tempo 1, que pode ser caracterizado do mesmo modo que o evento em um tempo 2 e assim por diante. Ou seja, qualquer fase do evento de *chover em Manaus* é *chover em Manaus*. Pode-se observar essa relação para os outros exemplos também: qualquer fase do evento de *dançar balé* é *dançar balé*; qualquer fase do evento de *bochechar o chá de boldo* é *bochechar o chá de boldo*; e, finalmente, qualquer fase do evento de *correr atrás do gato* é *correr atrás do gato*.

A atelicidade desses verbos ainda pode ser evidenciada pela comparação dos exemplos:

(56) O menino bochechou o chá de boldo.
(57) O menino construiu um castelo de areia.

Para que a sentença com o verbo de atividade em (56) seja verdadeira é necessário apenas que o evento seja iniciado. Se o menino começar a bochechar o chá de boldo, a qualquer momento que ele decidir parar, a sentença *o menino bochechou o chá de boldo* será verdadeira. Diferentemente, para que uma sentença com um verbo télico, como no exemplo em (57), seja verdadeira, é necessário que o evento tenha atingido o seu ponto final. Imagine uma situação em que, no meio do evento descrito, o menino desistiu e pisoteou o castelo. Nessa situação, a sentença *o menino construiu um castelo de areia* será falsa.

Como se pode notar, verbos dessa classe aceitam tanto o aspecto perfectivo, como o imperfectivo (habitual e contínuo). O aspecto perfectivo, marcado pelo pretérito perfeito, é aceitável, já que as atividades podem ser descritas pelo ponto de vista perfectivo, global, com o intervalo de tempo indicando os pontos iniciais e finais:

(58) Choveu em Manaus.
(59) O Alex dançou balé.
(60) O menino bochechou o chá de boldo.
(61) O cachorro correu atrás do gato.

O aspecto imperfectivo também é atualizado, pois as atividades podem ser vistas por uma perspectiva imperfectiva, do ponto de vista interno, sem delimitação do intervalo de tempo. O habitual pode ser atualizado pelas formas do presente e do imperfeito, como em (62), e o contínuo é atualizado pela forma do imperfeito, como em (63), e pela forma da perífrase de gerúndio, como em (64):

(62) a. Chove/chovia muito em Manaus.
     b. O Alex dança/dançava balé.
(63) a. Chovia em Manaus na hora do jogo.
     b. O Alex dançava balé despreocupadamente naquela noite.
(64) a. Está chovendo em Manaus agora.
     b. O Alex estava dançando ontem à tarde.

Um teste eficaz para se diferenciar verbos que denotam atividades dos outros tipos aspectuais é o conhecido "paradoxo do imperfectivo", como aponta Dowty (1979). Esse teste evidencia a natureza atélica e dinâmica das atividades e consiste em formular uma sentença com o verbo no aspecto contínuo, marcado com a perífrase de gerúndio, e verificar se tal sentença acarreta uma sentença correspondente no aspecto perfectivo, marcado com o pretérito perfeito. O resultado esperado para verbos que denotam atividades é que a sentença com o aspecto contínuo marcado pela perífrase de gerúndio, no presente ou no passado, acarrete a sentença perfectiva, pois em qualquer parte da descrição contínua do evento está contido um mesmo evento acabado. Veja os exemplos:

(65) Está chovendo em Manaus. ⊢ Choveu em Manaus[11].
(66) O Alex está dançando balé. ⊢ O Alex dançou balé.

---

11. Relembrando, o símbolo ⊢ indica que há um acarretamento entre as sentenças e ~ ⊢ significa que não há acarretamento entre as sentenças (CANN, 1993).

(67) O menino estava bochechando o chá de boldo. ⊢ O menino bochechou o chá de boldo.

(68) O cachorro estava correndo atrás do gato. ⊢ O cachorro correu atrás do gato.

Note que para verbos que denotam *accomplishment*, como em (69), ou *achievement*, como em (70), não existe essa relação de acarretamento, pois essas classes, sendo télicas, precisam que o evento chegue a seu final para que seja reportado como ocorrido; e os estados, como já apontamos, não são compatíveis com a marca da perífrase de gerúndio, como em (71):

(69) O menino estava construindo um castelo de areia. ~ ⊬ O menino construiu um castelo de areia.

(70) O professor estava chegando na escola. ~ ⊬ O professor chegou na escola.

(71) *O João estava tendo uma casa na praia.

Portanto, as propriedades de *dinamicidade, dur4atividade* e *atelicidade* caracterizam os verbos pertencentes à classe das atividades. Esses verbos atualizam os aspectos gramaticais perfectivo, com a marca do perfeito, e imperfectivo (habitual e contínuo), com as marcas do presente, do imperfeito e da perífrase com gerúndio. Um bom método para se verificar a natureza dos verbos dessa classe é a aplicação do teste do paradoxo do imperfectivo.

4.1.3 Verbos de *accomplishment*

Os verbos que denotam *accomplishments* se caracterizam por descrever eventos dinâmicos. Assim como as atividades, os *accomplishments* são eventos não estáticos, e requerem algum tipo de força para que sejam iniciados e se mantenham em desenvolvimento. São exemplos de *accomplishments*:

(72) O menino *construiu* um castelo de areia.

(73) O pedreiro *azulejou* a parede do banheiro.

(74) O artista *modelou* o vaso.

(75) O bombeiro *desentupiu* a pia.

Diferentemente dos estados e das atividades, esses verbos denotam um evento em que se pode distinguir um início, um desenvolvimento do evento e um resultado bem delimitado, como mostram as sentenças acima. Veja o esquema temporal a partir do exemplo em (72):

(76) e = o evento de o menino construir um castelo de areia
e_{ti} = o momento em que o menino começa a construir o castelo de areia
e_{td} = o momento em que a construção do castelo está em desenvolvimento
e_{tf} = o momento em que o menino termina de construir o castelo de areia

Ou seja, o início do evento não é igual ao desenvolvimento do evento, que não é igual ao resultado do evento.

Com o esquema acima pode-se, portanto, afirmar que esses verbos são télicos, pois descrevem situações que chegam a um resultado final. Como apontamos na discussão sobre verbos de atividade, para que sentenças com verbos télicos sejam verdadeiras é necessário que o evento tenha atingido o seu ponto final. Ou seja, no exemplo em (72), para que a sentença *o menino construiu um castelo de areia* seja verdadeira, é necessário que o castelo tenha ficado pronto.

Outra característica dos *accomplishments* é serem durativos. Para todas as situações descritas pelos verbos abaixo, tem-se um período de tempo significativo que se estende desde o início até o ponto do resultado final do evento. Esse período de tempo, que explicita a duratividade dos verbos de *accomplishment*, pode ser evidenciado por meio de certos tipos de modificadores do verbo, delimitadores do ponto inicial e do ponto do resultado final do evento:

(77) O menino construiu um castelo de areia *em três horas*.
(78) O pedreiro azulejou a parede do banheiro *em um dia*.
(79) O artista modelou o vaso *em duas horas*.
(80) O bombeiro desentupiu a pia *em meia hora*.

Os verbos de *accomplishment* atualizam os aspectos gramaticais perfectivo (com a marca do perfeito) e imperfectivo contínuo (com as marcas do imperfeito e da perífrase de gerúndio) como mostramos nos exemplos em (a), (b) e (c) a seguir, respectivamente. Entretanto, não atualizam o aspecto habitual com as marcas do presente e do imperfeito, apresentando a interpretação habitual somente em um tipo de aspecto derivado, como mostraremos à frente. Como os verbos dessa classe denotam um evento em que há um resultado final em um ponto bem delimitado, parece existir uma maior compatibilidade com o aspecto gramatical perfectivo:

(81) a. O menino construiu um castelo de areia.
   b. O menino construía um castelo de areia despreocupadamente.
   c. O menino está construindo um castelo de areia.
(82) a. O pedreiro azulejou a parede do banheiro.
   b. O pedreiro azulejava a parede do banheiro com rapidez.
   c. O pedreiro está azulejando a parede do banheiro.
(83) a. O artista modelou o vaso.
   b. O artista modelava o vaso cuidadosamente.
   c. O artista está modelando o vaso.
(84) a. O bombeiro desentupiu a pia.
   b. O bombeiro desentupia a pia animadamente.
   c. O bombeiro está desentupindo a pia.

Dowty (1979), baseado em Morgan (1969), evidencia o esquema temporal dos *accomplishments* com um teste muito conhecido na literatura: a ambiguidade de escopo em sentenças acrescidas do advérbio *quase*. Esse teste diferencia *accomplishments* de atividades e de *achievements*. Os *accomplishments* são chamados de "eventos complexos", pois são compostos de diferentes subeventos: a ação, que seria o início da situação, o primeiro subevento, e o resultado dessa ação, que seria o final da situação, ou o ponto télico, o segundo subevento. Assim, quando verbos de *accomplishment* se compõem em uma sentença com o advérbio *quase*, é gerada uma ambiguidade, que decorre das diferentes possibilidades de escopo desse advérbio: ele pode incidir sobre qualquer um dos subeventos constituintes do evento maior. Com atividades e *achievements* não ocorre ambiguidade em sentenças com *quase*, pois esses tipos de evento não são compostos por subeventos; assim, o advérbio apresenta apenas uma possibilidade de escopo.

Com estados, não é possível aplicar esse teste, pois este diz respeito apenas a eventos. Veja os exemplos:

(85) O menino quase construiu um castelo de areia.
(86) O pedreiro quase azulejou a parede do banheiro.
(87) O artista quase modelou o vaso.
(88) O bombeiro quase desentupiu a pia.

De acordo com Morgan (1969) e Dowty (1979), os diferentes escopos do advérbio *quase* podem gerar as seguintes interpretações para sentenças com verbos de *accomplishment*:

a) havia a intenção de um agente de realizar determinada ação, mas esse agente mudou de ideia e não fez absolutamente nada[12];

b) um agente começou a realizar determinada ação, mas não terminou, ou seja, não atingiu o ponto final.

Como aponta Morgan (1969), essas diferentes leituras podem ser evidenciadas através das paráfrases possíveis para cada uma. Abaixo, as paráfrases em (b) evidenciam a leitura em a) acima: o agente nem iniciou a ação, e as paráfrases em (c) evidenciam a leitura em b) acima: o agente inicia a ação, mas não conclui e não atinge o ponto final:

(89) a. O menino quase construiu um castelo de areia.
     b. O que o menino quase fez foi construir um castelo de areia.
     c. O que o menino fez foi quase construir um castelo de areia.
(90) a. O pedreiro quase azulejou a parede do banheiro.
     b. O que o pedreiro quase fez foi azulejar a parede do banheiro.
     c. O que o pedreiro fez foi quase azulejar a parede do banheiro.
(91) a. O artista quase modelou o vaso.
     b. O que o artista quase fez foi modelar o vaso.
     c. O que o artista fez foi quase modelar o vaso.
(92) a. O bombeiro quase desentupiu a pia.
     b. O que o bombeiro quase fez foi desentupir a pia.
     c. O que o bombeiro fez foi quase desentupir a pia.

---

12. A aplicação do teste do *quase* torna-se problemática com verbos de *accomplishment* que não têm sujeitos agentes, como no caso de *cansar* (*o exercício físico cansou o treinador*), por causa da necessidade da agentividade para a interpretação intencional.

Diferentemente, verbos que denotam atividades, como em (93), e *achievements*, como em (94), não apresentam essa ambiguidade. Nas sentenças abaixo, a única interpretação possível é a de que o evento não ocorreu, nem foi iniciado:

(93) O Alex quase dançou balé. ⊢ Ele nem começou a dançar.
(94) O professor quase chegou na escola. ⊢ Ele não chegou.

Ainda outro teste, com expressões temporais, pode ser usado para separar os *accomplishments* das atividades. De acordo com Dowty (1979), atividades, por serem atélicas, aceitam a adjunção de expressões tais como *por/durante x tempo*, que denotam um intervalo temporal sem estabelecer fronteiras necessárias, como mostram os exemplos em (95) a (98); os *accomplishments*, por serem télicos, compõem-se com expressões do tipo *em x tempo*, que denotam um intervalo temporal com um ponto final determinado, como os exemplos em (99) a (102):

(95) Choveu em Manaus durante três dias/*em três dias.
(96) A Daniela dançou balé por dez anos/*em dez anos.
(97) O menino bochechou o chá de boldo por cinco minutos/?em cinco minutos.
(98) O cachorro corria atrás do gato durante a noite/*em 1 hora.
(99) O menino construiu um castelo de areia em três horas/*por três horas.
(100) O pedreiro azulejou a parede do banheiro em uma semana/*por uma semana.
(101) O artista modelou o vaso em duas horas/*por duas horas.
(102) O bombeiro desentupiu a pia em 1 hora/*por uma hora.

É importante realçar que, como mostra Dowty (1979), verbos de *accomplishment* que denotam mudança de estado aceitam, também, a expressão temporal *por x tempo*; entretanto, essa expressão tem escopo sobre o estado final resultante do evento, e não sobre o evento. Veja um exemplo, como no caso do verbo *abrir*:

(103) A moça abriu a janela por meia hora.

Em (103), o sintagma *por meia hora* está indicando o tempo em que a janela ficou aberta, e não o tempo que a moça levou para abrir a janela.

Concluindo, pode-se afirmar que *dinamicidade, duratividade* e *telicidade* são propriedades que caracterizam os verbos pertencentes à classe dos *accomplishments*. Esses verbos atualizam os aspectos gramaticais perfectivo (com a marca do perfeito) e imperfectivo contínuo (com as marcas do imperfeito e da perífrase de gerúndio). *Accomplishments* podem ser identificados mais facilmente através da ambiguidade em sentenças com o advérbio *quase* e da compatibilidade com expressões do tipo *em x tempo* (ao contrário das atividades, compatíveis com expressões do tipo *por/durante x tempo*).

4.1.4 Verbos de *achievement*

Assim como as atividades e os *accomplishments*, os *achievements* também são dinâmicos, portanto, eventivos. As situações descritas por esses verbos envolvem algum tipo de força para que sejam iniciadas e envolvem um tipo de mudança que ocorre em um único intervalo de tempo. Exemplos de *achievement* são os verbos a seguir:

(104) O vaso de planta *caiu*.
(105) O professor *chegou* na escola.
(106) O pobre homem *morreu*.
(107) A cerveja *gelou*.

Por atingirem um resultado final, os *achievements* são caracterizados como télicos, assim como os *accomplishments*. Somente quando o ponto final do evento é atingido é que sentenças com esses verbos se tornam verdadeiras. Em *o vaso de planta caiu*, somente ao se ter um vaso caído a sentença se torna verdadeira; em *o professor chegou na escola*, somente com a chegada do professor à escola a sentença se torna verdadeira; em *o pobre homem morreu*, somente na hora em que o homem estiver morto a sentença será verdadeira; e em *a cerveja gelou*, somente no momento em que a cerveja estiver gelada é que haverá uma sentença verdadeira.

Portanto, pode-se perceber que *achievements* e *accomplishments* são idênticos em relação à dinaminicidade e à telicidade. Para se diferenciar os

achievements dos *accomplishments*, Dowty (1979) aponta como propriedade a complexidade do evento. Como já mostramos, os *accomplishments*
apresentam o que a literatura identifica como "subeventos", ou seja, *accomplishments* são eventos complexos que se compõem de um evento menor
de ação (o ponto inicial) e de um evento menor de resultado (o ponto
final)[13]. Os *achievements*, por sua vez, apresentam apenas o evento menor
de resultado, sendo eventos simples e ininterruptos, não compostos por
subeventos. Para Dowty (1979), apenas os *accomplishments* possuem essa
característica de subeventualidade. As atividades podem ser vistas como
eventos simples compostos apenas do ponto inicial e da continuidade da
situação e os estados não são considerados eventos, não sendo, portanto,
divisíveis em subeventos.

Retomando o teste do *quase*, aplicado acima para os verbos de *accomplishment*, é possível explicitar a ausência de subeventos nos verbos de
achievement. Como já apontamos, quando verbos de *accomplishment* se
compõem em uma sentença com o advérbio *quase*, é gerada uma ambiguidade, que decorre das diferentes possibilidades de escopo desse advérbio,
que pode incidir sobre qualquer um dos subeventos. Com os *achievements*
não ocorre tal ambiguidade, pois esses tipos de evento não são compostos
por subeventos. Veja os exemplos:

(108) O professor quase chegou na escola.
(109) O pobre homem quase morreu.

As sentenças em (108) e (109) apresentam apenas uma leitura: a de que
o professor não chegou à escola e a de que o homem não morreu, evidenciando assim que esse tipo de verbo não denota um evento complexo. Essa
é a distinção básica entre *accomplishments* e *achievements*: ambas as classes
são dinâmicas e télicas, porém se distinguem em relação à complexidade

---

13. Em uma estrutura semântica de decomposição de predicados, como propõe Dowty
(1979), ou em uma estrutura com as Qualias de Pustejovsky (1995), fica evidente esse esquema temporal. Mostraremos o esquema da decomposição de predicados no próximo capítulo.

do evento descrito; *accomplishments* são eventos complexos, compostos de dois subeventos, e *achievements* são eventos simples, compostos por apenas um evento.

Ainda, pode-se apontar que os verbos da classe dos *achievements* denotam eventos que se destacam dos demais por não possuírem uma durati-vidade; denotam eventos que atingem imediatamente um ponto final. Por isso, tais verbos são considerados pontuais, na literatura. A característica pontual desses verbos pode ser explicitada através da combinação destes com sintagmas do tipo *às x horas*, que denotam um ponto único no tempo, em que a situação ocorreu:

(110) O professor chegou na escola *às nove horas, pontualmente.*
(111) O pobre homem morreu *às sete horas, exatamente.*

Entretanto, entendemos que a identificação dessa propriedade apresenta alguns problemas. Na literatura, a pontualidade é definida como caracterís-tica de uma situação instantânea, que não tem nenhuma duração. Não nos parece, contudo, que esse seja o caso de todos os verbos de *achievement* ou de todos os usos desses verbos. Note que existe também a possibilidade de esses verbos se combinarem com expressões do tipo *em x tempo*, que denotam a duração da situação no tempo, como ocorre no caso dos *accomplishments*; o próprio verbo *morrer* do exemplo em (111) pode ilustrar essa duração:

(112) O pobre homem morreu *em pouco mais de um minuto.*

Podem também exemplificar esse caso verbos classificados como *achie-vements* que parecem nem aceitar a expressão da pontualidade:

(113) A cerveja gelou *em duas horas*/?às sete horas exatamente
(114) A banana amadureceu *em três dias*/?às sete horas exatamente

De acordo com Travaglia (1985), Smith (1997), entre outros, é possível que se argumente que situações pontuais de fato não existam, na medida em que qualquer situação tem alguma duração, por menor que seja. Por exemplo, verbos como *explodir* e *estourar*, caracterizados como *achievements*, descrevem eventos instantâneos, que podem ser vistos como situações com durações extremamente pequenas. Já verbos como os acima, *gelar* e *amadurecer*, também considerados *achievements*, não descrevem processos imediatos; existe uma duração maior entre o desenrolar do processo e o resultado final. Verbos desse tipo são chamados na literatura de *degree achievements*[14].

Assim, consideramos que a distinção *duratividade* x *pontualidade* não é a mais adequada para caracterizar as classes aspectuais. Como propõe Smith (1997), pode-se substituir essa distinção por *ausência de intervalos internos* x *presença de intervalos internos*. A autora propõe que *achievements* se caracterizam por apresentar ausência de intervalos internos; são verbos que descrevem uma situação ininterrupta, composta de apenas um intervalo, sem que isso implique necessariamente a propriedade de *ser pontual*, ou seja, tal intervalo único pode ter alguma duração. Será, então, essa propriedade a relevante para a distinção dos *achievements* em relação às outras classes aspectuais. Verbos de estado, de atividade e de *accomplishment* descrevem situações com intervalos internos, que podem ser interrompidas no curso de um desses intervalos.

Para se evidenciar a ausência de intervalos nos *achievements*, mostramos um teste, proposto por Dowty (1979), que identifica a agramaticalidade de sentenças com a expressão *parar de*. Como essa classe aspectual se caracteriza por apresentar ausência de intervalos internos, as situações descritas por esses verbos não podem ser interrompidas em seu curso:

(115) *O vaso de planta parou de cair.
(116) *O professor parou de chegar na escola.
(117) *O pobre homem parou de morrer.
(118) *A cerveja parou de gelar.

Os verbos das outras três classes, estados, atividades e *accomplishments*, são compatíveis com essa expressão, pois as situações denotadas por eles apresentam intervalos internos, podendo ser interrompidas:

---

14. Sobre esses verbos, cf. Dowty (1979) e Givón (1984).

(119) O João parou de amar a Maria.
(120) O Alex parou de dançar balé.
(121) O menino parou de construir o castelo de areia.

Em relação ao aspecto gramatical, pode-se notar que os verbos de *achievement* atualizam o aspecto perfectivo, com a marca do perfeito, como nos exemplos de (122) a (125) abaixo, mas não atualizam o aspecto imperfectivo habitual apenas com a marca do presente ou do imperfeito, como mostra a estranheza das sentenças de (126) a (129) (mostraremos à frente que esses verbos com outras marcas de habitualidade dão origem a um aspecto derivado):

(122) O homem caiu do prédio.
(123) O professor chegou na escola.
(124) O pobre homem morreu.
(125) A cerveja gelou.
(126) ?O homem cai/caía do prédio.
(127) ?O professor chega/chegava na escola.
(128) ?O pobre homem morre/morria.
(129) ?A cerveja gela/gelava.

O aspecto imperfectivo contínuo, com as marcas do imperfeito e do gerúndio, apenas são atualizados com verbos de *achievement* quando estes descrevem situações com uma duração maior no tempo, os chamados *degree achievements*. Nos exemplos abaixo, o contínuo é atualizado pelo pretérito imperfeito e pela marca do gerúndio (sem a perífrase em (130b) e com a perífrase em (131b)):

(130) a. O vaso caía do quinto andar lentamente.
　　　 b. O cinegrafista filmou o vaso caindo do quinto andar.
(131) a. A cerveja gelava no freezer.
　　　 b. A cerveja estava gelando muito devagar.

Como já realçamos, os *achievements* que descrevem ou podem descrever situações mais pontuais, ou instantâneas, apresentam uma leitura de iminência do evento na perífrase de gerúndio, ou seja, uma leitura de que a situação está prestes a acontecer[15]:

(132) O professor está chegando na escola; aguardem!
(133) O pobre homem está morrendo, a qualquer hora ele partirá desta para melhor.

Pode-se, então, afirmar que *dinamicidade, telicidade, não complexidade do evento* e *ausência de intervalos* são propriedades que caracterizam os verbos pertencentes à classe dos *achievements*. Esses verbos atualizam os aspectos gramaticais perfectivo, com a marca do perfeito, e o imperfectivo contínuo, com as marcas do imperfeito e do gerúndio, mas não atualizam o aspecto habitual somente com as marcas do presente e do imperfeito. Pode-se identificar os verbos dessa classe através da agramaticalidade das sentenças com a expressão *parar de*.

4.1.5 Quadro das propriedades

Para concluir a descrição das classes aspectuais de Vendler (1967), o que chamamos de aspecto básico, apresentamos um quadro, baseado em Verkuyl (1989), que propõe a caracterização das classes aspectuais por meio de traços binários, e nas propriedades definidoras das classes aspectuais que aqui apresentamos, propostas por Vendler (1967), Comrie (1976), Dowty (1979) e Smith (1997). As quatro classes são caracterizadas em termos das propriedades *dinamicidade* ([+/- dinâmico]), *presença ou ausência de intervalos internos* ([+/- intervalo]) e *telicidade* ([+/- télico]).

---

15. Para autores como Travaglia (1985), essa interpretação faz parte de um tipo de aspecto "não começado", que indicaria a fase anterior ao início da situação. O autor, porém, questiona se essa propriedade semântica seria de fato uma distinção aspectual. Cf. tb. Rothstein (2004) e Wachowicz e Foltran (2006).

Classe	Dinâmico	Intervalo	Télico
Estados	-	+	-
Atividades	+	+	-
Accomplishments	+	+	+
Achievements	+	-	+

4.2 Aspecto derivado

Seguindo Smith (1997), vamos assumir que a classe aspectual de um verbo pode ser alterada, se forem mudadas algumas das propriedades sintáticas das sentenças em que este se apresenta. Com isso, estamos propondo que os verbos devem ser classificados como tendo um aspecto lexical básico, embora, em um nível derivado, dependendo de certas propriedades sentenciais, o mesmo verbo possa adquirir outra leitura aspectual. Os mesmos testes utilizados para a identificação do aspecto básico podem ser usados para a identificação do aspecto derivado[16].

4.2.1 *Achievements* derivados de estados

Os verbos de estado, como foi visto, descrevem situações estáticas, em que não ocorre nenhuma mudança, não atualizando o aspecto habitual e o aspecto contínuo com as marcas do imperfeito e do presente, apesar de formarem sentenças gramaticais com essas marcas. A marca da perífrase de gerúndio nesses verbos, geralmente, dá origem a sentenças agramaticais. Entretanto, alguns verbos desse tipo podem ocorrer com essa marca em

16. Filip (2012) propõe uma divisão básica entre forma aspectual, classe aspectual e aspecto lexical. Para a autora, a forma aspectual está relacionada ao aspecto gramatical, que é marcado na morfossintaxe do verbo; a classe aspectual é o aspecto que estamos aqui chamando de aspecto derivado, ou seja, é o aspecto composicional derivado do verbo e seus argumentos, junto com outras marcas, na sentença; por fim, o aspecto lexical é o que chamamos aqui de aspecto básico, é o aspecto lexicalmente marcado no verbo.

português, mas, nesses casos, a interpretação não é de continuidade. O que se percebe é que construções desse tipo passam a ter uma interpretação de mudança de estado, como se exemplifica a seguir:

(134) A modelo está cabendo na calça jeans número 34 (antes a modelo não cabia na calça jeans número 34 e agora ela cabe).
(135) O Paulo está amando a Maria (antes o Paulo não amava a Maria e agora ele a ama).

Pode-se notar que nos exemplos acima há um resultado final em cada caso, *a modelo passa a caber na calça jeans número 34*, em (134), e *o Paulo passa a amar a Maria*, em (135). Os verbos de estado podem ter, portanto, quando aceitam a marca da perífrase de gerúndio, ao invés de uma leitura estativa, uma leitura de mudança para um estado denotado pelo verbo em sua forma aspectual básica. Então, tem-se um primeiro exemplo da alteração de um verbo que, com aspecto básico de estado, adquire uma leitura de *achievement*, seu aspecto derivado, quando marcado para um aspecto gramatical não atualizado em sua forma básica.

Para se evidenciar essa propriedade é possível aplicar o teste para a identificação de *achievements*. Os verbos com o aspecto derivado de *achievement* não aceitam a expressão *parar de*:

(136) *A modelo está parando de caber na calça jeans número 34.
(137) *O Paulo está parando de amar a Maria.

Vale realçar que esses verbos, na sua forma aspectual básica, sendo estados, aceitam a expressão *parar de* devido à presença de intervalos internos:

(138) A modelo parou de caber na calça jeans número 34.
(139) O Paulo parou de amar a Maria.

Vendler (1967) aponta ainda que no inglês essa mudança do verbo, de estado para *achievement*, ocorre com a forma verbal do presente, combinada com certos advérbios: *now I know it!*, literalmente "agora eu sei isso", mas que também pode ser traduzido para o português como *agora eu estou sabendo isso*. Esse tipo de *achievement*, derivado de verbos de estado, indica, segundo Vendler (1967), o início do estado denotado pelo verbo. Não entraremos em detalhes, mas nos parece que, também em português, o presente, junto com o advérbio *agora*, pode resultar em uma interpretação de mudança de estado:

(140) Agora a modelo cabe na calça jeans número 34 (antes ela não cabia).
(141) Agora o Paulo ama a Maria (antes ele não amava).

4.2.2 *Accomplishments* derivados de atividades e atividades derivadas de *accomplishments*

Como amplamente aceito na literatura desde os trabalhos iniciais de Tenny (1987) e Verkuyl (1989), a natureza dos complementos dos verbos interfere na interpretação aspectual da sentença. Os verbos de atividade, no aspecto gramatical perfectivo e com complementos contáveis que denotam entidades, passam a ter uma leitura télica, tendo a sentença uma leitura derivada de *accomplishment*:

(142) O Alex dançou um ato inteiro da peça.
(143) O menino bochechou uma xícara de chá de boldo.
(144) O atleta correu uma maratona inteira.

Pode-se evidenciar o aspecto de *accomplishment* dos exemplos de (142) a (144) com a adjunção da expressão *em x tempo*, característica desse tipo de aspecto:

(145) O Alex dançou um ato inteiro da peça em três horas.
(146) O menino bochechou uma xícara de chá de boldo em cinco minutos.
(147) O atleta correu uma maratona inteira em duas horas.

Por outro lado, se for alterado o tipo do complemento de verbos de *accomplishment* e se o verbo estiver no aspecto imperfectivo, tem-se o inverso. Verbos de *accomplishment*, no aspecto imperfectivo e com complementos que denotam grupos ou tipos de entidades, passam a ter uma leitura atélica, sendo, portanto, atividades derivadas:

(148) O pedreiro azuleja/azulejava paredes de banheiro.
(149) O artista modela/modelava vasos.
(150) O bombeiro desentope/desentupia pias.

Aplicando o teste do paradoxo do imperfectivo nas sentenças que apresentam o aspecto lexical de atividade de uma forma derivada, também se tem o acarretamento esperado:

(151) O pedreiro está/estava azulejando paredes de banheiro. ├ O pedreiro azulejou paredes de banheiro.
(152) O artista está/estava modelando vasos. ├ O artista modelou vasos.
(153) O bombeiro está/estava desentupindo pias. ├ O bombeiro desentupiu pias.

Ainda, os exemplos de (148) a (150) aceitam a expressão *por/durante x tempo*, característica de atividades:

(154) O pedreiro azuleza/azulejava paredes de banheiro por horas.
(155) O artista modela/modelava vasos durante toda a tarde.
(156) O bombeiro desentope/desentupia pias durante sua folga.

Um fato interessante a apontar é que *accomplishments*, mesmo sem objetos genéricos, também podem se tornar atividades derivadas com as marcas de aspecto habitual do presente e do imperfeito, acrescidas de modificadores do tipo *todos os dias*:

(157) O pedreiro azuleja/azulejava a parede do banheiro todos os dias.
(158) O artista modela/modelava o vaso todas as tardes.
(159) O bombeiro desentope/desentupia o esgoto nos finais de semana.

Não é possível se evidenciar esse tipo de aspecto pelo paradoxo do imperfectivo, já que a marca que altera o aspecto é exatamente a marca temporal/aspectual. Mas pode-se constatar que sentenças desse tipo aceitam expressões durativas, do tipo *por/durante x tempo*, características de atividades:

(160) a. Do começo do ano até hoje, o pedreiro azuleja a parede do banheiro todos os dias.
   b. Durante as férias, o pedreiro azulejava a parede do banheiro todos os dias.
(161) a. Do começo do ano até hoje, o artista modela o vaso todas as tardes.
   b. Durante as férias, o artista modelava o vaso todas as tardes.
(162) a. Do começo do ano até hoje, o bombeiro desentope o esgoto nos finais de semana.
   b. Durante as férias, o bombeiro desentupia o esgoto todos os dias.

Finalmente, pode-se constatar, nesses casos, a propriedade de atelicidade, já que as sentenças não descrevem situações que necessariamente chegam a um resultado final.

4.2.3 *Achievements* derivados de *accomplishments* e *accomplishments* derivados de *achievements*

Os verbos conhecidos como "verbos de mudança de estado" descrevem uma mudança para um estado final (McCAWLEY, 1968a; LAKOFF, 1970; DOWTY, 1979; PARSONS, 1990). Uma propriedade de natureza sintática que agrupa os verbos nessa classe é a possibilidade de alternância entre uma forma transitiva e uma forma intransitiva, a conhecida alternância causativo-incoativa, que já mencionamos nos capítulos anteriores. Por exemplo, o verbo *quebrar*, que é de mudança de estado, pode apresentar as duas formas sintáticas:

(163) a. Os vândalos quebraram o vidro do carro.
   b. O vidro do carro (se) quebrou.

O que é interessante nessa alternância sintática, em relação à nossa análise aspectual, é que esses verbos, ao alternarem a sua transitividade, também alternam o aspecto lexical. Na sentença transitiva tem-se um verbo dinâmico, télico, complexo e composto de intervalos internos, portanto, um *accomplishment*. Já na sentença intransitiva tem-se um verbo dinâmico, télico, porém não complexo e composto de apenas um intervalo interno, o que o classifica como um *achievement*[17]. Um teste para se evidenciar essa classificação é a agramaticalidade com a expressão *parar de* da sentença intransitiva em (165), que denota um *achievement*, em oposição à gramaticalidade da sentença em (164), que denota um *accomplishment*:

(164) Os vândalos pararam de quebrar o vidro do carro quando a polícia chegou.
(165) *O vidro do carro parou de (se) quebrar quando a polícia chegou.

Existem também verbos intransitivos considerados basicamente incoativos, ou seja, descrevem apenas o ponto final da mudança de estado, que sofrem a alternância incoativo-causativa, no sentido inverso ao que ocorre com os verbos do tipo de *quebrar* (CANÇADO & AMARAL, 2010); são verbos intransitivos que possuem uma forma alternada transitiva[18]. Um exemplo seria *gelar*:

(166) a. A cerveja gelou.
       b. O freezer gelou a cerveja.

---

17. As estruturas de decomposição de predicados primitivos, já mostradas por Dowty (1979) e que serão mostradas para o português no próximo capítulo, deixam clara essa alternância aspectual.

18. Evidência de que se trata de uma alternância inversa é a ausência da marca do clítico *se* nesses casos: *o vidro se quebrou/*a cerveja se gelou*. Segundo Haspelmath (1993), as formas marcadas morfossintaticamente são derivadas. Cf. Cançado e Amaral (2010) e Cançado et al. (2013a). Retomaremos a discussão sobre essas alternâncias no Capítulo 5.

Em (166a), o verbo *gelar*, como já apontamos, tem o aspecto lexical básico de *achievement*, pois é télico, dinâmico, não complexo e sem intervalos internos. Quando esse verbo sofre uma alternância e se torna transitivo, torna-se um *accomplishment*, apresentando um aspecto lexical derivado: é télico, dinâmico, porém, complexo e com intervalos internos. Também nesse caso, essas classificações parecem ser evidenciadas através do teste com *parar de*:

(167) a. *A cerveja parou de gelar.
      b. O freezer parou de gelar a cerveja.

4.2.4 Estados derivados de *accomplishments*, de atividades e de *achievements*

Ainda existe outro tipo de alternância, conhecida como "alternância medial"[19], que pode ser entendida como uma mudança de aspecto lexical. Nessa alternância, alguns verbos transitivos de *accomplishment*, como em (168), ou de atividade, como em (169), podem ter uma forma intransitiva, com o complemento da transitiva ocupando a posição de sujeito. Na literatura em geral, assume-se que essas construções apresentam uma forma genérica e são marcadas pelo tempo presente e pela inclusão de alguns tipos de modificadores, além de argumentos do verbo que tenham referência genérica:

(168) Casca de ovo quebra fácil (durante o cozimento).
(169) Cabelo liso penteia fácil (durante o banho).

Segundo Keyser e Roeper (1984), as sentenças mediais sempre denotam estados. Nas sentenças acima, comprovando a ideia dos autores, os verbos *quebrar* e *pentear* assumem uma leitura estativa, atribuindo propriedades aos sujeitos das sentenças. Note que as sentenças mediais aceitam

---

19. Cf. sobre o tema Keyser e Roeper (1984) e, em português, Souza (1999).

expressões do tipo *por/durante x tempo*. Essa marca de duração exclui a possibilidade de esses verbos exprimirem os aspectos de *accomplishment* ou *achievement*, pois esses tipos aspectuais télicos não aceitam tais expressões temporais. Entretanto, a marca temporal *por/durante x tempo* ainda pode se combinar com verbos de atividade e de estado. Resta-nos, então, mostrar que as sentenças acima não podem ser atividades. Veja a aplicação do paradoxo do imperfectivo (adaptado com a forma imperfectiva do presente e com as formas perfectivas do perfeito) nos exemplos a seguir[20]:

(170) Casca de ovo quebra fácil. ~ $\vdash$ Uma casca de ovo quebrou.
(171) Cabelo liso penteia fácil. ~ $\vdash$ Um cabelo liso foi penteado.

Como também o aspecto de atividade não é evidenciado nos exemplos, pode-se concluir que os verbos *quebrar* e *pentear* apresentam o aspecto derivado de estado nas sentenças em (168) e em (169).

Ainda, mesmo sem a ocorrência da alternância medial, se a flexão verbal for a de presente, com argumentos de referência genérica, verbos das classes de atividades, como em (172), *accomplishments*, como em (173), e *achievements*, como em (174), também podem apresentar uma leitura de genericidade, associada à atribuição de uma propriedade ao sujeito. Veja os exemplos:

(172) Menina dança com qualquer música (durante a infância).
(173) Menino constrói castelo de areia (durante a infância).
(174) Menino cai facilmente (durante a infância).

As mesmas evidências das sentenças mediais podem ser mostradas nesses exemplos. A expressão temporal *por/durante x tempo* é aceita pelos três tipos de verbos, como mostrado nos exemplos acima. E o teste do paradoxo do imperfectivo também exclui a possibilidade de descreverem atividades:

20. Note que, mesmo em um aspecto imperfectivo marcado pelo presente, as atividades acarretam que o evento ocorreu, ou seja, acarretam a forma perfectiva: *chove em Manaus* $\vdash$ *choveu em Manaus*; *o Alex dança balé* $\vdash$ *o Alex dançou balé*.

(175) Menina dança com qualquer música. ~ ⊢ Uma menina dançou.
(176) Menino constrói castelo de areia. ~ ⊢ Um menino construiu um castelo de areia.
(177) Menino cai facilmente. ~ ⊢ Um menino caiu.

Com essas evidências, constata-se que também nessas ocorrências tem-se um tipo de aspecto derivado de estado, em que o verbo atribui propriedades aos sujeitos das sentenças.

4.2.5 Atividades derivadas de *achievements*

Como mostramos, os *achievements* não atualizam o aspecto habitual. Entretanto, se alguns desses verbos ocorrerem com as formas do imperfeito e do presente, denotando um processo reversível ou apresentando um sujeito plural, acrescidas de modificadores que denotem repetição, habitualidade, tem-se uma leitura aspectual derivada de atividade:

(178) Esse vaso de planta cai/caía todas as tardes.
(179) Pessoas morrem/morriam no hospital todos os dias.

Um teste que evidencia a característica de atividade dessas sentenças é o paradoxo do imperfectivo:

(180) Esse vaso de planta estava caindo toda tarde. ⊢ Esse vaso de planta caiu.
(181) Pessoas estavam morrendo no hospital todos os dias. ⊢ Pessoas morreram.

Finalizando, o que se conclui a partir de todos os exemplos da seção 4.2 é que se pode postular dois níveis de aspecto, um lexical e outro sentencial, atestando a existência de uma alternância aspectual, sensível ao sentido específico dos verbos e a propriedades gramaticais específicas presentes nas sentenças.

5 OUTRAS OBSERVAÇÕES

5.1 Verbos semelfactivos

Além das quatro classes propostas por Vendler (1967), foi proposta também na literatura uma quinta classe aspectual: a dos semelfactivos. Smith

(1997) parece ter sido quem primeiro apontou a existência de tal classe[21]. De acordo com a autora, esses verbos podem ser classificados a partir das propriedades de dinamicidade, atelicidade e pontualidade. Apresentamos alguns exemplos:

(182) O Fábio *tossiu.*
(183) A Mariana *pulou.*

Utilizando os testes propostos é possível verificar as propriedades aspectuais presentes nesses verbos. Primeiramente, a dinamicidade pode ser evidenciada através do teste da pergunta *o que aconteceu*:

(184) A: O que aconteceu?
    B: O Fábio tossiu.
(185) A: O que aconteceu?
    B: A Mariana pulou.

A atelicidade pode ser testada através do paradoxo do imperfectivo:

(186) O Fábio estava tossindo. $\vdash$ O Fábio tossiu.
(187) A Mariana estava pulando. $\vdash$ A Mariana pulou.

Entretanto, a pontualidade não é confirmada, pois verbos desse tipo aceitam expressões que descrevem duração, do tipo *por/durante x tempo*:

(188) O Fábio tossiu por muitos dias.
(189) A Mariana pulou por uma hora.

Pode-se questionar, dessa forma, a classificação de Smith (1997) de que esses verbos seriam pontuais. Entretanto, o que autores como Smith (1997), Rothstein (2004) e outros argumentam é que a interpretação desses verbos que torna as sentenças em (188) e (189), com expressões do tipo *por/durante x tempo*, gramaticais é de um único evento pontual sendo repetido e as repetições podem se prolongar no tempo. Vale notar que os verbos

---

21. A autora aponta que Vendler (1967) e Dowty (1979) tratam esses verbos como uma subclasse atélica de verbos de *achievement*.

de *achievement* pontuais em seu aspecto derivado de atividade, como em (190) e (191), também ocorrem com expressões durativas:

(190) Os alunos chegavam atrasados durante as primeiras semanas de aula.
(191) Bombas explodiram por horas na região do ataque.

O que nos parece, então, é que os verbos de *achievement* podem ter uma leitura aspectual derivada quando compostos na sentença com marcadores que indicam duratividade. Porém, os verbos semelfactivos já trazem lexicalmente a informação de que o evento pontual pode ocorrer repetidas vezes.

Considerando essa repetição de um evento pontual, e como esses verbos aceitam expressões do tipo *por/durante x tempo*, pode-se classificá-los como durativos e, assim, eles poderiam ser classificados também como verbos de atividade, que são dinâmicos, atélicos e durativos. Ainda, a ocorrência desses verbos com a expressão *parar de* não gera sentenças agramaticais, o que mostra que, diferentemente dos *achievements*, eles possuem intervalos internos:

(192) O Fábio parou de tossir.
(193) A Mariana parou de pular.

Autores como Levin (1999) e Harley (2005) argumentam que realmente não existe uma quinta classe aspectual dos semelfactivos e que esses verbos podem ser classificados como atividades. Entretanto, Smith (1997), Rothstein (2004) e outros autores notam que, ao contrário das atividades, os semelfactivos podem de fato ter uma interpretação pontual. Ou seja, esses verbos não denotam somente a repetição de um evento pontual, mas são ambíguos entre uma leitura de realização de um único evento pontual e uma leitura de realização de um evento pontual repetidas vezes. Os verbos *tossir* e *pular* poderiam descrever eventos em que se tosse uma única vez (uma única tossida) ou em que se pula uma única vez (um único pulo):

(194) O Fábio tossiu uma única vez.
(195) A Mariana pulou uma única vez.

Rothstein (2004) argumenta que, por terem essa leitura pontual, os semelfactivos, quando ocorrem com a expressão *às x horas*, têm uma interpretação distinta das atividades:

(196) O Fábio tossiu às 19:48h.
(197) A Mariana pulou às 14:57h.

Ao contrário das atividades, os semelfactivos nas sentenças em (196) e (197) denotam eventos que se desenrolaram completamente no período de tempo descrito. A expressão *às x horas*, quando composta com verbos de atividade, denota apenas o momento inicial do evento:

(198) Choveu em Manaus às 14:57h.
(199) O Alex dançou balé às 19:52h.
(200) O menino bochechou o chá de boldo às 12:00h.
(201) O cachorro correu atrás do gato às 13:30h.

Rothstein (2004) mostra também que, em inglês, os semelfactivos aceitam *em x tempo*. Porém, em português, esse tipo de sentença não nos parece totalmente gramatical:

(202) ?O Fábio tossiu em uma fração de segundo.
(203) ?A Mariana pulou em uma fração de segundo.

Neste livro, seguindo propostas de autores como Levin (1999) e Harley (2005), não separaremos os verbos semelfactivos dos verbos de atividade, assumindo apenas que alguns verbos de atividade trazem em seu sentido uma característica idiossincrática de iteratividade, marcada lexicalmente.

5.2 Polissemia

Primeiramente, considere as sentenças abaixo:

(204) O menino caiu.
(205) A chuva caiu.

Se forem aplicados os testes propostos anteriormente para o verbo *cair* em (204), ele será classificado como um *achievement*:

(206) *O menino parou de cair no meio do tombo.
(207) O menino estava caindo. ~ ⊢ O menino caiu

Entretanto, se forem realizados os mesmos testes com o mesmo verbo, mas tendo-se em vista a sentença em (205), *cair* será classificado como uma atividade:

(208) A chuva parou de cair no meio do dia.
(209) A chuva estava caindo. ⊢ A chuva caiu.

Se a classe aspectual a que o verbo pertence está marcada em sua entrada lexical, o que fazer para classificar verbos como *cair*, que em sentenças diferentes possuem comportamentos diferentes em relação às propriedades aspectuais apresentadas? A resposta mais óbvia é que se trata de verbos polissêmicos, ou seja, verbos com dois (ou mais) sentidos diferentes. Na sentença em (204) o verbo *cair* significa algo como "levar um tombo", enquanto que na sentença em (205) esse não é o sentido do verbo. Compare:

(210) O menino levou um tombo.
(211) *A chuva levou um tombo.

Isso mostra que, para identificar o aspecto lexical básico de um verbo, é necessário, assim como nos papéis temáticos, saber qual é o sentido que está sendo considerado. Cada sentido de um verbo polissêmico pode pertencer a uma classe aspectual diferente. Contrariamente a representar algum tipo de problema teórico para a proposta de Vendler (1967), as diferenças no aspecto lexical de um mesmo item podem ser usadas como um interessante teste para se constatar e evidenciar a polissemia.

5.3 Inacusatividade

Os linguistas costumam dividir os verbos intransitivos em duas subclasses distintas: os inergativos e os inacusativos[22]. De acordo com a Teoria Gerativa, os verbos inergativos possuem um único argumento que é projetado diretamente na posição de sujeito; os verbos inacusativos, diferentemente, possuem um único argumento que é projetado na posição de complemento direto e, para receber caso nominativo, se desloca para a posição de sujeito. Veja alguns exemplos de verbos inergativos em (212) e (213) e de verbos inacusativos em (214) e (215):

(212) A menina dançou.
(213) A menina cantou.
(214) O homem morreu.
(215) A cerveja gelou.

Há diversas evidências de que os argumentos dos verbos inacusativos são verdadeiros complementos diretos, ou argumentos internos conforme nomenclatura gerativista. Uma primeira evidência diz respeito à formação de particípio adjetival, cuja ocorrência está diretamente vinculada ao sintagma nominal que ocupa a posição de complemento direto dos verbos. Veja que os verbos inacusativos aceitam perfeitamente a formação do particípio com seu sujeito, enquanto os verbos inergativos não aceitam tal formação:

(216) o homem morto.
(217) a cerveja gelada.
(218) *o bailarino dançado.
(219) *a menina cantada.

Uma segunda evidência é a de que os sujeitos dos verbos inacusativos aceitam a posposição ao verbo, até mesmo com a ausência de concordância

---

22. Cf. Ciríaco e Cançado (2004) para uma análise extensiva dos verbos inacusativos e inergativos no português.

na língua coloquial, comportando-se mais como um complemento direto. Tal comportamento é vedado aos inergativos:

(220) Morreu uma pessoa/umas pessoas ontem no acidente.
(221) Já gelou a cerveja/as cervejas que você queria tomar.
(222) *Dançou uma menina/umas meninas ontem no teatro.
(223) *Cantou uma menina/umas meninas ontem no clube.

Por último, podemos mostrar, através das perguntas abaixo (JACKEN-DOFF, 1972), que os sujeitos dos verbos inergativos se comportam como agentes, enquanto os dos inacusativos se comportam como pacientes. É sabido que os agentes têm a preferência para a posição de sujeito, enquanto os pacientes têm a preferência para ocupar a posição de complemento, como mostramos ao longo dos Capítulos 2 e 3. Isso também indica que os sujeitos dos inacusativos podem ser, de fato, complementos diretos:

(224) A: O que a menina fez?
     B: A menina dançou/cantou.
(225) A: O que o homem fez?/o que a cerveja fez?
     B: ??O homem morreu/a cerveja gelou.
(226) A: O que aconteceu com a menina?
     B: ??A menina dançou/cantou.
(227) A: O que aconteceu com o homem/com a cerveja?
     B: O homem morreu/ a cerveja gelou.

Com essas propriedades, pode-se, então, afirmar que existem dois tipos de verbos intransitivos. O mais interessante nessa afirmação, em relação ao aspecto lexical, é que também esses verbos se comportam distintamente com respeito a essa categoria, como mostram Levin e Rappaport Hovav (1995). Os verbos considerados inergativos denotam eventos classificados como atividades. Fazendo os testes propostos neste capítulo, observa-se que os verbos *dançar* e *cantar* são compatíveis com os testes propostos para se evidenciar uma atividade:

(228) A menina estava dançando/cantando. ⊢ A menina dançou/ cantou.
(229) A menina dançou/cantou por uma hora.

Já os verbos inacusativos são classificados como *achievements*, o que pode ser evidenciado através da sua incompatibilidade com a expressão *parar de*:

(230) *O homem parou de morrer.
(231) *A cerveja parou de gelar.

É possível, portanto, utilizar a classificação aspectual de verbos intransitivos para prever sua configuração sintática, ou seja, pode-se afirmar que um verbo intransitivo que denota atividade é um verbo inergativo; e pode-se afirmar também que um verbo intransitivo que denota um *achievement* é um verbo inacusativo.

Finalizamos assim nossas observações sobre a categoria de aspecto lexical, pretendendo retomar, no próximo capítulo, sobre decomposição de predicados, alguns pontos aqui discutidos, tais como a complexidade dos eventos e temas relacionados aos tipos aspectuais de *accomplishment* e de *achievement*.

6 SUGESTÕES DE LEITURA

Ao leitor familiarizado com a língua inglesa, recomendamos a leitura do clássico texto de Vendler (1967) *Linguistics in Philosophy* (em especial o quarto capítulo *Verbs and Times*), obra em que o autor faz sua proposta de classificação dos verbos em quatro classes aspectuais. Recomendamos também a leitura do segundo capítulo do livro de Dowty (1979), *Word Meaning and Montague Grammar*, onde o autor faz uma ampla análise das classes de Vendler (1967), apontando os diferentes testes usados para identificá-las. Ainda em inglês, recomendamos o livro de Comrie (1976), *Aspect*. A obra é uma ampla introdução ao estudo do aspecto e traz informações sobre aspecto gramatical e sobre aspecto lexical. Esse livro é considerado a mais tradicional obra sobre aspecto e é muito utilizado por pesquisadores que se interessam pelo tema. Comrie também publicou a obra *Tense* (1985), que recomendamos aos leitores que se interessam pelo estudo da categoria de tempo e sua relação com o aspecto. Remetemos também o leitor à obra *The Oxford Handbook of Tense and Aspect*, de Binnick (2012). Esse livro traz vários capítulos que tratam com profundidade de diversos temas relacionados a essas categorias. Sobre aspecto, especialmente, o livro traz um capítulo para cada tipo de aspecto gramatical e traz também um amplo estudo sobre aspecto lexical, além de um capítulo específico sobre a relação entre aspecto lexical e propriedades gramaticais. Recomendamos ainda o livro de Smith (1997), *The Parameter of Aspect*, em que a autora traz uma ampla discussão sobre aspecto gramatical e sobre aspecto lexical. É nessa obra que é proposta a classe dos semelfactivos e nela a autora traz também uma ampla análise dos aspectos derivados.

Em português, existem poucos textos sobre aspecto. Sobre aspecto gramatical, recomendamos a leitura dos trabalhos de Castilho (1968), *Introdução ao estudo do aspecto verbal na língua portuguesa*, e de Travaglia (1985), *O aspecto verbal no português: a categoria e sua expressão*. Esses textos, porém, não trazem uma introdução didática ao tema, mas resultados de pesquisa de cada um dos autores. Sobre aspecto lexical, remetemos o leitor ao artigo de Wachowicz e Foltran (2006), *Sobre a noção de aspecto*. Como as próprias autoras afirmam, esse artigo tem um propósito eminentemente didático e mostra a diferença entre os aspectos gramatical e lexical. Em especial, as autoras apresentam uma discussão sobre a questão da localização do aspecto lexical, se é realmente uma propriedade do verbo ou se é do sintagma verbal.

Capítulo 5

A decomposição de predicados

Neste capítulo, apresentamos uma abordagem para a análise do significado dos verbos, a decomposição semântica em predicados primitivos, mais comumente conhecida como "decomposição de predicados". A decomposição de predicados é não apenas uma metalinguagem utilizada para representar o sentido dos verbos, mas também uma forma de analisar composicionalmente a semântica desses itens lexicais. Dentro dessa perspectiva de análise, verbos e classes de verbos são representados por estruturas de predicados e argumentos, escolhidas através da análise de acarretamentos específicos decorrentes do sentido desses verbos e respectivas classes. Como mostraremos, essas estruturas são também representações dos eventos denotados pelos verbos. Com isso, a partir delas, ainda, pode-se derivar informações a respeito do aspecto lexical e dos papéis temáticos, temas já discutidos nos capítulos anteriores a partir de outras perspectivas teóricas.

Pode-se afirmar que a proposta da decomposição de predicados não é uma teoria específica, mas uma metalinguagem e uma metodologia de análise para problemas de semântica em geral (ENGELBERG, 2011). Aqui, apresentamos em mais detalhes sua utilização especificamente em uma teoria de Semântica Lexical, como forma de representar as propriedades semântico-lexicais dos verbos e das classes de verbos que são relevantes para a gramática. Para ilustrar essa proposta, vamos nos ater à explicitação das representações de algumas classes de verbos do português.

1 OS PREDICADOS PRIMITIVOS

Como mostramos brevemente na introdução deste livro, a análise de verbos por meio da decomposição em predicados primitivos surge com a abordagem da Semântica Gerativa, na década de 1960, com McCawley (1968a, 1968b), Lakoff (1970) e Ross (1969, 1972). Por sua vez, a Semântica Gerativa teve sua origem na abordagem estruturalista, em que as análises de decomposição dos itens lexicais eram feitas através de traços semânticos. Esse tipo de decomposição, que ficou conhecido como "análise componencial", assume, por exemplo, que o sentido do item lexical *homem* pode ser decomposto em traços como [+humano, +masculino, +adulto]. Katz e Fodor (1963) usaram a ideia básica da análise componencial para propor que os diferentes sentidos contidos em uma única palavra, quando analisados componencialmente, podem ser representados em um dicionário formalizado como parte de uma gramática formal. Alguns linguistas da época que seguiam a abordagem gerativista da gramática ficaram entusiasmados com a proposta de Katz e Fodor (1963) e, em meio a vários problemas enfrentados pela análise dos traços semânticos, surgiu a ideia de se usar o aparato formal da lógica na abordagem componencial. Traços semânticos passam, então, a ser interpretados como predicados no sentido da Lógica de Predicados; o sentido de um item analisado componencialmente pode, assim, ser representado como uma proposição complexa. Dentro dessa nova proposta, proposições são equacionadas a sentenças; predicados, quantificadores e operadores a verbos, e argumentos a nomes[1]. No lugar da representação linear da lógica

---

1. A análise lógica decomposicional é utilizada para a representação do sentido de verbos. McCawley (1968a) mostra, porém, como poderia ser a representação de um nome como *homem*: [humano(x) & masculino(x) & adulto(x)]. Note que os traços semânticos, de valor adjetival, são reinterpretados como predicados de um lugar.

é usada a estrutura arbórea da análise sintática dos gerativistas. Para os linguistas que exploraram essa abordagem, a Semântica seria a parte central da arquitetura da gramática (daí vem o nome da teoria: Semântica Gerativa), em oposição à ideia da centralidade da Sintaxe proposta por Chomsky (1965). Dessa forma, a estrutura profunda da gramática, que na abordagem chomskyana tinha motivação sintática, passou a ser considerada como uma representação da estrutura semântica. Nessa estrutura, os itens lexicais eram decompostos em predicados semânticos abstratos. Na derivação da sentença, a estrutura sofria o efeito de regras transformacionais, e os predicados semânticos abstratos eram substituídos pelos próprios itens lexicais[2].

Uma análise no âmbito da Semântica Gerativa muito discutida na literatura é dada por McCawley (1968b) para a representação do verbo *kill* 'matar', que apresentamos na estrutura arbórea semântica abaixo:

(1)

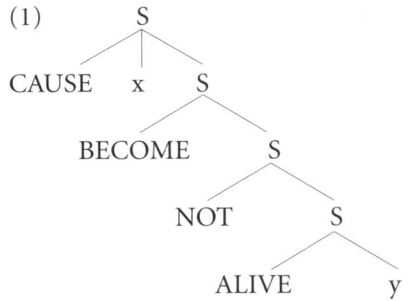

Nesse exemplo, o verbo *kill* é representado em uma proposição complexa na estrutura profunda, pelos argumentos X e Y e os predicados CAUSE, BECOME, NOT e ALIVE, que derivam o próprio item lexical através de regras transformacionais – isto é, na análise em (1), *kill* significaria algo como [X CAUSE [BECOME [NOT [ALIVE Y]]]] ('x causa y se tornar não vivo').

Posteriormente, a Semântica Gerativa foi duramente criticada por lógicos e por linguistas. De um lado, os lógicos criticavam a ideia de incorpo-

---

2. Para mais detalhes sobre a relação entre Semântica Gerativa e Sintaxe Gerativa, cf. Borges Neto (2004).

rar predicados, quantificadores e operadores somente a verbos, pois esses conceitos apresentam um papel bem distinto no sistema da lógica. Ainda, os lógicos faziam objeção ao fato de que a semântica decomposicional não era uma teoria que conectasse o mundo com a palavra, ou seja, não era uma teoria que tratasse do valor de verdade das sentenças. De outro lado, os linguistas, mais especificamente os sintaticistas gerativos, seguiam a tendência de excluir ou de tornar mínimo, e não de tornar central, o papel da semântica na gramática. O próprio Chomsky publicou trabalhos na época de modo a excluir as ideias dos semanticistas gerativos da base de sua proposta de gramática (CHOMSKY, 1970 e trabalhos subsequentes). A teoria, então, foi levada ao seu esvaziamento.

Entretanto, a ideia de decomposição do sentido dos itens, expressos por meio de um sistema de predicados primitivos, perpetuou-se nos estudos linguísticos e é hoje um grande legado da Semântica Gerativa. São muitos os autores que continuam a explorar a ideia de que o significado dos verbos pode ser decomposto em elementos básicos, utilizando-se da noção de predicados primitivos nas decomposições lexicais, ainda que cada grupo de autores tenha uma perspectiva teórica própria. Entre tais grupos encontram-se: semanticistas lexicais, como Jackendoff (1983, 1987, 1990), Pinker (1989), Levin e Rappaport Hovav (1995, 1999, 2005), Rappaport Hovav e Levin (1998, 2010), Levin (2009), Van Valin e LaPolla (1997), Van Valin (1993, 2005) e Wunderlich (1997, 2012); linguistas cognitivistas, como Croft (1980, 1991, 1994) e Goldberg (1995, 1998); semanticistas formais, como Dowty (1979), Parsons (1990) e Stechow (1995, 1996); ou mesmo gerativistas que usam o conceito de conchas (*VP-Shell*), tais como Larson (1988), Hale e Keyser (1992, 1993, 2002), Marantz (1997) e Arad (1998), entre outros.

Os predicados semânticos abstratos, como CAUSE e BECOME, propostos por McCawley (1968b), ou INCHOATIVE e CAUSATIVE, propostos por Lakoff (1970), e outros tipos de predicados abstratos propostos pelos semanticistas gerativos, foram reformulados por autores subsequentes em predicados primitivos, ou seja, elementos predicadores que não são decomponíveis. Mas é importante realçar que os predicados primitivos têm um papel diferente do que têm os predicados propostos na Semântica Gerativa: são elementos semânticos de natureza predicativa que fazem parte do sentido dos verbos, e não elementos de uma estrutura profunda a partir da qual itens lexicais são gerados. Na decomposição lexical, os predicados primitivos fazem parte de uma estrutura semântica utilizada para representar o sentido dos verbos. Essa estrutura semântica fornece elementos que são importantes, por exemplo, para o modo como o verbo realizará seus argumentos, sem ser, contudo, a geradora da estrutura sintática. Pode-se entender a decomposição de predicados como uma metalinguagem de representação do sentido dos itens verbais. Segundo Levin e Rappaport Hovav (2005, p. 69): "A decomposição de predicados é a representação do significado formulada em termos de predicados primitivos escolhidos para representar os componentes do significado que são recorrentes entre os grupos de verbos".

1.1 A natureza composicional do sentido dos verbos

Antes de mostrarmos o funcionamento da metalinguagem propriamente, mostraremos algumas evidências de que os verbos não são itens semanticamente atômicos – isto é, elementos semanticamente indecomponíveis; antes, são compostos de diferentes elementos semânticos que podem ser seletivamente manipulados, ou seja, os verbos são itens composicionais. Dentro dessa perspectiva, o sentido dos verbos é representado como uma estrutura em que esses elementos são expressos por predicados, argumentos e modificadores. Na análise por decomposição de predicados, adotar essa abordagem composicional dos verbos é fundamental, pois esses itens serão agrupados em classes de acordo com as partes de sentido que compartilham.

É possível mostrar, através de algumas evidências linguísticas, que, de fato, existem elementos semânticos menores dentro do sentido de um verbo. Wunderlich (2012) mostra, por exemplo, que nomes como *jaula/saco* e *verniz/capa* denotam entidades no mundo. Todavia, existem verbos relacionados a esses nomes que denotam eventos. Por exemplo:

(2) a. O treinador enjaulou o leão.
　　b. O agricultor ensacou o milho.
(3) a. O marceneiro envernizou a cadeira.
　　b. A aluna encapou o caderno.

Os verbos em (2) e (3), conhecidos na literatura como "verbos de *location*" e "verbos de *locatum*", respectivamente, certamente contêm os conceitos de *jaula/saco* e *verniz/capa* como um de seus componentes de sentido. Os componentes restantes que estruturam o sentido desses verbos são outras unidades semânticas, que, juntas com o sentido específico do nome, dão origem ao seu significado eventivo. É plausível formular paráfrases que realçam a relação entre esses nomes e as outras unidades semânticas que formam o sentido do item verbal:

(4) a. O domador colocou o leão na jaula.
　　b. O agricultor colocou o milho no saco.
(5) a. O marceneiro proveu a cadeira com verniz.
　　b. A aluna proveu o caderno com capa[3].

Com essas paráfrases, é possível perceber que existem componentes de sentido recorrentes em cada grupo de verbos, como *x colocar y em*, nos exemplos em (4), e *x prover y com*, nos exemplos em (5).

Outra evidência da composicionalidade semântica dos verbos é um teste tradicional usado na literatura linguística, a ambiguidade de sentenças com o advérbio *quase* (MORGAN, 1969; DOWTY, 1979; STECHOW, 1995), que já foi utilizado na caracterização dos *accomplishments*, no Capítulo 4. Esse teste se baseia na ideia de que o sentido de alguns verbos pode ser decomposto em subunidades menores, que representam seus subeventos, e que a

---

3. Embora essas paráfrases possam não ser muito intuitivas, Hale e Keyser (2002) e Cançado et al. (2013a) apresentam evidências morfossintáticas e semânticas, respectivamente, de que são paráfrases mais adequadas para os verbos de *locatum*, do que sentenças como *o marceneiro colocou verniz na cadeira/a aluna colocou a capa no caderno*.

composição com o advérbio *quase* resulta em uma interpretação ambígua no que diz respeito ao escopo do advérbio sobre esses subeventos:

(6) a. O menino quase quebrou a vidraça.
   b. O que o menino quase fez foi quebrar a vidraça.
   c. O que o menino fez foi quase quebrar a vidraça.

Em (b) e (c), mostramos paráfrases das duas possíveis leituras da sentença com o verbo *quebrar* e o advérbio *quase*: em (b), o menino nada fez para quebrar a vidraça, tendo assim o advérbio escopo sobre todo o evento; em (c), o menino agiu com a finalidade de quebrar a vidraça, mas não obteve o resultado de a vidraça ficar quebrada, tendo, assim, o advérbio escopo somente sobre o subevento interno do verbo, o resultado. Com esses exemplos é possível concluir que o advérbio *quase* enxerga partes internas diferentes do sentido do verbo *quebrar*, evidenciando que o seu sentido é realmente decomponível. Assim, decompondo *quebrar* em seus subeventos, tem-se, aproximadamente, a seguinte estrutura semântica:

(7) [$_{\text{SUBEVENTO 1}}$ *a ação do menino* [$_{\text{SUBEVENTO 2}}$ *a vidraça ficar quebrada*]]

O advérbio *quase*, em (6a), pode ter escopo sobre cada um dos subeventos de *quebrar*; tendo escopo sobre o evento como um todo (subevento 1 de (7)), tem-se a interpretação em (6b); tendo escopo sobre o subevento interno (subevento 2 de (7)), tem-se a interpretação em (6c).

O teste mostra, portanto, que existem verbos que são compostos por mais de um evento, os chamados "subeventos". A existência de dois subeventos distintos na semântica de um verbo é, na literatura, associada à presença de uma relação causal. A causação[4] é uma relação necessária entre dois subeventos distintos temporalmente, se eles compõem a semântica de um único verbo. Em outras palavras, se no evento denotado por um verbo há dois subeventos distintos temporalmente, há uma relação necessária de

4. Chamamos a relação causal entre dois subeventos de "causação", para diferenciá-la do papel temático "causa", que é uma relação entre um predicado e seu argumento (cf. PARSONS, 1990).

causação entre eles. Assim, se o teste do *quase* identifica dois subeventos, então também identifica a presença de uma causação[5]. Mostraremos mais adiante como essa propriedade dos verbos é representada em uma estrutura de decomposição de predicados.

Além de verbos como *enjaular/ensacar* e *envernizar/encapar*, e da ambiguidade de escopo do advérbio *quase*, pode-se também listar como evidência da composicionalidade dos verbos exemplos como os apresentados por Lakoff (1970), de verbos de mudança de estado. O autor mostra que *esquentar* é composto por elementos de sentido como *alguém faz algo se tornar quente*, o que seria um acarretamento do verbo. Da mesma forma, diversos outros verbos de mudança de estado podem ser assim decompostos. Por exemplo, *abrir* (*alguém faz algo se tornar aberto*), *achatar* (*alguém faz algo se tornar chato*) e *clarear* (*alguém faz algo se tornar claro*).

Dadas as evidências apresentadas na literatura, assumimos, então, que os verbos não são elementos semanticamente atômicos, mas se constituem de partes menores de sentido.

1.2 Classes verbais

Relembrando, na Semântica Lexical, a decomposição de predicados é utilizada para a representação dos elementos de significado que compõem o sentido dos verbos. Essas unidades semânticas são representadas por predicados primitivos e seus argumentos e modificadores.

Assim, os semanticistas lexicais assumem que as estruturas de decomposição de predicados são informações lexicais, ou seja, estão na entrada lexical de cada item verbal. O léxico é tratado como um componente essencial da gramática, que abarca informações importantes para a formulação de regras e generalizações linguísticas, e não como uma simples lista não estruturada de itens, com suas idiossincrasias. A utilização da metalinguagem

---

5. Sobre a relação de causação, cf. Shibatani (1976), Pinker (1989), Wunderlich (1997) e Goldberg (2010).

da decomposição de predicados pode ser vista como tendo dois objetivos principais na descrição do léxico: representar o sentido de cada verbo em particular e agrupar os verbos em classes relevantes gramaticalmente.

Faz-se necessário, então, retomarmos a ideia de classe verbal, já exposta no Capítulo 1 deste livro. Seguindo uma longa tradição de estudos em Semântica Lexical (FILLMORE, 1970; LEVIN, 1993; PESETSKY, 1995; LEVIN & RAPPAPORT HOVAV, 2005; GRIMSHAW, 2005), assumimos que o sentido específico dos verbos não é suficiente para a delimitação de uma classe. Por exemplo, seria possível agrupar verbos que acarretam algum tipo de movimento, porém não se obteria generalizações gramaticais a respeito desse agrupamento, como apontam Levin e Rappaport Hovav (1992). Mostramos alguns exemplos:

(8) O Paulo correu.
(9) O Juca levantou o carrinho.
(10) O Lucas jogou a bola no cesto.

Nos exemplos acima, todos os verbos acarretam movimento para um de seus argumentos. Contudo, no exemplo em (8) tem-se um verbo intransitivo; no exemplo em (9) tem-se um verbo transitivo; e no exemplo em (10) tem-se um verbo bitransitivo. O grupo dos verbos de movimento não se caracteriza, portanto, como uma classe.

Diferentemente, subgrupos de verbos que denotam movimento, como os verbos de modo de movimento, possuem um comportamento gramatical bastante semelhante, como apontam Levin e Rappaport Hovav (1992). Segundo Amaral (2010) e Ribeiro (2010), os verbos de modo de movimento do português podem ocorrer em um tipo específico de alternância transitivo-intransitiva[6]. Veja alguns exemplos desse tipo de verbo:

---

6. Essa alternância não se iguala à alternância causativo-incoativa que ocorre com verbos de mudança de estado como *quebrar*, pois possui diferentes propriedades semânticas e também a ausência do clítico *se* na forma alternada. Para mais detalhes em relação à distinção entre as duas alternâncias, cf. Amaral (2015).

(11) a. O bebê girou o pião.
  b. O pião girou.
(12) a. A Ana sacudiu a rede.
  b. A rede sacudiu.
(13) a. A ventania balançou as folhas.
  b. As folhas balançaram.

Constatando-se que verbos com essa característica semântica possuem a alternância sintática apresentada nos exemplos acima, é possível concluir que os verbos de modo de movimento no português podem ser caracterizados como uma classe. Classes de verbos são definidas, portanto, a partir de propriedades semânticas que tenham impacto na sintaxe. Ou seja, não basta que um grupo de verbos tenha um sentido semelhante para ser considerado uma classe, é preciso que a semelhança semântica seja relevante para a gramática.

Também para se agrupar verbos em classes é relevante levar em conta os diferentes níveis de análise, o *grain-size*, como mostramos anteriormente no Capítulo 1, e retomamos aqui de uma forma mais detalhada. Seguindo Levin (2010), Cançado e Gonçalves (2016) propõem a existência de três níveis possíveis de classificação: *coarse-grained* (nível mais amplo), *medium-grained* (nível intermediário) e *fine-grained* (nível mais restrito). Cada nível de classificação está associado a diferentes tipos de fenômenos linguísticos e esses níveis são relevantes para a gramática de diferentes maneiras. A escolha do nível a ser usado nessa classificação depende do tipo de fenômeno a ser investigado. Entretanto, é desejável que todos os três níveis de análise tenham uma motivação direta no tipo de representação semântica utilizada. Segundo Cançado e Gonçalves (2016), uma vantagem das representações baseadas na decomposição de predicados é que a partir delas é possível motivar análises nos três diferentes níveis propostos. Por isso, antes de passar para a apresentação da linguagem da decomposição, faremos uma breve exemplificação sobre a distinção desses níveis.

A classificação do tipo *coarse-grained* é a que resulta nas classes verbais mais amplas. Os verbos classificados dessa maneira se agrupam por propriedades semânticas que têm impacto na sintaxe, mas que são propriedades gerais e que podem estar presentes em diferentes estruturas semântico-lexicais, ou seja, em verbos com diferentes representações semânticas. Esse tipo de classe pode ser definido a partir de categorias aspectuais (verbos de atividade, de *accomplishment* etc.), da quantidade de variáveis na estrutura (verbos monoargumentais, biargumentais etc.), ou até mesmo a partir de um dos papéis temáticos dos argumentos (verbos agentivos, beneficiários etc.). Um exemplo de fenômeno linguístico que motiva uma classificação de nível *coarse-grained* é a passivização. Como já mostramos nos capítulos anteriores, segundo Jackendoff (1972), verbos transitivos diretos que apresentam um agente na posição de sujeito podem ser passivizados[7]. Existem vários tipos de verbos que apresentam estruturas semântico-lexicais distintas, mas que têm um agente como sujeito. Veja os exemplos:

(14) a. *lavar*: {*Agente*, Paciente}
    b. A roupa foi lavada.
(15) a. *escrever*: {*Agente*, Resultativo}
    b. A carta foi escrita.
(16) a. *girar*: {*Agente*, Tema}
    b. A roleta foi girada.

Como apenas a agentividade é relevante nesse processo sintático, pode-se propor que a classe dos verbos agentivos aceita a passivização, independentemente de outras propriedades semânticas existentes nas estruturas dos verbos. Ou seja, em uma análise *coarse-grained*, a classificação é feita apenas por parte da informação semântica dos verbos, não abrangendo toda a informação estrutural recorrente das classes. Nos casos acima, os verbos partilham apenas o papel temático na posição de sujeito, distinguindo-se pelos papéis na posição de complemento. Porém, outras propriedades semânticas,

---

7. Relembrando, o que está sendo proposto é que todos os verbos que têm agente como sujeito aceitam a passivização, e não que a passivização é restrita à agentividade do sujeito. Outros verbos dos tipos processual e estativo também aceitam esse processo.

encontradas nas representações lexicais de verbos de uma classe desse tipo amplo, e até mesmo no sentido específico dos verbos, são relevantes para determinadas propriedades sintáticas. Por isso é importante lançar mão de análises mais refinadas, do tipo *medium-grained* ou *fine-grained*, dependendo do que se quer investigar.

A classificação do tipo *medium-grained* será aquela que se vale de todas as informações da estrutura semântica de uma determinada classe verbal. As classes de verbos que denotam tipos específicos de mudança, como mudança de estado, mudança de lugar ou de posse, são exemplos desse nível de classificação. Veja os exemplos de verbos de mudança de estado. Verbos pertencentes a essa classe apresentam a mesma estrutura semântica e várias propriedades sintáticas em comum. Por exemplo, eles aceitam a alternância da forma transitivo-causativa para a forma intransitivo-incoativa, aceitam a inserção do clítico *se* na forma intransitiva e aceitam a adjunção do sujeito da forma transitiva na forma intransitiva. Exemplifiquemos:

(17) a. *abrir*: {Causa, Paciente}
    b. O vento abriu a porta.
    c. A porta (se) abriu (com o vento).
(18) a. *machucar*: {Causa, Paciente}
    b. A briga machucou a menina.
    c. A menina (se) machucou (com a briga).
(19) a. *cansar*: {Causa, Paciente}
    b. Os exercícios pesados cansaram a atleta.
    c. A atleta (se) cansou (com os exercícios).

Como se pode perceber, a classificação de verbos no nível *medium-grained* é feita pela relação de toda a estrutura semântica recorrente da classe (como as grades temáticas mostradas acima) e de várias propriedades sintáticas. Essa classificação, portanto, traz mais informações acerca da semântica e da sintaxe do verbo. Por isso, são as classes mais comumente estudadas na literatura e podem ser caracterizadas como as classes mais "canônicas".

Por fim, a classificação do tipo *fine-grained* é considerada a mais restrita, baseada em sentidos bem específicos de alguns grupos de verbos, que têm impacto em algum aspecto da sintaxe. Já mostramos no Capítulo 1 que um exemplo de classe verbal do tipo *fine-grained* é a dos verbos chamados recíprocos[8]. Trata-se de verbos que denotam uma relação de reciprocidade entre dois participantes e que, por isso, exigem que um dos argumentos tenha uma denotação plural. Uma propriedade sintática considerada típica desses verbos, conforme Godoy (2009, 2010), é a alternância denominada pela autora de "simples-descontínua", que permite o desmembramento do argumento plural em dois argumentos singulares:

(20) a. Os comerciantes conversaram. (forma simples)
     b. O vendedor de peixes conversou com a florista. (forma descontínua)
(21) a. A queda da caixa misturou as bolinhas de gude. (forma simples)
     b. A queda da caixa misturou as bolinhas verdes com as azuis. (forma descontínua)

Cançado et al. (2013a) apontam que os verbos recíprocos, na verdade, não pertencem a uma mesma classe, em um sentido "canônico", ou seja, em um nível *medium-grained*. Veja as estruturas semânticas desses verbos em termos de papéis temáticos:

(22) *conversar*: {Agente}
(23) *misturar*: {Causa, Paciente}

É interessante observar que esses verbos não apresentam nenhuma similaridade na estrutura semântica, nem mesmo quanto ao número de argumentos, sendo o primeiro intransitivo e o outro transitivo. Com isso, não se tem nenhum tipo de elemento para classificar esses verbos em classes do tipo *coarse-grained* ou *medium-grained*. Entretanto, foi visto que verbos em que um dos argumentos tenha obrigatoriamente uma denotação plural apresentam a alternância nas formas sintáticas "simples-descontínua".

---

8. Sobre verbos recíprocos, cf. Dowty (1991), Levin (1993), Dimitriadis (2004, 2008) e Maslova e Nedjalkov (2005); especificamente para o português, cf. Ilari, (1987) e Godoy (2009, 2010).

Portanto, para se explicar tal propriedade é relevante agrupar esses verbos a partir da propriedade semântica de denotação plural de um dos argumentos. Essa informação, entretanto, não está disponível em uma estrutura semântica por grades temáticas; ela é obtida a partir do sentido específico de cada item verbal. É a esse tipo de classificação que chamamos de análise *fine-grained*. Vale realçar que a proposta de estrutura semântica por decomposição de predicados que aqui será apresentada nos permite também captar informação semântica nesse nível, além dos outros dois níveis exemplificados acima.

Tendo, então, sido explicitado o que entendemos por classes de verbos e seus níveis de análise, retomamos aqui os objetivos principais de utilização da metalinguagem da decomposição de predicados: representar o sentido de cada verbo em particular e agrupar os verbos em classes relevantes gramaticalmente. Para caracterizar as classes de verbos e suas propriedades semânticas comuns utiliza-se então a metalinguagem da decomposição lexical: representações lexicais compostas de predicados primitivos que procuram descrever os principais aspectos de significado de um verbo, ou da classe a que o verbo pertence. Já apresentamos nos Capítulos 2 e 3 representações lexicais concebidas como listas de papéis temáticos ou grupos de propriedades semânticas. Mostramos agora como essas representações podem ser concebidas como uma estrutura composta por predicados primitivos.

1.3 A metalinguagem da decomposição de predicados

Na decomposição de predicados os verbos são representados por uma estrutura semântica complexa. Os elementos semânticos que compõem o sentido do verbo fazem parte dessa estrutura e são representados por predicados primitivos (elementos predicadores que não são decomponíveis), seus argumentos (que podem ser elementos primitivos, estruturas complexas ou variáveis) e modificadores (elementos primitivos). Essa estrutura pode ser dividida em duas partes: os componentes do significado que são recorrentes entre os grupos de verbos e o sentido idiossincrático de cada verbo, que é representado pelo que se denomina "raiz". Os predicados, os argumentos e os modificadores podem fazer parte da representação recorrente do sentido do verbo, mas também podem ser a própria raiz do verbo, ou seja, podem representar seu sentido idiossincrático, dependendo de sua natureza semântica. A sintaxe dessa metalinguagem é muito simples: predicados pedem um ou dois argumentos para serem saturados e também podem ser modificados.

Comecemos nossa exposição usando exemplos da decomposição de predicados para classes de verbos nomeadas como "verbos de mudança de estado opcionalmente volitivos", "verbos inergativos de atividade" e "verbos de maneira de agir". Essas estruturas são baseadas nas propostas de Levin e Rappaport Hovav (2005), Pinker (1989), Harley (2005), Cançado et al. (2013a):

(24) *mudança de estado opcionalmente volitivos* (p. ex. *abrir*):
 [[X ACT$_{(VOLITION)}$] CAUSE [BECOME [Y <*STATE*>]]]
(25) *inergativos de atividade* (p. ex. *correr*):
 [X DO <*EVENT*>]
(26) *maneira de agir* (p. ex. *escrever*):
 [X ACT $_{<MANNER>}$]

Os predicados primitivos são elementos semânticos predicadores e pertencem a um grupo finito de itens (na notação, são sempre escritos em caixa alta[9]). No exemplo em (24), os predicados são ACT, CAUSE, BECOME e STATE; em (25), o predicado é DO; e em (26), o predicado é ACT. Como predicadores, os predicados primitivos são insaturados e pedem argumentos para terem seu sentido saturado. Os argumentos dos predicados podem ser de três tipos. Primeiramente, podem ser variáveis, como o X que satura

---

9. Um exemplo dessa lista de predicados encontrada na literatura é: ACT, DO, CAUSE, BECOME, MOVE, AFFECT, GO, BE, STATE, HAVE, LOC e POSS. As estruturas de decomposição de predicados são mantidas em inglês, como originalmente propostas, por convenção e para explicitar o seu caráter universal (p. ex., é assumido que BECOME possui o mesmo sentido e a mesma função independentemente da língua analisada (PINKER, 1989)).

o predicado monoargumental ACT, formando o constituinte semântico [X ACT] em (24) e (26), ou como o Y, que satura o predicado monoargumental STATE, formando o constituinte semântico [Y <STATE>] em (24). Os colchetes representam a delimitação de uma estrutura saturada, ou seja, um predicado e seus argumentos, o que chamamos de "constituinte semântico". Argumentos podem também ser raízes do verbo, como EVENT, que satura o predicado biargumental DO, formando o constituinte semântico [X DO <EVENT>] em (25). Finalmente, argumentos podem ser estruturas complexas com outros predicados já saturados, como os argumentos do predicado biargumental CAUSE em (24): o primeiro argumento de CAUSE é o argumento complexo [X ACT] e o segundo é o argumento complexo [BECOME [Y <STATE>]]. Na estrutura semântica, quando o argumento de um predicado é uma variável, ele é representado por letras maiúsculas, como X, Y ou Z (quando o verbo tem três argumentos). Quando o argumento é uma raiz, como EVENT em (25), ele é representado pela categoria ontológica comum à classe ou pelo sentido idiossincrático do verbo (notado em caixa alta, itálico e entre colchetes angulados). Os modificadores desses predicados podem ser a própria raiz do verbo, como MANNER em [X ACT $_{<MANNER>}$] em (20), indicando a categoria ontológica da classe ou o sentido idiossincrático do verbo; ou podem simplesmente atribuir a propriedade de volição ao predicado ACT, como VOLITION em (24), no constituinte semântico [X ACT $_{(VOLITION)}$]. Modificadores são sempre notados em subscrito. Vale ressaltar que os elementos da metalinguagem podem ser parafraseados por itens das línguas naturais, mas não devem ser igualados a esses itens, pois são elementos primitivos de uma metalinguagem (VAN VALIN, 2005).

As raízes, apesar de representarem o sentido específico de um verbo, pertencem a algumas categorias ontológicas, que, assim como os predicados, são categorias com um número limitado (LEVIN & RAPPAPORT HOVAV, 2005)[10] e, como já realçamos, podem ser argumentos, predicados

---

10. As categorias ontológicas mais usualmente assumidas são: STATE, EVENT, THING, MANNER, INSTRUMENT e PLACE.

e modificadores. Por exemplo, existe um tipo de raiz que aparece como argumento de um predicado e pertence à categoria ontológica EVENT 'evento', como em (25). Outro tipo de raiz é a que aparece como modificador e pertence à categoria ontológica MANNER 'maneira', como em (26); e um terceiro tipo é a que aparece como predicado e pertence à categoria STATE 'estado', como em (24).

Para explicitar melhor como são construídas essas estruturas, apresentamos a seguir um exemplo da decomposição de predicados para um verbo específico, *abrir*, que pertence à classe dos verbos de mudança de estado, ilustrada em (24). A argumentação apresentada a seguir é baseada nas estruturas de Levin e Rappaport Hovav (2005), Rappaport Hovav e Levin (2010) e Cançado et al. (2013a):

(27) *abrir*: [BECOME [Y <*ABERTO*>]]

O sentido do verbo *abrir* pode ser decomposto em uma mudança e um estado final, o estado de *aberto* (portanto, *algo se torna aberto*). O componente de mudança é representado pelo predicado BECOME; Y é a variável que indica o argumento do verbo, e a raiz <*ABERTO*>, cuja categoria ontológica é STATE como em (24), representa o estado final da mudança. O predicado BECOME é analisado como sendo de um lugar e a raiz <*ABERTO*> também é um predicado de um lugar. Dessa maneira, <*ABERTO*> toma Y como argumento e, por sua vez, BECOME toma o constituinte semântico [Y <*ABERTO*>] como argumento.

Uma estrutura como a em (27), sendo uma estrutura saturada, pode ser argumento de outro predicado, CAUSE, que pode ser utilizado para representar o elemento semântico de causação presente em verbos de mudança de estado transitivos, como em *o Túlio abriu a janela*. O predicado CAUSE é biargumental, pedindo não só a estrutura em (27) como um de seus argumentos, mas também outro argumento: o constituinte semântico que denota a ação voluntária ou involuntária de um indivíduo que causa o resultado, expresso pelo predicado monoargumental ACT, por sua vez saturado por uma variável X. Tem-se, assim, a estrutura em (28):

(28) *abrir*: [[X ACT] CAUSE [BECOME [Y *<ABERTO>*]]]

Veja outro exemplo em que, diferentemente de (27) e (28), a raiz funciona como um argumento. São as representações de alguns verbos intransitivos de atividade, como em (25), que também são nomeados de "verbos inergativos". Para Pinker (1989), os verbos inergativos podem ser parafraseados como *perform some action or activity* 'fazer/realizar uma ação ou atividade'. Para Hale e Keyser (2002) e para Harley (2005), esses verbos são parafraseados com o verbo *do* do inglês, como em *do a dance* 'fazer uma dança' para *dance* 'dançar' e *do a hop* 'fazer/dar um pulo' para *hop* 'pular'. Propomos, então, que para verbos do tipo *correr*, como em *o atleta corria sempre*, tem-se a seguinte estrutura como representação semântica:

(29) *correr*: [X DO *<CORRIDA>*][11]

O sentido do verbo *correr* pode ser decomposto em *alguém faz/realiza uma corrida*. O predicado DO representa o sentido recorrente desses verbos, que é a realização de um evento específico por parte de um agente. Esse predicado é biargumental, ou seja, necessita de dois argumentos para ter seu sentido saturado. Um argumento é a variável X e o outro argumento é a raiz do verbo, *<CORRIDA>*, que pertence à categoria ontológica EVENT. É importante realçar que o verbo *correr*, que é intransitivo, é representado por uma estrutura semântica com dois argumentos. Entretanto, somente a variável X representa o argumento do verbo em sua estrutura sintática; o argumento representado pela raiz faz parte da composição do sentido do verbo.

---

11. Rappaport Hovav e Levin (1998) propõem outro tipo de estrutura para verbos desse tipo, a mesma proposta para verbos do tipo *escrever*: [X ACT $_{<MANNER>}$]. Entretanto, Amaral (2013) e Amaral e Cançado (2015) mostram evidências de que a estrutura mais adequada para verbos do tipo *correr*, pelo menos para o português, é a proposta em (29), diferenciando as estruturas de verbos do tipo *correr* e do tipo *escrever*.

Finalmente, mostramos a raiz funcionando como um modificador, como em (26), que são verbos que denotam maneira de agir. A estrutura que mostramos a seguir foi proposta originalmente por Pinker (1989) e corroborada posteriormente por Levin e Rappaport Hovav (2005) e Grimshaw (2005). Apresentamos aqui um exemplo de representação desse tipo para um verbo do português, *escrever* em sua forma intransitiva, como em *o poeta escreveu a noite toda*:

(30) *escrever*: [X ACT $_{<ESCRITA>}$]

O sentido do verbo *escrever* pode ser decomposto em *alguém age com uma escrita*. O predicado ACT representa o sentido recorrente dessa classe de verbos que é a atividade de um agente. Esse predicado é monoargumental, pedindo somente uma variável X para lhe completar o sentido. A raiz do verbo *<ESCRITA>*[12] pertence à categoria ontológica MANNER e entra como um modificador do verbo: a maneira como alguém age.

Como exemplificado em (24), outro tipo de modificador nas estruturas de decomposição de predicados é VOLITION, proposto por Cançado et al. (2013a), com base nas ideias iniciais de Jackendoff (1990). Esse modificador não é uma raiz – isto é, não corresponde ao significado idiossincrático de algum item lexical particular, mas é um item do sentido estrutural dos verbos e é fundamental para diferenciar agentes de causas na estrutura semântica. Verbos estritamente agentivos são representados com [X ACT$_{VOLITION}$] e verbos que aceitam causa, além de agente, na posição de sujeito são representados com [X ACT$_{(VOLITION)}$], em que os parênteses indicam opcionalidade. A estrutura [X ACT] indica apenas o desencadeador do evento.

---

12. Vamos assumir, seguindo Amaral e Cançado (2015), que é o nome *escrita* que está contido no sentido do verbo, pois este pode também expressar um modo de agir. Veja que a sentença *a escrita do poeta é muito rebuscada* pode ser parafraseada como: *a maneira como o poeta escreve é muito rebuscada*. Além disso, é possível formar uma sentença com um objeto preposicionado cognato, especificando o nome contido no verbo: *o poeta escreveu com uma escrita rebuscada*.

As estruturas propostas acima são baseadas em propriedades sintáticas e semânticas específicas de cada tipo de verbo. Para representar as classes dos verbos por meio de tais estruturas, substitui-se o sentido idiossincrático das raízes por sua categoria ontológica. Por exemplo, o verbo *abrir* pertence à classe dos verbos de mudança de estado, como representado em (24); o verbo *correr* pertence à classe dos verbos inergativos de atividade, como em (25); e o verbo *escrever* pertence à classe dos verbos de maneira de agir, como em (26).

As estruturas de decomposição de predicados obedecem a algumas restrições de boa formação. Uma dessas restrições é que cada estrutura comporte apenas uma raiz (RAPPAPORT HOVAV & LEVIN, 2010)[13]. Outra restrição é que os predicados estejam devidamente saturados por argumentos dos quais necessitam e que sejam semanticamente compatíveis. Mostramos alguns exemplos para explicitar melhor as condições de boa formação dessas estruturas:

(31) *v: [[X ACT $_{<MANNER>}$] CAUSE [BECOME Y <*STATE*>]]
(32) *v: [CAUSE [BECOME Y <*STATE*>]]
(33) *v: [BECOME [X ACT $_{<MANNER>}$]][14]

A estrutura em (31) é utilizada por Rappaport Hovav e Levin (1998) para representar verbos de maneira em construções resultativas, como *Phil swept the floor clean* 'Phil varreu o chão até que ficasse limpo'. Nesses casos, o estado final, a raiz <*STATE*> do segundo subevento, é explicitamente projetado na sintaxe através do adjetivo *clean*. Na proposta das autoras, a

---

13. Cançado et al. (2013a), seguindo a proposta de Hale e Keyser (2002), assumem que existem também estruturas de decomposição de predicados sem raiz. Tais estruturas são utilizadas para representar o sentido de verbos como *tornar, ficar, colocar* e *prover*. P. ex., o verbo *tornar* corresponde a um verbo de mudança de estado, com a diferença de que o estado resultante não é especificado no verbo, mas na sentença (*tornar algo aberto/fechado/sujo/feio* etc.). Dessa forma, a representação lexical desse item pode ser dada como: *tornar*: [[X ACT] CAUSE [BECOME [Y STATE]]], em que STATE não é uma raiz, mas corresponde a um adjetivo na sentença.

14. Estruturas adaptadas de Rappaport Hovav e Levin (1998), p. 125 e 208.

estrutura em (31) é, na verdade, uma estrutura de dois predicados, o verbo *sweep* e o adjetivo *clean*, de forma que cada raiz corresponde a um desses predicados. Na representação lexical de um único predicado (como representamos através da letra *v* para verbo em (31)) nunca ocorrerão duas raízes diferentes (por isso, a estrutura é marcada com *). Em (32), mostramos um exemplo de estrutura malformada pela falta de saturação de um predicado. Sabe-se que CAUSE é um predicado primitivo de dois lugares, assim, uma estrutura em que falte um argumento de CAUSE não será bem formada. Em (33), tem-se um exemplo de estrutura em que todos os predicados primitivos estão saturados; entretanto, a estrutura [X ACT $_{<MANNER>}$] não pode ser argumento de BECOME por questões de compatibilidade semântica. O predicado BECOME pede um argumento que denote um resultado e [X ACT $_{<MANNER>}$] denota uma ação. A estrutura em (33) é malformada, então, por uma questão de restrição selecional do predicado BECOME.

É importante realçar que para propor as estruturas de decomposição de predicados como as mostradas acima e para postular a existência dos elementos semânticos primitivos que fazem parte dessas estruturas, é necessário se basear em evidências sintáticas e semânticas. Ainda, as classes de verbos devem apresentar propriedades semânticas e sintáticas em comum para serem tomadas como classes. Nesta seção apenas mostramos como funciona essa metalinguagem. Na seção seguinte, mostraremos como chegamos a algumas estruturas aqui apresentadas e a mais alguns outros tipos de representações já propostos na literatura.

2 A ANÁLISE DE ALGUMAS CLASSES DE VERBOS DO PORTUGUÊS

Para ilustrar a metalinguagem da decomposição de predicados mostramos, nesta seção, como algumas classes de verbos do português podem ser analisadas em termos dessas estruturas, a partir de propostas encontradas na literatura da área para o inglês e para o português. Apontamos para cada classe as motivações sintáticas e semânticas para a existência dos elementos nas estruturas propostas. Realçamos que o objetivo de uma análise em Semântica Lexical é estabelecer a relevância de propriedades do sentido na estrutura sintática de uma língua. Portanto, as estruturas de decomposição de predicados contêm apenas os elementos de significado que são relevantes para a gramática. Como já apontamos, esses elementos podem estar presentes em diferentes níveis de análise. Vamos nos ater, principalmente, às classes que compartilham toda a estrutura de decomposição de predicados, que são classificadas como *medium-grained*, por trazerem mais informações semânticas e sintáticas dos verbos. Lembramos, porém, que uma divisão em classes do tipo *coarse-grained*, que agrupa verbos a partir de alguns elementos das estruturas de decomposição de predicados, é possível dentro dessa abordagem e também é possível uma análise do tipo *fine-grained*, que pode ser feita com base em elementos mais específicos da estrutura, ou mesmo utilizando acarretamentos do sentido da raiz do verbo.

2.1 Verbos de mudança

Os verbos de mudança, em uma análise do tipo *coarse-grained*, são assim classificados por apresentarem um tipo de mudança qualquer no seu complemento e poderem ser associados a estruturas transitivas[15]. Todos os verbos que trazem em seu sentido essa ideia de mudança têm o predicado BECOME em sua representação lexical. Entretanto, essa mudança pode ser refinada em tipos específicos: ela pode ser uma mudança de estado, de estado locativo, de lugar (verbos locativos ou de *location*) e de posse (verbos de *locatum*). Essa informação deve ser representada na estrutura semântica do verbo. Como foi visto, o predicado BECOME pede um argumento para ser saturado e é esse argumento que tem o elemento de sentido que caracteriza o tipo específico da mudança. Cada tipo de mudança define uma classe de

---

15. Uma extensa análise dos verbos de mudança do português, baseada em 862 verbos, é encontrada em Cançado et al. (2013a).

verbos em um nível *medium-grained*, que é associada a uma representação lexical em termos de decomposição de predicados, que, por sua vez, é associada a propriedades sintáticas e semânticas específicas.

Apresentemos, então, a análise dessas classes de mudança sob a perspectiva da decomposição de predicados.

2.1.1 Verbos de mudança de estado

Um primeiro passo para se identificar uma classe é analisar o tipo ontológico da raiz que os verbos pertencentes a essa classe contêm. Esse procedimento pode ser feito através da observação de uma correlação sistemática entre a categoria ontológica das raízes e certas propriedades sintáticas. O que percebemos em nossa análise é que as raízes sempre podem ser expressas por nomes ou adjetivos com sentido correlato ao do verbo, e que esses itens lexicais podem se expandir em sintagmas que mantêm alguns dos argumentos do verbo.

Por exemplo, verbos de mudança de estado são definidos, desde Lakoff (1970), como verbos que acarretam a proposição *y ficar estado*, em que esse estado é denotado por um adjetivo morfologicamente relacionado ao verbo. Alguns exemplos que já foram mostrados ao longo deste capítulo são retomados abaixo:

(34) a. O menino quebrou a panela.
     b. A panela ficou quebrada[16].
(35) a. O treinador cansou a atleta.
     b. A atleta ficou cansada.
(36) a. O dono do hotel esquentou o quarto.
     b. O quarto ficou mais quente[17].

---

16. Quando os verbos não possuem um adjetivo relacionado ao seu sentido, o particípio é tomado como o adjetivo correspondente.

17. Quando o adjetivo em questão é gradativo, o acarretamento é *y ficar mais estado*. Há também verbos cujo acarretamento é mais naturalmente expresso pela sentença *y tornar-se estado*.

Como o estado denotado pelo adjetivo é o sentido idiossincrático do verbo, pois a estrutura recorrente é *y ficar estado*, então é possível relacionar aos verbos acima algum tipo de sintagma que contém um adjetivo que representa a raiz, pertencente à categoria ontológica STATE, e que tenha a presença do argumento interno do verbo *quebrar*:

(37) a panela quebrada
(38) a atleta cansada
(39) o quarto quente

Com essa constatação, estabelece-se que esses verbos podem ser representados por um predicado da categoria ontológica STATE, que é a sua raiz; esse predicado é saturado por uma variável Y. O constituinte semântico [Y <*STATE*>], por sua vez, satura o predicado BECOME, que indica a mudança denotada pelo acarretamento *y ficar estado*. Como já apontamos, uma estrutura com BECOME pode saturar o predicado CAUSE, já que este pede um argumento eventivo. Essa relação causal pode ser vista nos exemplos em (34a), (35a) e (36a), em que se tem alguém causando um processo. Sendo CAUSE um predicado biargumental, abre-se outra posição argumental na estrutura, que é saturada pelo constituinte semântico [X ACT]. ACT é um predicado que representa uma atividade, não necessariamente volicional, e é um predicado que pede um argumento, a variável X, para ser saturado. Com isso, tem-se uma representação de verbos em que se estabelece uma relação causal entre dois subeventos, representados por dois constituintes semânticos[18]:

(40) *quebrar*: [[X ACT] CAUSE [BECOME [Y <*QUEBRADO*>]]]]
(41) *cansar*: [[X ACT] CAUSE [BECOME [Y <*CANSADO*>]]]]
(42) *esquentar*: [[X ACT] CAUSE [BECOME [Y <*QUENTE*>]]]]

---

18. Representações semelhantes a essas são encontradas em Levin e Rappaport Hovav (2005), Rappaport Hovav e Levin (2010), Wunderlich (2012) e Cançado et al. (2013a).

Existem diversas evidências de que esses verbos formam uma classe. A principal característica semântica desse grupo de verbos bieventivos é apresentar o acarretamento *y ficar estado*. Também pode-se evidenciar a natureza causativa dos verbos mostrando a ambiguidade das sentenças com o advérbio *quase*, teste já mostrado acima (entretanto, é importante lembrar que esse teste só é aceito em verbos que podem ser agentivos, não podendo ser aplicado ao verbo *cansar*):

(43) a. O menino quase quebrou a panela.
    b. O que o menino quase fez foi quebrar a panela.
    c. O que o menino fez foi quase quebrar a panela.
(44) a. O dono do hotel esquentou o quarto.
    b. O que o dono do hotel quase fez foi esquentar o quarto.
    c. O que o dono do hotel fez foi quase esquentar o quarto.

Em termos sintáticos, a principal característica desses verbos é ocorrer na alternância causativo-incoativa (LAKOFF, 1970; FILLMORE, 1970; HASPELMATH, 1993; LEVIN & RAPPAPORT HOVAV, 1994, 2005; CANÇADO et al., 2013a). Nessa alternância, a forma transitiva dos verbos, como as exemplificadas em (34a), (35a) e (36a), alterna com uma forma intransitiva em que o argumento na posição de complemento direto da forma transitiva aparece na posição de sujeito:

(45) A panela (se) quebrou.
(46) A atleta (se) cansou.
(47) O quarto (se) esquentou.

Como os verbos acima (e vários outros analisados em Cançado et al., 2013a) apresentam comportamento semântico e sintático comum, pode-se estabelecer a representação lexical de uma classe para o português:

(48) *Classe dos verbos de mudança de estado*:
    [[X ACT] CAUSE [BECOME [Y <*STATE*>]]]

Entretanto, segundo Cançado et al. (2013a), os verbos de mudança de estado do português ainda podem ser divididos em quatro subgrupos, de acordo com propriedades mais específicas do primeiro subevento, o constituinte semântico que é o primeiro argumento de CAUSE. Seguimos aqui a divisão de Amaral (2015), que, em um refinamento da proposta de Cançado et al. (2013a), funde dois desses subgrupos e propõe uma subdivisão dos verbos de mudança de estado em três subclasses. Essas subclasses são, em realidade, classes em um nível *fine-grained*, pois somente possuem especificidades semânticas em relação ao primeiro subevento da classe *medium-grained* dos verbos de mudança de estado, sendo essas especificidades refletidas em duas propriedades morfossintáticas: a presença do *se* nas formas incoativas e a possibilidade de passivização dos verbos.

O primeiro subgrupo é chamado por Cançado et al. (2013a) de "verbos de mudança de estado opcionalmente volitivos". Esses verbos apresentam volição opcional no primeiro argumento do verbo em sua forma transitiva (aceitam agentes ou causas na posição de sujeito), sendo representados com a estrutura mostrada abaixo, em que VOLITION aparece entre parênteses, indicando a opcionalidade da volição:

(49) *v:* [[X ACT $_{(VOLITION)}$] CAUSE [BECOME [Y <*STATE*>]]]

Esses verbos, além de apresentarem as propriedades comuns aos verbos de mudança de estado, podem sofrer passivização e podem ocorrer com o clítico *se* na forma intransitiva. Exemplos de verbos desse tipo são *quebrar* e *esquentar*, já mostrados anteriormente:

(50) a. A panela foi quebrada pelo menino.
  b. O quarto foi esquentado pelo dono do hotel.
(51) a. A panela (se) quebrou.
  b. O quarto (se) esquentou.

O segundo subgrupo, chamado de "verbos de mudança de estado não volitivos", é composto por verbos que não aceitam agentes na posição de sujeito da forma transitiva, aceitando apenas causas. Portanto, esses verbos não apresentam volição no primeiro subevento. Apesar de poderem ser representados, de uma forma geral, a partir da estrutura em (48), uma estrutura mais específica para esses verbos é dada por Cançado et al. (2013a), na seguinte forma:

(52) *v:*[[X ACT/STATE] CAUSE [BECOME [Y <*STATE*>]]]

Como esses verbos aceitam estados, além de eventos, como desencadeadores da mudança de estado, Cançado et al. (2013a) propõem que o primeiro subevento desses verbos deve ser representado como [X ACT/STATE], o que significa que a subeventualidade causadora pode ser um evento não agentivo (não há a opcionalidade para VOLITION na estrutura) ou um estado. Um exemplo desse tipo de verbo é *cansar*:

(53) O exercício/o desânimo dos alunos cansou o professor.

Por não serem agentivos, esses verbos não aceitam passivização e, como os verbos opcionalmente volitivos, aceitam a marca do *se* na forma intransitiva:

(54) *O professor foi cansado.
(55) O professor (se) cansou.

O último subgrupo é composto pelos verbos chamados de "incoativos". Cançado et al. (2013a), seguindo Haspelmath (1993), Levin (2009) e Cançado e Amaral (2010), propõem que esses verbos são basicamente intransitivos, sendo a alternância causativo-incoativa o resultado de um processo de causativização. Assim, esse grupo poderia ser representado por uma estrutura como a mostrada em (48) apenas na sua forma derivada. Sua representação lexical básica não contém o predicado CAUSE e seu primeiro argumento, e pode ser dada pela seguinte estrutura:

(56) *v*: [BECOME [Y <*STATE*>]]

Esses verbos possuem como característica semântica o fato de descreverem processos que ocorrem naturalmente, sem o envolvimento de um agente (LEVIN, 2009). Portanto, quando aceitam um argumento pelo processo de causativização, esse argumento é sempre uma causa, e nunca um agente. Por não aceitarem um agente, esses verbos não aceitam passivização. E, por serem basicamente intransitivos, não aceitam a marca do *se* nessa forma; aqui, seguimos Haspelmath (1993), para quem marcas morfossintáticas na intransitiva sinalizam uma forma derivada. Como no caso dos verbos incoativos é a transitiva que é a forma derivada, a marca morfossintática não aparece. Exemplo desse tipo de verbo é *apodrecer*:

(57) a. A fruta apodreceu.
     b. O excesso de calor apodreceu a fruta.
(58) *A fruta se apodreceu.
(59) *A fruta foi apodrecida.

Como apontado por Cançado et al. (2013a), é interessante notar que, a partir da estrutura em (56), também pode-se estabelecer a restrição semântica para a alternância causativo-incoativa, já estudada nos Capítulos 2 e 3 sob a perspectiva dos papéis temáticos. A formulação de tal restrição pela estrutura de decomposição de predicados é mais sucinta e não se baseia nas definições, às vezes problemáticas, dos papéis temáticos. Pode-se propor a generalização de que todo verbo que apresentar em sua representação semântica a estrutura [BECOME [Y <*STATE*>]], ou seja, que for um verbo de mudança de estado, aceitará tal alternância. Essa proposta baseia-se nos casos que foram discutidos acima, em que todas as subclasses de verbos de mudança de estado alternam entre a forma transitiva e intransitiva; o que todas essas subclasses têm em comum é a mudança de estado que é representada pela estrutura em (56). Como se verá a seguir, verbos que não apresentam tal estrutura não apresentam a alternância.

2.1.2 Verbos de mudança de estado locativo

Uma segunda classe, a dos verbos de mudança de estado locativo, assemelha-se à dos verbos de mudança de estado, pois também denotam essa propriedade. Com isso, poderia se cogitar a ideia de classificá-los no mesmo grupo. Entretanto, a diferença é que esse grupo de verbos denota uma mudança de estado em relação a um lugar e, por isso, apresenta uma distinta estrutura semântica e distintas propriedades sintáticas[19]. Primeiramente, os verbos dessa classe acarretam a proposição *y ficar estado em algum lugar*, o que os faz projetar na sintaxe três argumentos. Veja os exemplos:

(60) a. O Paulo encostou a vassoura na porta.
     b. A vassoura ficou encostada na porta.
(61) a. O menino escondeu a boneca no armário.
     b. A boneca ficou escondida no armário.
(62) a. A cozinheira guardou a comida na geladeira.
     b. A comida ficou guardada na geladeira.

As raízes desses verbos, assim como as raízes dos verbos de mudança de estado, pertencem à categoria ontológica STATE e podem ser expressas em sintagmas com adjetivos correlatos aos sentidos dos verbos. Porém, esses sintagmas podem apresentar os dois argumentos complementos dos verbos acima exemplificados:

(63) a vassoura encostada na porta
(64) a boneca escondida no armário
(65) a comida guardada na geladeira

Assumindo-se que exista uma ordem preferível na formação de sentenças, os adjuntos são percebidos como menos presos aos verbos, estruturalmente. Portanto, espera-se que adjuntos sejam mais flexíveis na sentença e que complementos sejam mais presos. Baseadas nessa afirmação, evidência de que esses verbos pedem três argumentos pode ser dada por um teste que mostra quando um locativo pode ser separado (adjunto) ou não (complemento) de um verbo. Veja os exemplos:

---

19. Essa classe é sugerida para o inglês em Levin (1993), para o português em Godoy (2012), e analisada de uma forma mais ampla para os dados do português em Cançado et al. (2013a).

(66) a. O menino correu no parque.
    b. O que o menino fez no parque foi correr.
(67) a. O Paulo encostou a vassoura na porta.
    b. *O que o Paulo fez na porta foi encostar a vassoura.

A sentença em (66b), em que o locativo da sentença é separado do verbo, é perfeitamente gramatical, evidenciando assim a natureza de adjunto do sintagma *no parque*. Já em (67b), é vedada a separação do locativo do verbo, evidenciando assim a natureza de argumento do sintagma *na porta*. Com isso, pode-se concluir que o verbo *encostar* pede três argumentos para ser saturado.

Dada essa evidência, pode-se afirmar que a representação semântica desses verbos inclui também um sentido de lugar. Wunderlich (2012) propõe que verbos que possuem o sentido de lugar podem ter esse sentido representado pelo predicado LOC em sua estrutura semântica. Seguindo a ideia do autor, propomos que semanticamente o predicado é representado pelo primitivo LOC (locativo), uma ideia mais ampla de lugar, pois o verbo não traz a especificidade desse lugar em sua estrutura. Essa especificidade será dada apenas na sintaxe, através das várias preposições locativas existentes. Por exemplo, pode-se dizer "o menino escondeu a boneca em/ dentro de/ sobre/ debaixo de/ em cima de o armário". Portanto, os sentidos específicos das preposições não estão representados na estrutura semântica dos verbos. O predicado LOC, segundo Wunderlich (2012), é biargumental, pedindo dois argumentos para ter seu sentido saturado: *alguma coisa* em/sobre/dentro de *algum lugar*. Assim como na classe dos verbos de mudança de estado, a raiz representada pelo predicado monoargumental STATE é saturada por uma variável Y. Tendo sido formado o constituinte semântico [Y <*STATE*>], este preencherá uma das posições do predicado biargumental LOC; a outra posição argumental desse predicado será saturada por uma variável Z, formando [[Y <*STATE*>] LOC Z]. Essa estrutura, por sua vez, preenche a posição argumental de BECOME, originando o constituinte semântico [BECOME [[Y <*STATE*>] LOC Z]], que será argumento de CAUSE, predicado também saturado pelo constituinte [X ACT]. Diferentemente dos verbos de mudança de estado, esses verbos só aceitam um agente na posição de sujeito. Para representar essa volicionalidade, o modificador VOLITION é necessário na estrutura dessa classe. A relação de causação pode ser demonstrada pela ambiguidade nas sentenças com o advérbio *quase*:

(68) a. O menino quase escondeu a boneca no armário.
     b. O que o menino quase fez foi esconder a boneca no armário.
     c. O que o menino fez foi quase esconder a boneca no armário.
(69) a. O Paulo quase encostou a vassoura na porta.
     b. O que o Paulo quase fez foi encostar a vassoura na porta.
     c. O que o Paulo fez foi quase encostar a vassoura na porta.
(70) a. A cozinheira quase guardou a comida na geladeira.
     b. O que a cozinheira quase fez foi guardar a comida na geladeira.
     c. O que a cozinheira fez foi quase guardar a comida na geladeira.

Com essas informações, propomos estruturas para esses verbos, baseadas nas estruturas propostas em Godoy (2012) e em Cançado et al. (2013a):

(71) *encostar*:
     $[[X \text{ ACT}_{VOLITION}] \text{ CAUSE } [BECOME [[Y <ENCOSTADO>] \text{ LOC } Z]]]$
(72) *esconder*:
     $[[X \text{ ACT}_{VOLITION}] \text{CAUSE } [BECOME [[Y <ESCONDIDO>] \text{ LOC } Z]]]$
(73) *guardar*:
     $[[X \text{ ACT}_{VOLITION}] \text{ CAUSE } [BECOME [[Y <GUARDADO>] \text{ LOC } Z]]]$

Como já mostramos, os verbos de mudança de estado locativo apresentam propriedades semânticas e sintáticas distintas das dos verbos de mudança de estado. Primeiramente, como propriedades semânticas, verbos de mudança de estado locativo acarretam *y ficar estado em algum lugar*, diferentemente dos verbos de mudança de estado, que acarretam *y ficar estado* apenas. Além disso, diferem dos verbos de mudança de estado por serem estritamente agentivos, não aceitando uma causa na posição de sujeito, como se exemplifica abaixo:

(74) *O trabalho da faxineira encostou a vassoura na porta.
(75) *O esforço da mãe escondeu a boneca no armário.
(76) *A ventania guardou a comida na geladeira.

Como propriedades sintáticas, apontamos que esses verbos são bitransitivos, como já mencionamos, e não participam da alternância causativo-incoativa, característica dos verbos de mudança de estado:

(77) *A vassoura (se) encostou na porta. (na leitura incoativa)[20]
(78) *A boneca (se) escondeu no armário. (na leitura incoativa)
(79) *A comida (se) guardou na geladeira.

Como os verbos aqui analisados (e vários outros analisados em CANÇADO et al., 2013a) se comportam sintática e semanticamente de maneira comum, pode-se propor outra classe para o português, a classe dos verbos de mudança de estado locativo:

(80) Classe dos verbos de mudança de estado locativo:
[[X ACT$_{VOLITION}$] CAUSE [BECOME [[Y <STATE>] LOC Z]]]

2.1.3 Verbos de mudança de lugar

Um terceiro grupo de verbos é o dos verbos de mudança de lugar, que também são conhecidos na literatura como "verbos de *location*" (CLARK & CLARK, 1979; HALE & KEYSER, 2002), ou "verbos locativos". Esses verbos, incluídos no grupo dos verbos caracterizados como denominais, denotam a mudança de um participante de um lugar qualquer para outro lugar, cujo nome está contido no próprio verbo. Mostramos a paráfrase proposta por Clark e Clark (1979) para verbos dessa classe nos exemplos em (b) abaixo:

---

20. O verbo *encostar* é polissêmico e possui, além do sentido de *ficar encostado em algum lugar*, o sentido de *tocar*. Nessa última acepção, uma sentença intransitiva é possível: *a vassoura encostou na porta* (o mesmo que *a vassoura tocou a porta*, sem acarretar que a vassoura ficou encostada na porta).

(81) a. O agricultor ensacou o milho.
   b. O agricultor colocou o milho no saco.
(82) a. A Maria engarrafou o leite.
   b. A Maria colocou o leite na garrafa.
(83) a. O professor encaixotou os livros.
   b. O professor colocou os livros no caixote.

Segundo Pinker (1989) e Parsons (1990), paráfrases recorrentes em grupos de verbos podem ser consideradas indícios do conteúdo semântico desses itens. Portanto, vamos nos valer das paráfrases acima para propor que a parte recorrente do sentido desses verbos é *x colocar y em lugar*, restando, portanto, aos nomes *saco*, *garrafa* e *caixote* indicarem as raízes desses verbos. Pode-se mostrar que é possível relacionar sintagmas que contêm esses nomes aos verbos das sentenças acima; ainda, esses sintagmas se caracterizam pela presença do argumento complemento do verbo:

(84) o milho no saco
(85) o leite na garrafa
(86) os livros no caixote

Com isso, constata-se que a raiz desses verbos é da categoria ontológica THING 'coisa', representada por <*THING*> na metalinguagem de decomposição de predicados. O elemento semântico <*THING*> é um argumento e, portanto, deve saturar algum predicado. Como esses verbos denotam mudança de lugar, esse sentido locativo é representado na estrutura por LOC, seguindo a proposta mais ampla de Wunderlich (2012) para predicados locativos. Entretanto, o predicado LOC e seu complemento não serão representados na sintaxe por preposições e argumentos, pois o complemento de LOC é a própria raiz de categoria ontológica THING, fazendo parte do sentido do verbo, e sendo representado somente na estrutura semântica. Relembrando, LOC é um predicado biargumental, pedindo, portanto, dois argumentos para ser saturado. Um argumento é <*THING*> e o outro é a variável Y: [Y LOC <*THING*>]. Ainda, esses verbos contêm o sentido de mudança, que é representado por BECOME, que toma o constituinte semântico [Y LOC <*THING*>] como argumento. A estrutura saturada de BECOME é, por sua vez, argumento do predicado CAUSE, cuja presença na estrutura pode ser evidenciada pelo teste do *quase* aplicado aos exemplos:

(87) a. O agricultor quase ensacou o milho.
    b. O que o agricultor quase fez foi ensacar o milho.
    c. O que o agricultor fez foi quase ensacar o milho.
(88) a. A Maria quase engarrafou o leite.
    b. O que a Maria quase fez foi engarrafar o leite.
    c. O que a Maria fez foi quase engarrafar o leite.
(89) a. O professor quase encaixotou os livros.
    b. O que o professor quase fez foi encaixotar os livros.
    c. O que o professor fez foi quase encaixotar os livros.

Evidência semântica de que esses verbos formam uma classe pode ser dada pelo acarretamento *y ficar em lugar*, comum a todos os verbos acima:

(90) a. O agricultor ensacou o milho.
    b. O milho ficou no saco.
(91) a. A Maria engarrafou o leite.
    b. O leite ficou na garrafa.
(92) a. O professor encaixotou os livros.
    b. Os livros ficaram no caixote.

Uma propriedade sintática comum a esses verbos é a realização do nome que representa a raiz em um tipo de sintagma preposicionado (SP) cognato:

(93) O agricultor ensacou o milho *no saco de pano*.
(94) A Maria engarrafou o leite *em uma garrafa pet*.
(95) O professor encaixotou os livros *em caixotes de madeira*.

Como argumenta Jackendoff (1990), sintagmas cognatos são usados para especificar componentes de sentido do verbo. Nos exemplos acima, os SPs cognatos *no saco de pano/em uma garrafa pet/em caixotes de madeira* especificam o tipo de saco/o tipo de garrafa/o tipo de caixote, evidenciando que os nomes *saco/garrafa/caixote* realmente estão contidos nos sentidos dos verbos. Além do mais, o SP cognato, nucleado pela preposição *em* (ou pela locução *dentro de*), também evidencia a existência da relação locativa estabelecida por esses verbos e representada pelo predicado LOC.

Outra característica sintática relevante dessa classe é a não ocorrência dos verbos na alternância causativo-incoativa, pois somente verbos de mudança de estado aceitam tal alternância:

(96) *O milho (se) ensacou.
(97) *O leite (se) engarrafou.
(98) *Os livros (se) encaixotaram.

Ainda, esses verbos são estritamente agentivos, não aceitando uma causa na posição de sujeito:

(99) *A ventania ensacou o milho.
(100) *O trabalho da Maria engarrafou o leite.
(101) *A enxurrada encaixotou os livros.

Com essa constatação, o constituinte [X ACT], marcado com o modificador VOLITION, pode ser inserido na estrutura para preencher o segundo argumento de CAUSE[21]:

(102) *ensacar*:
   [[X ACT$_{VOLITION}$] CAUSE [BECOME [Y LOC <*SACO*>]]]
(103) *engarrafar*:
   [[X ACT$_{VOLITION}$]CAUSE [BECOME [Y LOC <*GARRAFA*>]]]
(104) *encaixotar*:
   [[X ACT$_{VOLITION}$] CAUSE [BECOME [Y LOC <*CAIXOTE*>]]]

Como esses verbos (e vários outros analisados em CANÇADO et al., 2013a) se comportam sintática e semanticamente da mesma maneira, pode-se propor a seguinte estrutura para a classe dos verbos de mudança de lugar:

---

21. Representações semelhantes a essas são encontradas em Levin e Rappaport Hovav (2005), Rappaport Hovav e Levin (2010), Wunderlich (2012) e Cançado et al. (2013a).

(105) *Classe dos verbos de mudança de lugar*:

[[X ACT$_{VOLITION}$] CAUSE [BECOME [Y LOC <*THING*>]]]²²

2.1.4 Verbos de mudança de posse

Assim como os verbos de mudança de lugar, os verbos de mudança de posse também foram analisados na literatura como itens que denotam um tipo de mudança locativa. Clark e Clark (1979) chamaram esses verbos de "verbos de *locatum*" e propuseram que eles também denotam uma mudança de lugar, mas nesses casos o objeto que sofre a mudança de lugar é denotado pelo nome contido no verbo e o locativo é dado por um de seus argumentos. Segundo os autores, a diferença entre verbos de *locatum* e verbos locativos é a localização, na paráfrase, do nome contido no verbo. Mostramos que, no caso dos verbos locativos, esse nome se encontra em posição de complemento indireto na paráfrase (*o agricultor ensacou o milho/o agricultor colocou o milho no saco*). Porém, as paráfrases dos verbos de *locatum*, conforme Clark e Clark (1979), apresentam o nome na posição de complemento direto. Veja alguns exemplos:

(106) a. O funcionário emplacou o carro.
      b. O funcionário colocou a placa no carro.
(107) a. A enfermeira enfaixou a mão do menino.
      b. A enfermeira colocou a faixa na mão do menino.
(108) a. A aluna encapou o caderno.
      b. A aluna colocou a capa no caderno.

Apesar de, intuitivamente, as paráfrases em (b) acima parecerem adequadas para esses verbos, Cançado et al. (2013a), seguindo Rapapport Hovav e Levin (1998) e Hale e Keyser (2002), propõem que os verbos em

---

22. Assim como outros autores, Cançado et al. (2013a) propõem que a categoria ontológica das raízes desses verbos é PLACE 'lugar.' Entretanto, reformulamos a proposta, assumindo que é o predicado LOC que atribui a propriedade de locativo à raiz. Assim, a raiz é da categoria ontológica THING, não havendo necessidade de se propor a categoria ontológica PLACE.

(106a), (107a) e (108a), na verdade, não denotam uma relação locativa – contrariamente à proposta de Clark e Clark (1979). As autoras mostram que as sentenças em (b) são ambíguas, não podendo, portanto, servir como uma paráfrase adequada para ser suporte da definição do sentido específico contido nesses verbos. Em (106b), pode-se ter uma leitura de que o funcionário prendeu a placa no lugar específico para placas de carro, mas há também uma leitura de que o funcionário simplesmente pegou a placa e a deixou dentro do carro; o que não significa *emplacar*. As mesmas leituras podem ser feitas para (107b): a enfermeira enrolou a faixa devidamente na mão do menino, ou a enfermeira simplesmente pegou a faixa e a deixou na mão do menino (p. ex., para ele a levar para casa); o que não significa *enfaixar*. Também se tem o mesmo para (108b): a aluna revestiu o caderno com a capa, ou ela simplesmente deixou a capa em cima do caderno (para colocar depois, p. ex.), o que não significa *encapar*.

As autoras propõem, então, assumir a hipótese de Hale e Keyser (2002), que alegam que verbos desse tipo acarretam o sentido de *x prover/fornir/ guarnecer y com algo*, ao invés de *x colocar algo em y*, em que a relação entre o nome contido no verbo e o objeto é de posse, não de locação. Os autores usam uma proposta de cunho morfossintático para provar a sua hipótese; Cançado et al. (2013a) corroboram essa hipótese por uma perspectiva semântica.

Uma primeira evidência semântica apresentada pelas autoras é que uma sentença como *o funcionário emplacou o carro* acarreta que o estado final do carro é *ficar com uma placa*, daí a noção de mudança de posse: o carro não tinha placa e passou a ter. Também pode-se perceber que a interpretação de sintagmas nominais que contêm os nomes contidos nos verbos de mudança de posse e que apresentam o mesmo argumento complemento dos verbos é de uma relação de posse:

(109) o carro com a placa (o carro que tem a placa)

(110) a mão com a faixa (a mão que tem a faixa)
(111) o caderno com a capa (o caderno que tem a capa)

Com isso, as autoras propõem que as paráfrases mais adequadas para *emplacar, enfaixar* e *encapar* são:

(112) O funcionário proveu o carro com uma placa.
(113) A enfermeira proveu a mão do menino com uma faixa.
(114) A aluna proveu o caderno com uma capa.

Com os exemplos de (109) a (111), também mostramos que os sintagmas que evidenciam a raiz do verbo são da categoria ontológica THING: *placa, faixa* e *capa*. Portanto, a raiz desses verbos é da categoria ontológica THING, assim como a raiz da classe de verbos de mudança de lugar, e é representada por <*THING*> na metalinguagem de decomposição de predicados. <*THING*> é um argumento e, portanto, deve saturar algum predicado. Como esses verbos denotam uma mudança de posse, esse sentido é representado na estrutura por POSS, seguindo a proposta mais ampla de Wunderlich (2012) para a representação semântica das relações estabelecidas por preposições. POSS é um predicado biargumental, pedindo, portanto, dois argumentos para ser saturado. Um argumento é a raiz <*THING*> e o outro é uma variável Y: [Y POSS <*THING*>]. Como nos verbos de mudança de lugar, o predicado POSS e seu complemento, a raiz do verbo, não são projetados na sintaxe, pois fazem parte do sentido do verbo. Esses verbos também contêm o sentido de mudança, que é representado por BECOME, que toma o constituinte semântico [Y POSS <*THING*>] como argumento. A estrutura resultante, [BECOME [Y POSS <*THING*>]] é, por sua vez, argumento do predicado CAUSE, cuja presença na estrutura pode ser evidenciada pelo teste do *quase* aplicado aos exemplos:

(115) a. O funcionário quase emplacou o carro.
    b. O que o funcionário quase fez foi emplacar o carro.
    c. O que o funcionário fez foi quase emplacar o carro.

(116) a. A enfermeira quase enfaixou a mão do menino.

   b. O que a enfermeira quase fez foi enfaixar a mão do menino.

   c. O que a enfermeira fez foi quase enfaixar a mão do menino.

(117) a. A aluna quase encapou o caderno.

   b. O que a aluna quase fez foi encapar o caderno.

   c. O que a aluna fez foi quase encapar o caderno.

A característica semântica desses verbos é, então, o acarretamento de mudança de posse, *y ficar com coisa*. Sintaticamente, assim como os verbos de mudança de lugar, os verbos de mudança de posse aceitam um adjunto SP cognato. Entretanto, com essa classe de verbos, o adjunto cognato SP só pode ser nucleado pela preposição *com* que denota posse, e não pela preposição *em* que denota lugar; essa constatação fortalece a ideia de que não existe uma relação de lugar no sentido desses verbos, como proposto inicialmente por Clark e Clark (1979):

(118) O funcionário emplacou o carro *com uma placa de ferro*.

(119) A enfermeira enfaixou a mão do menino *com uma faixa esterilizada*.

(120) A aluna encapou o caderno *com capa colorida*.

Vale realçar, retomando a ideia de Jackendoff (1990), que sintagmas cognatos são usados para especificar componentes de sentido do verbo. Com isso, além de explicitarem a relação de posse, esses exemplos evidenciam ainda mais que os nomes *placa*, *faixa* e *capa* realmente fazem parte do sentido dos verbos acima.

Outra observação de cunho sintático é que, como os verbos de mudança de posse não denotam mudança de estado, os itens dessa classe não participam da alternância causativo-incoativa. Além disso, são estritamente agentivos, não aceitando uma causa na posição de sujeito:

(121) *O carro (se) emplacou.

(122) *A mão (se) enfaixou.

(123) *O caderno (se) encapou.

(124) *O trabalho do funcionário emplacou o carro.

(125) *O vento enfaixou a mão do menino.

(126) *O esforço da aluna encapou o caderno.

Apresentamos, então, as estruturas de decomposição de predicados para os verbos[23]:

(127) *emplacar*: [[X ACT$_{VOLITION}$] CAUSE [BECOME [Y POSS <*PLACA*>]]]
(128) *enfaixar*: [[X ACT$_{VOLITION}$] CAUSE [BECOME [Y POSS <*FAIXA*>]]]
(129) *encapar*: [[X ACT$_{VOLITION}$] CAUSE [BECOME [Y POSS <*CAPA*>]]]

Como foi visto, esses verbos (e vários outros analisados em CANÇA-DO et al., 2013a) apresentam um mesmo comportamento sintático e semântico, formando, pois, uma classe que difere da dos verbos de mudança de lugar apenas na relação de posse estabelecida entre a raiz e a estrutura recorrente:

(130) *Classe dos verbos de mudança de posse*:
[[X ACT$_{VOLITION}$] CAUSE [BECOME [Y POSS <*THING*>]]]

3 COMPARAÇÃO COM UMA ABORDAGEM DE PAPÉIS TEMÁTICOS

Nos capítulos anteriores mostramos um tipo de representação lexical dos verbos muito utilizado, as listas de papéis temáticos, e mostramos, também, uma proposta que trata os papéis temáticos não como elementos atômicos, mas como grupos de propriedades semânticas, capaz de explicar a seleção argumental. Nesse ponto, então, a seguinte questão pode ser levantada: em que uma abordagem em termos de decomposição de predicados pode ser mais eficiente do que uma abordagem em termos de papéis temáticos?[24] Para responder a essa pergunta, retomamos alguns exemplos de verbos de mudança de lugar e de mudança de posse:

(131) O lavrador ensacou o feijão.
(132) O funcionário emplacou o carro.

---

23. Representações semelhantes a essas são encontradas em Levin e Rappaport Hovav (2005), Rappaport Hovav e Levin (1998, 2010), Wunderlich (2012) e Cançado et al. (2013a).
24. Cf. Levin e Rappaport Hovav (2005) e Cançado et al. (2013b).

Em uma abordagem de papéis temáticos, os verbos das sentenças acima poderiam ter as seguintes representações:

(133) *ensacar*: {Agente, Paciente}
(134) *emplacar*: {Agente, Paciente}

Mesmo considerando a proposta de papéis temáticos como grupos de propriedades semânticas, em geral, as representações para esses verbos seriam muito semelhantes, caso se optasse por decompor ainda a propriedade de *afetado*, ou idênticas, mantendo essa propriedade:

(135) *ensacar*: {Desencadeador/Controle, Afetado}
(136) *emplacar*: {Desencadeador/Controle, Afetado}

Entretanto, apesar de apresentarem a mesma grade temática, os verbos das sentenças acima possuem propriedades diferentes, como já foi visto. Por exemplo, o adjunto SP cognato de *ensacar* pode ser nucleado por uma preposição locativa, já o adjunto SP cognato de *emplacar* não pode ser nucleado por uma preposição locativa, só aceitando a preposição *com*. Ainda, ao sentido dos verbos locativos, como *ensacar*, é possível relacionar um sintagma nominal denotando uma relação locativa entre a raiz do verbo e o argumento Y; ao sentido dos verbos do tipo de *emplacar* é possível relacionar um sintagma nominal denotando a relação de posse entre esses mesmos elementos, como nos exemplos abaixo:

(137) *O feijão no saco* está podre.
(138) *A placa do carro* está caindo.

A partir das representações por grades temáticas dadas, não se teria como prever as diferenças semânticas e de comportamento gramatical entre esses verbos. No entanto, usando a linguagem de decomposição de predicados, através de LOC e POSS, podem-se capturar essas diferenças de mudança, sem se perder o sentido recorrente das várias classes verbais. Retomemos os exemplos:

(139) *ensacar*: [[X ACT$_{VOLITION}$] CAUSE [BECOME [Y LOC <*SACO*>]]]
(140) *emplacar*: [[X ACT$_{VOLITION}$] CAUSE [BECOME [Y POSS <*PLACA*>]]]

Nas duas estruturas estão os predicados ACT, CAUSE e BECOME. Isso significa que os dois verbos possuem algumas características semânticas em comum, que naturalmente fazem com que sejam classificados da mesma forma em uma abordagem de papéis temáticos. Porém, outros elementos da estrutura mostram as diferenças existentes entre eles. Em cada estrutura, o argumento de BECOME é diferente. Em (139), o argumento de BECOME é [Y LOC <*SACO*>] e o predicado primitivo LOC indica uma relação de locação, ou seja, Y passa a estar em algum lugar; em (140), é [Y POSS <*PLACA*>] e o predicado primitivo POSS indica que Y passa a ficar com algo. Através dos diferentes argumentos de BECOME, é possível captar as diferenças entre os dois verbos apresentados. São essas informações que dividem os verbos em classes mais específicas e que são capazes de prever as diferenças de comportamento entre eles. Dessa forma, damos uma primeira justificativa para a utilização de uma abordagem de representação lexical por decomposição de predicados.

Ainda, a linguagem da decomposição de predicados permite representar não apenas as relações semânticas que os argumentos estabelecem com seus predicados, mas também a estrutura dos eventos, de onde se pode derivar o aspecto lexical. As classes aspectuais de Vendler (1967) podem ser definidas em termos das estruturas de decomposição de predicados, como propõe Dowty (1979), já que estas representam a semântica de todo o evento denotado pelo verbo, incluindo a forma como esse evento ocorre no tempo. Partindo dessa proposta, os verbos de mudança acima apresentados são classificados como *accomplishments*.

Relembrando, os verbos do tipo aspectual *accomplishment*, além de dinâmicos, télicos e com intervalos internos, são caracterizados como eventos complexos, ou seja, compostos por subeventos. Para verificar essa complexidade utiliza-se o teste do *quase*, sendo possível verificar que tais verbos formam sentenças ambíguas com esse advérbio. Mostramos também que a ambiguidade com *quase* se relaciona à presença de CAUSE, que toma como argumentos justamente dois subeventos. Portanto, é fácil concluir que os verbos que contêm o predicado primitivo CAUSE em sua representação lexical serão classificados como *accomplishments*. Esse predicado representa uma relação de causação entre uma causa ou um agente e um resultado final, exatamente o início, a eventualidade desencadeadora, e o final, o ponto télico, do evento denotado por um verbo de *accomplishment*. Vale realçar que essas constatações nos permitem fazer um tipo de classificação verbal no nível *coarse-grained*: todo verbo transitivo-causativo apresenta a propriedade lexical de *accomplishment*.

Também é possível derivar da estrutura de decomposição de predicados o aspecto derivado de *achievement* da contraparte intransitiva dos verbos de mudança de estado. *Achievements* são caracterizados como uma eventualidade dinâmica, télica, sem intervalos e não complexa. No caso dos *achievements*, tem-se verbos que denotam apenas uma mudança para um estado final. Dos predicados primitivos que mostramos, apenas BECOME representa essa mudança. Assim, estruturas que contêm esse predicado sem a presença de CAUSE, representam eventos télicos e não complexos, pois BECOME não toma subeventos como argumentos, apenas CAUSE tem essa propriedade. Assim, serão *achievements* verbos representados com BECOME, sem CAUSE, como no exemplo abaixo:

(141) a. A porta (se) abriu.
      b. [BECOME [Y *<ABERTO>*]]

Esse tipo de informação aspectual não pode ser representado por uma estrutura argumental dada em termos de papéis temáticos, como mostram Levin e Rappaport Hovav (2005).

Além do aspecto lexical, é possível também derivar das estruturas de decomposição de predicados os papéis temáticos a serem atribuídos aos argumentos de um verbo (CANÇADO et al., 2013b). Como foi visto nos capítulos anteriores, alguns autores assumem essa noção como sendo primitiva e fornecem uma lista desses papéis e as respectivas definições (GRUBER, 1965; FILLMORE, 1968, 1971, 1977; JACKENDOFF, 1972, 1976; ANDERSON, 1979, entre outros). Outros autores, diferentemente, assumem que essa função semântica é derivada da relação estabelecida entre o verbo e seu argumento e pode ser determinada de diversas formas (JACKEN-DOFF, 1983, 1987, 1990; DOWTY, 1989, 1991; WHITAKER-FRANCHI, 1989; VAN VALIN & LaPOLLA, 1997; VAN VALIN, 2005; FRANCHI & CANÇADO, 2003a [1997]; CANÇADO, 2005; entre outros). Como propõe Jackendoff (1983, 1987, 1990), uma dessas formas é derivar os papéis temáticos de uma estrutura de decomposição de predicados. O autor define os diferentes papéis temáticos a partir das posições dos argumentos em estruturas conceituais semelhantes às estruturas de decomposição de predicados aqui propostas. Seguindo Cançado et al. (2013b), também se pode definir os papéis temáticos a partir das relações estabelecidas entre as variáveis X, Y e Z e os predicados primitivos e modificadores na estrutura de decomposição de predicados de um verbo.

Um exemplo é o papel temático de agente. Foi visto nos nossos exemplos que a estrutura $[X \ ACT_{VOLITION}]$ está sempre associada à noção de volição e, consequentemente, à noção de agentividade. Então, propomos que todo argumento de um verbo que corresponde a X nessa estrutura recebe o papel temático de agente. Não estamos, com isso, limitando a definição de agente à estrutura $[X \ ACT_{VOLITION}]$, mas apenas afirmando que toda vez que uma representação apresentar essa subestrutura, existe aí um argumento que recebe o papel temático de agente. Além desse caso, argumentos de um verbo que correspondem a X nas representações semânticas $[X \ ACT_{<MANNER>}]$ e $[X \ DO \ <EVENT>]$, representações de algumas classes de verbos intransitivos, também receberão o papel temático de agente. A derivação de um mesmo papel temático a partir de diferentes predicados primitivos não é necessariamente um problema, mas aponta que diferentes tipos de relações temáticas acabam sendo classificados dentro de um mesmo rótulo nas propostas de papéis temáticos. A intuição de que existem vários tipos de agente, por exemplo, já é apontada em Cruse (1973), Dowty (1989, 1991), Brousseau e Ritter (1991), Van Valin e Wilkins (1996), Cançado (2005), entre outros. Dowty (1989, 1991) usa uma definição *fuzzy* dos papéis temáticos, em que um agente pode ter mais ou menos propriedades dependendo do tipo semântico do verbo. Uma estrutura temática não consegue captar essas nuances da agentividade que estão representadas na estrutura de decomposição. Ainda, pode-se prever a partir das estruturas que derivam o papel temático de agente, a ocorrência das passivas (JACKENDOFF, 1972), como comprovado pelos exemplos aqui mostrados.

A existência das raízes também é uma grande vantagem da decomposição de predicados. Em uma representação por grades temáticas, não se pode fazer a distinção entre raiz e estrutura, o que é uma grande perda em termos analíticos. Se a raiz representa a parte idiossincrática do sentido do verbo, pode-se aí alocar várias propriedades que fazem parte do seu sentido, embora não sejam partes da estrutura comum a vários outros itens lexicais. Tal distinção não é captada por uma linguagem em termos de papéis temáticos, em que não há um elemento correspondente aos aspectos inerentemente idiossincráticos do item lexical. Uma evidência da importância da raiz pode ser exemplificada pelos verbos chamados de "psicológicos", que possuem o argumento em posição de objeto recebendo o papel temático de experienciador. Cançado (2012b) mostra que os verbos psicológicos apresentam as mesmas propriedades sintáticas e semânticas que os verbos de mudança de estado. Compare as sentenças com os verbos *esquentar* e *assustar* abaixo:

(142) a. O fogo/o cozinheiro esquentou a panela.
     b. A panela (se) esquentou (com o fogo).
     c. A panela ficou quente.
(143) a. O fogo/o menino levado assustou a Mariazinha.
     b. A Mariazinha (se) assustou (com o fogo).
     c. A Mariazinha ficou assustada.

Baseada nessas evidências, a autora conclui que os verbos psicológicos, em uma classificação *medium-grained*, são verbos de mudança de estado, pois são representados através da mesma estrutura de predicados primitivos que o verbo *esquentar*, diferindo apenas no sentido específico da raiz. É justamente aí que se encontra, então, a propriedade do verbo de denotar um estado psicológico, ou seja, se a mudança é para um estado psicológico (*assustado, preocupado,* entre outros), o verbo poderá ser classificado, em uma análise do tipo *fine-grained,* como "mudança de estado psicológico" e seu argumento poderá ser caracterizado mais finamente como "afetado por uma experiência psicológica". Essas informações podem ser obtidas através dos acarretamentos lexicais da raiz <*ASSUSTADO*>. Ou seja, esses verbos podem ser agrupados em uma classe tipo *fine-grained* pela análise dos acarretamentos da raiz de cada verbo específico. Entretanto, uma análise desse tipo, que abrange tanto a estrutura semântica recorrente da classe (a mudança) quanto o sentido específico do verbo (estado psicológico), só é possível pela estrutura de decomposição de predicados. Daí a importância da distinção entre estrutura e raiz. Veja as duas estruturas, por decomposição de predicados e por papéis temáticos, em que o verbo *assustar* pode ser representado:

(144) *assustar*: [[X ACT$_{(VOLITION)}$] CAUSE [BECOME [Y <*ASSUSTADO*>]]]
(145) *assustar*: {Causa, Experienciador}

Apenas a primeira representação abarca as duas informações semânticas importantes desse verbo: ser um verbo de mudança (informação da estrutura pelo predicado BECOME) e denotar um estado psicológico (informação da raiz pelo sentido idiossincrático do predicado ASSUSTADO).

Ainda, como mostramos nos exemplos acima, os verbos psicológicos ocorrem na alternância causativo-incoativa. Mostramos no Capítulo 2 que, em uma abordagem de papéis temáticos, a restrição semântica para essa alternância é a estrutura argumental *v*: {Causa, Paciente}. Nessa abordagem, os verbos psicológicos ficariam, então, fora do grupo dos verbos alternantes, já que sua estrutura argumental seria *v*: {Causa, Experienciador}. Diferentemente, em uma abordagem de decomposição de predicados, a restrição semântica para a alternância é a denotação de uma mudança de estado, representada pela subestrutura [BECOME [Y <*STATE*>]]. Nessa abordagem os verbos psicológicos são incluídos, corretamente, no grupo dos verbos alternantes.

Por fim, como última vantagem de uma representação por decomposição de predicados, apontamos o fato de que ela permite formular vários níveis de análise, como mostrado acima. Cançado e Gonçalves (2016) mostram que, a partir das estruturas de decomposição de predicados, é possível se ter pelo menos três níveis de análise semântica: *coarse-grained*, *medium-grained* e *fine-grained*. Em uma análise mais ampla (*coarse-grained*) pode-se agrupar verbos que têm apenas um elemento em comum em sua estrutura. Por exemplo, podem ser consideradas classes grupos como o dos verbos de mudança (que possuem BECOME), o dos verbos causativos (que possuem CAUSE), o dos verbos de maneira (de raiz de categoria ontológica MANNER), e o dos verbos biargumentais (com duas variáveis X e Y na estrutura). Já em uma análise de nível médio (*medium-grained*), encontram-se grupos de verbos que compartilham todos os elementos da estrutura, com exceção do conteúdo da raiz. Esses grupos são as classes verbais mais canônicas, por exemplo, verbos de mudança de estado, verbos de mudança de estado locativo, verbos de mudança de lugar e verbos de mudança de posse, acima exemplificados. Por fim, em uma análise mais fina (*fine-grained*), são agrupados verbos que possuem elementos semânticos em comum que são mais específicos, seja no conteúdo de suas raízes, como é o caso dos verbos psicológicos, ou em partes menores da estrutura, como a presença ou ausência de VOLITION, como é o caso das subclasses dos verbos de mudança de estado.

Vale a pena enfatizar que esse tipo de classificação mais fina pode ser útil para a delimitação de alguns fenômenos linguísticos, como já mostramos para os verbos psicológicos e para os verbos recíprocos. Para mencionar mais um fenômeno desse tipo, apresentamos o caso da alternância parte-todo (CANÇADO, 2010), exemplificada pelo par de sentenças *o braço do menino quebrou/o menino quebrou o braço*. Essa alternância é sensível ao conteúdo das raízes e só ocorre com verbos que podem denotar afetação de uma parte de algum todo. Verbos da classe de *quebrar* que não possuem essa característica semântica na raiz não podem ocorrer nessa alternância –

por exemplo, os verbos psicológicos. Em uma abordagem baseada em listas de papéis temáticos, é necessário escolher um dos níveis de análise para a representação e codificá-la como um primitivo em um dos papéis temáticos – que são sempre atômicos. É impossível se ter os três níveis simultaneamente em uma única representação, como acontece na decomposição de predicados.

4 DECOMPOSIÇÃO DE PREDICADOS EM OUTRAS TEORIAS LINGUÍSTICAS

Para concluir, mostramos a utilização da decomposição de predicados em outras teorias linguísticas. Como já apontamos, essa metalinguagem e metodologia de análise não é uma teoria propriamente e pode ser utilizada a partir de diferentes perspectivas. Diferentemente do que propõem teorias da Semântica Lexical, outras teorias linguísticas não utilizam as estruturas de decomposição de predicados para representar propriedades semântico--lexicais dos verbos que são relevantes para a gramática. Essas teorias utilizam estruturas de decomposição de predicados semelhantes às aqui apresentadas para representar outras facetas do significado como, por exemplo, o significado de sentenças e de operadores semânticos. Teorias sintáticas como as propostas por Hale e Keyser (1993, 2002) e Larson (1988) utilizam a decomposição para explicitar a estrutura interna dos predicadores. Mostramos alguns exemplos da utilização dessas estruturas em outras teorias[25].

A Semântica Formal, ao contrário da Semântica Lexical, é interpretativa. Isso quer dizer que os semanticistas formais se preocupam com a interpretação dos itens nas sentenças, depois de sua derivação sintática. Os semanticistas lexicais se preocupam com a projeção da semântica na sintaxe a partir do léxico, ou seja, como a semântica dos itens lexicais determina a derivação das sentenças. Por isso, na Semântica Formal, vários itens

---

25. Um amplo estudo sobre a utilização da decomposição de predicados em diferentes teorias é encontrado em Engelberg (2011).

estritamente sentenciais, que não são levados em conta na representação semântico-lexical dos verbos, são representados semanticamente, como tempo, aspecto gramatical, advérbios, entre outros. As representações da Semântica Formal costumam incluir, então, todos os itens de uma sentença. Por exemplo:

(146) a. O menino andou até a escola.
     b. andar' (menino) ∧ BECOME estar-em' (menino, escola)

A sentença em (146a) é representada com BECOME, como na estrutura apresentada em (146b), por Dowty (1979, p. 211). Nesse caso, BECOME é um predicado que indica o resultado obtido pelo menino ao andar até a escola, isto é, o resultado de, ao fim do evento, estar na escola. O verbo *andar* não acarreta lexicalmente nenhum resultado, podendo ocorrer em sentenças como *o menino andou o dia todo* ou *a ginasta andou na esteira*. Assim, percebe-se que o predicado não é utilizado para representar o sentido do verbo, mas para representar o sentido da sentença que inclui, composicionalmente, o sentido do verbo e os sentidos dos outros itens lexicais presentes na sentença, como *até a escola*, no caso da sentença em (146a).

Em outro tipo de abordagem, a Semântica Cognitiva, estruturas de decomposição de predicados são utilizadas para representar conceitos amplos ou modelos cognitivos recorrentes na língua. Croft (1994, p. 37), por exemplo, utiliza predicados como CAUSE, CHANGE (*grosso modo* equivalente à BECOME) e STATE para representar o que ele chama de "cadeia causal", um modelo de eventos em que estes são divididos em segmentos, conforme a ordenação da relação de causação:

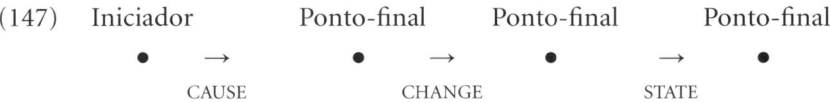

(147)   Iniciador   Ponto-final   Ponto-final   Ponto-final
         •   →   •   →   •   →   •
           CAUSE   CHANGE   STATE

É importante ressaltar que a representação acima não corresponde ao sentido de um verbo, mas a um modelo cognitivo, que, para Croft (1994), é o modelo de evento prototípico, realizado em sentenças com verbos de mudança de estado, como *quebrar*.

Ainda na Semântica Cognitiva, a decomposição de predicados é utilizada no modelo teórico conhecido como Gramática de Construções. Neste modelo, assume-se que estruturas sintáticas são dotadas de sentido. Uma construção é considerada, então, como um pareamento de forma e significado. Na proposta de Goldberg (1998) esse significado é representado em forma de decomposição de predicados. Mostramos no exemplo a seguir a representação do significado da construção de duplo objeto, apontado por Goldberg (1998, p. 206):

(148) Construção de duplo objeto
Exemplo: *Francis deu a Carla as fotos*[26].
Forma: Sujeito-Verbo-Complemento direto$_1$-Complemento direto$_2$
Significado: X causes Y to receive Z

Em teorias sintáticas, os predicados primitivos não são caracterizados como elementos semânticos, mas como elementos de categorias predicativas, como verbo, preposição e adjetivo. Os verbos, representados por V, são decompostos, assim, em um grupo de elementos de outras categorias, ou da mesma categoria verbal, sem uma definição semântica propriamente dita. Veja um exemplo de Hale e Keyser (2002, p. 16):

(149) *clarear*

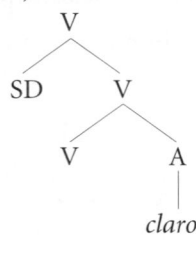

---

26. A construção de duplo objeto é muito produtiva em inglês, ocorrendo com muitos dos verbos de transferência (LEVIN, 1993). Porém, em português, essa construção é mais restrita, ocorrendo com alguns verbos de transferência, principalmente *dar*, em apenas alguns dialetos.

Nessa estrutura de decomposição de predicados, o verbo *clarear* é decomposto em outros predicados, os predicados primitivos V e A. O sintagma determinante (SD) representa o argumento do verbo. Repare que essa estrutura é muito semelhante à estrutura semântica [BECOME [Y <*STATE*>]]. O SD da estrutura arbórea corresponde a Y na estrutura semântica; o V irmão de A corresponde ao predicado BECOME; A, considerado um predicado e a raiz do verbo na proposta de Hale e Keyser (2002), corresponde a <*STATE*>. As estruturas de Hale e Keyser (2002) são consideradas informação lexical, a representação da estrutura argumental dos verbos. A diferença entre a proposta de Hale e Keyser (2002) e a proposta da decomposição de predicados aqui apresentada é que, no primeiro caso, tem-se apenas a categoria dos predicados, não sendo explicitada sua semântica, como ocorre no segundo caso. Assim, a uma lista de predicados primitivos ACT, CAUSE, BECOME, entre outros, corresponde apenas um predicado, V, na proposta de Hale e Keyser (2002). Ao se adotar uma proposta de cunho sintático como essa, perde-se muita informação relevante. Os próprios autores, por exemplo, têm de se valer, em alguns casos como os de verbo tipo *smear* 'lambuzar/besuntar' e *smash* 'esmagar', de traços semânticos como *agent-manner adverbial feature* 'traço adverbial de agente-maneira', para propor as representações léxico-sintáticas. Como mostramos, as informações semânticas específicas, contidas nos predicados e em todos os elementos semânticos da estrutura de decomposição de predicados, são fundamentais para muitos aspectos da gramática[27].

Outra proposta sintática de decomposição é a estrutura bipartida do SV, também conhecida como "VP conchas" (do inglês *VP shells*). Proposta por Larson (1988) e amplamente aceita pelos sintaticistas gerativos até os dias

27. Uma proposta da ligação de estruturas semânticas de decomposição de predicados às estruturas sintático-lexicais de Hale e Keyser (2002) encontra-se em Cançado e Godoy (2012, 2013).

de hoje, a estrutura bipartida do SV consiste na divisão do V em diferentes núcleos verbais, normalmente caracterizados como V e v. Apresentamos um exemplo de estrutura desse tipo:

(150) *quebrar*

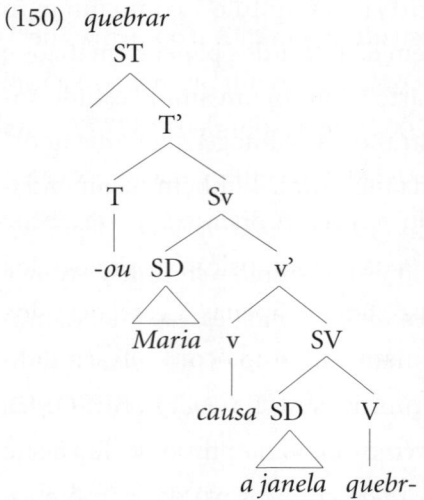

A ambiguidade de escopo com *quase* é também utilizada como evidência de que o verbo se divide em Sv e SV. Assim, o v é normalmente associado às propriedades semânticas de causação e desencadeamento de um evento e está relacionado ao argumento que ocupa a posição de sujeito. O V é associado ao sentido do verbo propriamente dito, a seu sentido idiossincrático, chamado também de raiz, e está relacionado ao argumento que ocupa a posição de complemento direto.

Com esses exemplos de outras propostas teóricas, concluímos a exposição sobre a metalinguagem de decomposição em predicados primitivos. Mostramos, aqui, que essa linguagem é uma abordagem abrangente, que cobre a descrição dos eventos, a atribuição dos papéis dos participantes desse evento, o tipo de aspecto denotado pelos verbos, além do sentido idiossincrático dos mesmos, sendo assim uma perspectiva interessante para se tratar do sentido dos verbos.

Sobre a decomposição de predicados, sugerimos ao leitor familiarizado com a língua inglesa o livro de Levin e Rappaport Hovav (2005), *Argument Realization*. Indicamos a leitura desse livro já no Capítulo 1 como um livro geral sobre Semântica Lexical. Porém, além de tratar dos papéis temáticos e do aspecto lexical, a obra traz em seu quarto capítulo um amplo estudo sobre a decomposição de predicados, mostrando as vantagens de uma abordagem como essa e as várias propostas da literatura. Também recomendamos o texto de Rappaport Hovav e Levin (1998), *Building Verb Meanings*. Nesse texto as autoras apresentam um panorama amplo e completo sobre a decomposição de predicados. Além desses, ainda em inglês, recomendamos o livro de Dowty (1979), *Word meaning and Montague Grammar*, o livro de Pinker (1989), *Learnability and cognition*, os livros de Jackendoff (1983, 1990), *Semantics and Cognition* e *Semantic Structures*, o livro de Van Valin (2005), *Exploring the Syntax-Semantics Interface* e o texto de Wunderlich (2012), *Lexical decomposition*. Todos esses textos são extensas obras de pesquisa sobre a semântica dos verbos que se valem da decomposição de predicados. São leituras indispensáveis para qualquer pesquisador da área de Semântica Lexical e de grande importância para todos aqueles que se valem das noções estudadas nas abordagens de decomposição de predicados.

Em português, sugerimos a leitura do *Catálogo de verbos do português brasileiro* (2013), obra de autoria das autoras deste livro juntamente com Luisa Godoy. Nessa obra, as autoras fazem um extenso estudo sobre as classes verbais do português, mostrando para cada uma delas, a estrutura de decomposição de predicados e as propriedades sintáticas que tornam a classe gramaticalmente relevante. Além desse livro, existem diversos outros trabalhos sobre decomposição de predicados e classes verbais do português, desenvolvidas no âmbito do NuPeS (Núcleo de Pesquisa em Semântica Lexical, da Faculdade de Letras da UFMG). Entre esses trabalhos, encontram-se análises de vários fenômenos a partir da decomposição de predicados, como a reflexivização e a alternância causativo-incoativa, além de análises de inúmeras classes verbais do português. Todos esses trabalhos estão disponíveis no site do núcleo: www.letras.ufmg.br/nucleos/nupes.

Referências

ALEXIADOU, A. & SCHÄFER, F. (2006). Instrument subjects are Agents or Causers. In: BAUMER, D.; MONTERO, D. & SCANLO, M. *Proceedings of the 25th West Coast Conference on Formal Linguistics*. Somerville: Cascadilla Proceedings Project, p. 40-48.

ALLAN, K. (1986). *Linguistic meaning*. 2 vols. Londres: Routledge & Kegan Paul.

AMARAL, L. (2015). *A alternância transitivo-intransitiva no português brasileiro*: fenômenos semânticos. [s.l.]: UFMG [Tese de doutorado].

_____ (2013). *Os predicados primitivos ACT e DO na representação lexical dos verbos*. [s.l.]: UFMG [Dissertação de mestrado].

_____ (2010). *Os verbos de modo de movimento no português brasileiro*. [s.l.]: UFMG [Monografia].

AMARAL, L. & CANÇADO, M. (2015). Argument structure of activity verbs in Brazilian Portuguese. *Semantics-Syntax Interface*, vol. 2, n. 2, p. 115-140.

_____ (2014). Verbos de criação do português brasileiro: classificação e representação lexical. *Linguística*, vol. 10, n. 1, p. 51-73.

ANDERSON, M. (1979). *Noun Phrase Structure*. University of Connecticut [Tese de doutorado].

ARAD, M. (1998). *VP-structure and the Syntax-Lexicon Interface*. Londres: University College London [Tese de doutorado].

BACH, E. (1986). The algebra of events. *Linguistics and Philosophy*, vol. 9, p. 5-16.

BAKER, M.C. (2003). *Lexical categories*: nouns, verbs and adjectives. Cambridge: Cambridge University Press.

_____ (1988). *Incorporation*: a theory of grammatical function changing. Chicago: University of Chicago Press.

BARWISE, J. & PERRY, J. (1983). *Situations and Attitudes*. Cambridge: MIT.

BEAVERS, J. (2011). On affectedness. *Natural Language and Linguistic Theory*, vol. 29, p. 335-370.

BEAVERS, J. & ZUBAIR, C. (2013). Anticausatives in Sinhala: involitivity and causer suppression. *Natural Language and Linguist Theory*, vol. 31, p. 1-46.

BELLETTI, A. & RIZZI, L. (1988). Psych verbs and Theta-Theory. *Natural Language and Linguistic Theory*, vol. 6, p. 291-352.

BERG, M. (2005). *O comportamento semântico lexical das preposições do português brasileiro*. [s.l.]: UFMG [Tese de doutorado].

BIERWISH, M. (1969). On certain problems of Semantic Representation. *Foundations of Language*, vol. 5, p. 133-154.

BINNICK, R.I. (2012). *The Oxford handbook of tense and aspect*. Oxford: Oxford University Press.

BORBA, F. (1996). *Uma gramática de valências para o português*. São Paulo: Ática.

BORGES NETO, J. (2004). Um capítulo da história da linguística: a semântica gerativa. In: NEGRI, L.; FOLTRAN, M. & OLIVEIRA, R.P. *Sentido e significação*: em torno da obra de Rodolfo Ilari. São Paulo: Contexto, p. 181-216.

BRESNAN, J. & KANERVA, J. (1989). Locative inversion in chichewa: a case study of factorization in grammar. *Linguistic Inquiry*, vol. 20, p. 1-50.

BROUSSEAU, A.M. & RITTER, E. (1991). A non-unified analysis of agentive verbs. In: BATES, D. *The proceedings of the 10th West Coast Conference on Formal Linguistics*, p. 53-64.

BRUNSON, B. (1993). The instrumental role: argument or adjunct? *Toronto Working Papers in Linguistics*, vol. 12, n. 1, p. 13-25.

CAMACHO, R. (2003). Em defesa da categoria de voz média no português. *Delta*, vol. 19, n. 1, p. 91-122.

CAMPOS, C. (2007). Verbos transitivos, inergativos e inacusativos em Maxakalí. In: DUARTE, F. *Cisão de caso, telicidade e posse em línguas indígenas brasileiras.* Belo Horizonte: Viva Voz.

CANÇADO, M. (2012a). *Manual de semântica*: noções básicas e exercícios. 3. ed. São Paulo: Contexto [1. ed., 2005, Editora UFMG].

_____ (2012b). Verbos psicológicos: uma classe relevante gramaticalmente? *Veredas*, vol. 16, n. 2, p. 1-18.

_____ (2010). Verbal alternations in Brazilian Portuguese: a lexical semantic approach. *Studies in Hispanic and Lusophone Linguistics*, vol. 3, n. 1, p. 77-111.

_____ (2009). Argumentos: complementos e adjuntos. *Alfa*, vol. 53, n. 1, p. 35-59.

_____ (2005). Posições argumentais e propriedades semânticas. *Delta*, vol. 21, n. 1, p. 23-56.

_____ (1995). *Verbos psicológicos*: a relevância dos papéis temáticos vistos sob a ótica de uma semântica representacional. Campinas: Unicamp [Tese de doutorado].

CANÇADO, M. & AMARAL, L. (2010). Representação lexical de verbos incoativos e causativos no português brasileiro. *Revista da Abralin*, vol. 9, n. 2, p. 123-147.

CANÇADO, M. & FRANCHI, C. (1999). Exceptional binding with psych-verbs? *Linguistic Inquiry*, vol. 30, n. 1, p. 133-141.

CANÇADO, M. & GODOY, L. (2013). Predicate decomposition, and linking syntax and semantics: a Brazilian Portuguese analysis. *Linguistik Online*, vol. 59, n. 2.

_____ (2012). Representação lexical de classes verbais do PB. *Alfa*, vol. 56, n. 1, p. 109-135.

CANÇADO, M.; GODOY, L. & AMARAL, L. (2013a). *Catálogo de verbos do português brasileiro*: classificação verbal segundo a decomposição de predicados – Vol. I: Verbos de MUDANÇA. Belo Horizonte: UFMG.

_____ (2013b). Predicados primitivos, papéis temáticos e aspecto lexical. *Revel*, vol. 11, p. 104-125.

CANÇADO, M. & GONÇALVES, A. (2016). Lexical Semantics: verb classes and alternations. In: WETZELS, L.; MENUZZI, S. & COSTA, J. *The Handbook of Portuguese Linguistics*. Hoboken: Willey Blackwell, p. 374-391.

CANN, R. (1993). *Formal Semantics*: an introduction. Cambridge: Cambridge University Press.

CARRIER-DUNCAN, J. (1985). Linking of thematic roles in derivational word formation. *Linguistic Inquiry*, vol. 16, p. 1-34.

CASTILHO, A. (1968). Introdução ao estudo do aspecto verbal na língua portuguesa. *Alfa*, vol. 12.

CHAFE, W.L. (1970). *Meaning and the structure of language*. Chicago: Chicago University Press.

CHIERCHIA, G. (2004 [1989]). A semantics for unaccusatives and its syntactic consequences. In: ALEXIADOU, A.; ANAGNOSTOPOULOU, E. & EVERAERT, M. *The unaccusativity puzzle*: explorations of the Syntax-Lexicon interface. Oxford: Oxford University Press, p. 22-59.

_____ (2003). *Semântica*. Campinas: Unicamp [Trad. de Luis Arthur Pagani, Lígia Negri e Rodolfo Ilari].

CHOMSKY, N. (1995). *The minimalist program*. Cambridge: MIT.

_____ (1981). *Lectures on Government and Binding*. Dordrecht: Foris.

_____ (1970). Remarks on nominalization. In: JACOBS, R. & ROSENBAUM, P. *Readings in English Transformational Grammar*. Waltham: Blaisdell, p. 184-221.

_____ (1965). *Aspects of the Theory of Syntax*. Cambridge: MIT.

CINQUE, G. (1980). On extraction from NP in Italian. *Journal of Italian Linguistics*, vol. 5, p. 47-99.

CIRÍACO, L. & CANÇADO, M. (2009). A alternância causativo-ergativa no PB. *Matraga*, vol. 16, n. 24, p. 216-231.

_____ (2004). Inacusatividade e inergatividade no PB. *Cadernos de Estudos Linguísticos*, vol. 46, n. 2, p. 207-225.

CLARK, E. & CLARK, H. (1979). When nouns surface as verbs. *Language*, vol. 55, n. 4, p. 767-811.

COMRIE, B. (1985). *Tense*. Cambridge: Cambridge University Press.

_____ (1976). *Aspect*: an introduction to the study of verbal aspect and related problems. Cambridge: Cambridge University Press.

CORRÊA, R. (2005). *Verbos de trajetória*: uma análise sintático-semântica. [s.l.]: UFMG [Dissertação de mestrado].

CORRÊA, R. & CANÇADO, M. (2006). Verbos de trajetória no PB: uma descrição sintático-semântica. *Revista de Estudos da Linguagem*, vol. 14, n. 2, p. 371-404.

CROFT, W. (1994). The Semantics of Subjecthood. In: YAGUELLO, M. *Subjecthood and Subjectivity*: the status of the subject in Linguistic Theory. Paris: Ophrys, p. 29-75.

_____ (1991). *Syntactic categories and grammatical relations*. Chicago: University of Chicago Press.

_____ (1980). Transitivity and possession in Quiché (and elsewhere). In: KREIMAN, J. & OJEDA, A. *Papers from the Sixteenth Regional Meeting, Chicago Linguistics Society*. Chicago: Chicago Linguistics Society, p. 30-44.

CRUSE, D.A. (1986). *Lexical Semantics*. Cambridge: Cambridge University Press.

_____ (1973). Some thoughts on agentivity. *Journal of Linguistics*, vol. 9, n. 1, p. 11-23.

CRYSTAL, D. (2000). *Dicionário de Linguística e Fonética*. Rio de Janeiro: Zahar [Trad. de Maria Carmelita Pádua Dias].

DAVIS, A.R. (2001). *Linking by types in the hierarchical lexicon*. Stanford: CSLI.

DIMITRIADIS, A. (2008). The event structure of irreducibly symmetric reciprocals. In: DOLLING, J. & HEYDE-ZYBATOW, T. *Event structures in linguistic form and interpretation*. Berlin: De Gruyter, p. 327-354.

_____ (2004). Discontinuous reciprocals. Utrecht: Utrecht Institute of Linguistics [Não publicado] [Disponível em www.let.uu.nl/~alexis.dimitriadis/personal/papers/ – Acesso em 17/10/2015].

DIXON, R.M. (1994). *Ergativity*. Cambridge: Cambridge University Press.

_____ (1992). *A new approach to English Grammar, on semantic principles*. Oxford: Clarendon.

DOWTY, D. (2001). The semantic asymmetry of "argument alternations" (and why it matters). In: MEER, G. & MEULEN, A. *Making sense*: from lexeme to discourse. Groningen: Center for Language and Cognition, p. 171-186.

_____ (1991). Thematic proto-roles and argument selection. *Language*, vol. 67, n. 3, p. 547-619.

_____ (1989). On the semantic content of the notion of thematic role. In: CHIERCHIA, G.; PARTEE, B. & TURNER, R. *Properties, types and meaning*. Dordrecht: Kluwer, p. 69-129.

_____ (1979). *Word Meaning and Montague Grammar*: the semantics of verbs and times in Generative Semantics and in Montagues's PTQ. Dordrecht: D. Reidel.

ENGELBERG, S. (2011). Frameworks of lexical decomposition of verbs. In: MAIENBORN, C.; HEUSINGER, K.W. & PORTNER, P. *Semantics*: an international handbook of natural language meaning. Vol. 1. Berlim: Walter de Gruyter, p. 358-399.

FAUCONNIER, G. (1985). *Mental Spaces*. Cambridge: MIT.

FELLBAUM, C. (1998). *Wordnet*: an electronic lexical database. Cambridge: MIT.

FILIP, H. (2012). Lexical aspect. In: BINNICK, R.I. *The Oxford handbook of tense and aspect*. Oxford: Oxford University Press, p. 721-750.

FILLMORE, C. (2003). *Form and meaning in language* – Vol. 1: Papers on Semantic roles. Stanford: CSLI.

_____ (1982). Frame Semantics. In: LINGUISTIC SOCIETY OF KOREA. *Linguistics in the morning calm*. Seul: Hanshin, p. 111-137.

_____ (1977). The case for case reopened. In: COLE, P. & SADOCK, J. *Syntax and Semantics 8*: Grammatical Relations. Nova York: Academic, p. 59-81.

_____ (1971). Types of lexical information. In: STEINBERG, D. & JAKOBOVITS, L. *Semantics*. Cambridge: Cambridge University Press.

_____ (1970). The grammar of hitting and breaking. In: JACOBS, R. & ROSENBAUM, P. *Readings in English Transformational Grammar*. Waltham: Ginn, p. 120-133.

_____ (1968). The case for case. In: BACH, E. & HARMS, R.T. *Universals in Linguistic Theory*. Nova York: Holt, Rinehart, and Winston, p. 1-88.

FOLEY, W. & VAN VALIN, R. (1984). *Functional Syntax and Universal Grammar*. Cambridge: Cambridge University Press.

FRANCHI, C. (2003 [1997]). Predicação. *Revista de Estudos da Linguagem*, vol. 11, n. 2, p. 17-82.

_____ (1976). *Teoria Funcional da Linguagem*. Campinas: Unicamp [Tese de doutorado].

FRANCHI, C. & CANÇADO, M. (2003a [1997]). Teoria generalizada dos papéis temáticos. *Revista de Estudos da Linguagem*, vol. 11, n. 2, p. 83-123.

_____ (2003b [1997]). Reexame da noção de hierarquia temática. *Revista de Estudos da Linguagem*, vol. 11, n. 2, p. 125-153.

FREGE, G. (1960 [1892]). On sense and reference. In: GEACH, P. & BLACK, M. *Translations from the philosophical writings of Gottlob Frege*. 2. ed. Oxford: Blackwell, p. 56-78 [Trad. de M. Black].

_____ (1960 [1891]). Function and concept. In: GEACH, P. & BLACK, M. *Translations from the philosophical writings of Gottlob Frege*. 2. ed. Oxford: Blackwell, p. 21-41 [Trad. de P.T. Geach].

FRENSE, J. & BENNETT, P. (1996). Verb alternations and semantic classes in English and German. *Language Sciences*, vol. 18, n. 1-2, p. 305-317.

GARCIA, A. (2010). Verbos incompatíveis com o progressivo estudo comparativo do inglês e do português. *Soletras*, ano X, n. 20, p. 145-164.

GEERAERTS, D. (2010). *Theories of Lexical Semantics*. Oxford: Oxford University Press.

GIORGI, A. & LONGOBARDI, G. (1991). *The syntax of noun phrases*. Cambridge: Cambridge University Press.

GIVÓN, T. (1990). *Syntax*: a functional-typological introduction. Vol. II. Amsterdã: John Benjamins.

_____ (1984). *Syntax*: a functional-typological introduction. Vol. I. Amsterdã: John Benjamins.

GODOY, L. (2012). *A reflexivização no português brasileiro e a decomposição semântica de predicados*. [s.l.]: UFMG [Tese de doutorado].

_____ (2010). A semântica da dupla realização argumental dos verbos recíprocos. *Revista do GEL*, vol. 7, n. 1, p. 95-115.

_____ (2009). Os verbos recíprocos no PB e a hipótese da determinação semântico-lexical sobre a sintaxe. *Alfa*, vol. 53, n. 1, p. 283-299.

_____ (2008a). *Os verbos recíprocos no PB*: interface sintaxe-semântica lexical. [s.l.]: UFMG [Dissertação de mestrado].

_____ (2008b). Preposições e os verbos transitivos indiretos: interface sintaxe-semântica lexical. *Revista da Abralin*, vol. 7, n. 1, p. 49-68.

GOLDBERG, A. (2010). Verbs, constructions, and semantic frames. In: RAPPA-PORT HOVAV, M.; DORON, E. & SICHEL, I. *Lexical Semantics, Syntax, and Event Structure*. Oxford: Oxford University Press, p. 39-58.

_____ (1998). Patterns of experience in patterns of language. In: TOMASELLO, M. *The new psychology of language*. Vol. 1. Mahwah: Lawrence Erlbaum, p. 203-219.

_____ (1995). *Constructions*: a construction grammar approach to argument structure. Chicago: University of Chicago Press.

GRIMSHAW, J. (2005). *Words and structure*. Stanford: CSLI/University of Chicago Press.

_____ (1990). *Argument structure*. Cambridge: MIT.

GRUBER, J.S. (1976). *Lexical structures in Syntax and Semantics*. Amsterdã: North-Holland.

_____ (1965). *Studies in lexical relations*. Massachusetts: Massachusetts Institute of Technology [Tese de doutorado].

HAEGEMAN, L. (1991). *Introduction to Government and Binding theory*. Oxford: Basil Blackwell.

HALE, K. & KEYSER, S. (2002). *Prolegomenon to a theory of argument structure*. Cambridge: MIT.

_____ (1993). On argument structure and the lexical expression of syntactic relations. In: HALE, K. & KEYSER, S. *The view from Building 20*. Cambridge: MIT, p. 53-109.

_____ (1992). The syntactic character of thematic structure. In: ROCA, I. *Thematic structure*: its role in grammar. Berlim: Foris, p. 107-143.

HALLIDAY, M.A. (1967). Notes on transitivity and theme in English. Parte I. *Journal of Linguistics*, vol. 3, n. 1, p. 37-81.

_____ (1966). Some notes on "deep" grammar. *Journal of Linguistics*, vol. 2, n. 1, p. 57-67.

HARLEY, H. (2005). How do verbs get their names? Denominal verbs, manner incorporation and the ontology of verb roots in English. In: ERTESCHIK-SHIR, N. & RAPPOPORT, T. *The syntax of aspect*. Oxford: Oxford University Press, p. 42-64.

HASPELMATH, M. (2006). Against markedness (and what to replace it with). *Journal of Linguistics*, vol. 46, n. 1, p. 25-70.

_____ (1993). More on the typology of inchoative/causative verb alternations. In: COMRIE, B. & POLINSKY, M. *Causatives and transitivity*. Amsterdā: John Benjamins, p. 87-120.

HORVATH, J. & SILONI, T. (2011). Causatives across components. *Natural Language and Linguistic Theory*, vol. 29, p. 657-704.

HUDSON, R. (1992). So-called "double objects" as grammatical relations. *Language*, vol. 68, p. 251-276.

HURFORD, J. & HEASLEY, B. (2004). *Curso de Semântica*. Canoas: Ulbra [Trad. de D. Lima e D. Gedrat].

ILARI, R. (1987). Dos problemas de imperfeita simetria. *Cadernos de Estudos Linguísticos*, vol. 13, p. 49-65.

ILARI, R. & GERALDI, J.W. (1987). *Semântica*. São Paulo: Ática.

IWATA, S. (1995). The distinctive character of psych-verbs as causatives. *Linguistic Analysis*, vol. 25, p. 95-120.

JACKENDOFF, R. (1990). *Semantic structures*. Cambridge: MIT.

_____ (1987). The status of thematic relations in Linguistic Theory. *Linguistic Inquiry*, vol. 18, p. 369-411.

_____ (1983). *Semantics and Cognition*. Cambridge: MIT.

_____ (1976). Toward an explanatory semantic representation. *Linguistic Inquiry*, vol. 7, p. 89-150.

_____ (1972). *Semantic interpretation in Generative Grammar*. Cambridge: MIT.

JAKOBSON, R. (1971 [1957]). Shifters, verbal categories, and the Russian verb. In: JAKOBSON, R. *Selected writings*. Vol. II. The Hague: Mouton, p. 130-147.

KAPLAN, R. & BRESNAN, J. (1982). Lexical-Functional Grammar: a formal system for grammatical representation. In: BRESNAN, J. *The mental representation of grammatical relations*. Cambridge: MIT, p. 173-281.

KATZ, J. & FODOR, J. (1963). The structure of a semantic theory. *Language*, vol. 39, p. 170-210.

KENEDY, E. (2013). *Curso Básico de Linguística Gerativa*. São Paulo: Contexto.

KENNY, A. (1963). *Action, emotion, and will*. Londres/Nova York: Routledge.

KEYSER, S.J. & ROEPER, T. (1984). On the middle and ergative constructions in English. *Linguistic Inquiry*, vol. 15, p. 381-416.

KOENIG, J.P. & DAVIS, A. (2006). The Key to lexical semantic representations. *Journal of Linguistics*, vol. 42, p. 71-108.

KOONTZ-GARBODEN, A. (2009). Anticausativization. *Natural Language and Linguistic Theory*, vol. 27, p. 77-198.

LABELLE, M. (1992). Change of state and valency. *Journal of Linguistics*, vol. 28, p. 375-414.

LAKOFF, G. (1970). *Irregularity in Syntax*. Nova York: Holt, Rinehart and Winston.

LAKOFF, G. & JOHNSON, M. (1980). *Metaphors we live by*. Chicago: University of Chicago Press.

LANDAU, I. (2010). *The locative syntax of Experiencers*. Cambridge: MIT.

LANGACKER, R. (1987). *Foundations of Cognitive Grammar*. Stanford: Stanford University Press.

LARSON, R. (1988). On the double object construction. *Linguistic Inquiry*, vol. 19, n. 3, p. 335-391.

LEVIN, B. (2010). *What is the best grain-size for defining verb classes?* – Conference on Word Classes: Nature, Typology, Computational Representations. Second Triple International Conference, 24-26/03. Roma: Università Roma Ter [Disponível em http://web.stanford.edu/~bclevin/rome10grain.pdf – Acesso em 06/08/2015].

_____ (2009). Further explorations of the landscape of causation: comments on the paper by Alexiadou and Anagnostopoulou. In: HALPERT, C.; HARTMAN, J. & HILL, D. *Proceedings of the 2007 Workshop in Greek Syntax and Semantics at MIT* – Working Papers in Linguistics 49 (p. 239-266). Cambridge: MIT/Department of Linguistics and Philosophy, p. 239-266.

_____ (1999). Objecthood: an event structure perspective. *Proceedings of CLS 35* – Vol. 1: The Main Session. Chicago: Chicago Linguistic Society/University of Chicago, p. 223-247.

_____ (1993). *English verb classes and alternations*: a preliminary investigation. Chicago: University of Chicago Press.

LEVIN, B. & RAPPAPORT HOVAV, M. (2005). *Argument Realization*. Cambridge: Cambridge University Press.

_____ (1999). Two structures for compositionally derived events. In: *Proceedings of Salt 9*. Ithaca: Cornell University/Cornell Linguistics Circle, p. 199-223.

_____ (1995). *Unaccusativity*: at the syntax lexical semantics interface. Cambridge: MIT.

_____ (1994). A preliminary analysis of causative verbs in English. *Lingua*, vol. 92, p. 35-77.

_____ (1992). The lexical semantics of verbs of motion: the perspective from unaccusativity. In: ROCA, I. *Thematic Structure*: its role in grammar. Berlim: Foris, p. 247-269.

LYONS, J. (1977). *Semantics*. 2 vols. Cambridge: Cambridge University Press.

MALDONADO, R. (2008). Spanish middle syntax: a usage-based proposal for grammar teaching. In: DE KNOP, S. & DE RYCKER, T. *Cognitive Approaches to Pedagogical Grammar*. Berlim: Mouton De Gruyter, p. 155-196.

MARANTZ, A. (1997). No scape from Syntax: don't try morphological analysis in the privacy of your own lexicon. In: DIMITRIADIS, A. *Proceedings of the 1998 Penn Linguistics Colloqium*. Filadélfia: University of Pennsylvania, p. 201-225.

_____ (1984). *On the nature of grammatical relations*. Cambridge: MIT.

MASLOVA, E. (2008). Reflexive encoding of reciprocity: cross-linguistic and language internal variation. In: KÖNIG, E. & GAST, V. *Reciprocals and reflexives*: theoretical and typological explorations. Berlim: Mouton de Gruyter, p. 225-257.

MASLOVA, E. & NEDJALKOV, V.P. (2005). Reciprocal constructions. In: HASPELMATH, M.; DRYER, S.; GIL, D, & COMRIE, B. *The world atlas of language structures*. Nova York: Oxford University Press, p. 430-433.

McCAWLEY, J. (1968a). The role of semantics in a grammar. In: BACH, E. & HARMS, R. *Universals in Linguistic Theory*. Nova York: Holt, Rinehart and Winston, p. 124-169.

_____ (1968b). Lexical insertion in a Transformational Grammar without Deep Structure. *Chicago Linguistics Society* 4, p. 71-80.

MEIRELLES, L. (2013). *Os verbos instrumentais no português brasileiro*. [s.l.]: UFMG [Monografia].

MEIRELLES, L. & CANÇADO, M. (2015). Os verbos instrumentais no português brasileiro. *Veredas*, vol. 19, p. 292-309.

MIOTO, C.; SILVA, M. & LOPES, R. (2013). *Novo manual de sintaxe*. São Paulo: Contexto.

MOREIRA, C. (2000). *Princípio de ligação sintaxe/semântica*: construções estativas. [s.l.]: UFMG [Dissertação de mestrado].

MORGAN, J. (1969). On arguing about semantics. *Papers in Linguistics*, vol. 1, p. 49-70.

NUNES, J. (1995). Ainda o famigerado SE. *Delta*, vol. 11, n. 2, p. 201-240.

_____ (1990). O famigerado SE: uma análise sincrônica e diacrônica das construções com SE apassivador e indeterminador. Campinas: Unicamp [Dissertação de mestrado].

OLIVEIRA, A. (2011). Resenha de "Theories of Lexical Semantics", de Dirk Geeraerts. *ReVEL*, vol. 9, n. 17, p. 417-429.

OSTLER, N.D.M. (1979). *Case-linking*: a theory of Case and verb diathesis applied to classical sanskrit. Massachusetts: Massachusetts Institute of Technology [Tese de doutorado].

OYHARÇABAL, B. (2003). Lexical causatives and causative alternation in Basque. In: OYHARÇABAL, B. *Inquiries into the Syntax-Lexicon relations in Basque* – Supplements of ASJU, XLVI, p. 223-253.

PARSONS, T. (1990). *Events in the Semantics of English*. Cambridge: MIT.

PESETSKY, D.M. (1995). *Zero Syntax*. Cambridge: MIT.

PINKER, S. (2008). *Do que é feito o pensamento*. São Paulo: Companhia das Letras [Trad.de F. Ravagnani].

_____ (1989). *Learnability and Cognition*: the acquisition of argument structure. Cambridge: MIT.

PIRES DE OLIVEIRA, R. (2010). *Semântica formal*: uma breve introdução. Campinas: Mercado de Letras.

PUSTEJOVSKY, J. (1995). *The Generative Lexicon*. Cambridge: MIT.

RAPOSO, E. (1992). *Teoria da Gramática*: a faculdade da linguagem. Lisboa: Caminho.

RAPPAPORT, M. & LEVIN, B. (1988). What to do with Theta-Roles. In: WILKINS, W. *Syntax and Semantics*: Thematic Relations. Nova York: Academic, p. 7-36.

RAPPAPORT HOVAV, M. & LEVIN, B. (2012). Lexicon uniformity and the causative alternation. In: EVERAERT, M.; MARELJ, M. & SILONI, T. *The theta system*: argument structure at the interface. Oxford: Oxford University Press, p. 150-176.

_____ (2010). Reflections on manner/result complementarity. In: RAPPAPORT HOVAV, M.; DORON, E. & SICHEL, I. *Syntax, lexical semantics, and event structure*. Oxford: Oxford University Press, p. 21-38.

_____ (1998). Building verb meanings. In: BUTT, M. & GEUDER, W. *The projection of arguments*: Lexical and Syntactic Constraints. Stanford: CSLI, p. 97-134.

REINHART, T. (2002). The theta system: an overview. *Theoretical Linguistics*, vol. 28, p. 229-290.

_____ (1996). Syntactic effects of lexical operations: reflexives and unaccusatives. *OTS Working Papers in Linguistics*. Utrecht Institute of Linguistics/University of Utrecht.

RIBEIRO, P. (2010). *A alternância causativa no português do Brasil*: a distribuição do clítico *se*. [s.l.]: UFRGS [Dissertação de mestrado].

ROSCH, E. (1975). Cognitive reference points. *Cognitive Psychology*, vol. 7, p. 532-547.

_____ (1973). Natural categories. *Cognitive Psychology*, vol. 4, p. 328-350.

ROSS, J.R. (1972). Act. In: DAVIDSON, D. & HARMAN, G. *Semantics of natural language*. Dordrecht: D. Reidel, p. 70-126.

_____ (1969). Adjectives as Noun Phrases. In: REIBEL, D. & SCHANE, S. *Modern Studies in English*. Englewood Cliffs: Prentice-Hall, p. 352-360.

ROTHSTEIN, S. (2004). *Structuring events*: a study in the semantics of lexical aspect. Oxford: Blackwell.

RUWET, N. (1972). *Théorie syntaxique et syntaxe du français*. Paris: Du Seuil.

RYLE, G. (1949). *The concept of mind*. Londres/Nova York: Hutchinson's University Library.

SAUSSURE, F. (2006 [1916]). *Curso de Linguística Geral*. São Paulo: Cultrix [Trad. de A. Chelini, J.P. Paes e I. Blikstein].

SHIBATANI, M. (1976). *Syntax and Semantics* – Vol. 6: The grammar of causative constructions. Nova York: Academic Press.

SILVA, E. (2002). *Predicadores espaciais*: estrutura argumental e hierarquia temática. [s.l.]: UFMG [Dissertação de mestrado].

SMITH, C. (1997). *The Parameter of Aspect*. Dordrecht: Kluwer.

SOARES, E. & MENUZZI, S. (2010). Introduzindo e problematizando papéis temáticos e hierarquias temáticas: uma questão de interfaces. *Signo*, vol. 35 n. 59, p. 13-43.

SOUZA, P. (1999). *A alternância causativa no português do Brasil*: *defaults* num léxico gerativo. [s.l.]: USP [Tese de doutorado].

STECHOW, A. (1996). The different readings of wieder "again". *Journal of Semantics*, vol. 13, n. 2, p. 87-138.

STECHOW, A.V. (1995). Lexical decomposition in syntax. In: EGLI, U.; PAUSE, P.; SCHWARZE, C.; STECHOW, A.V. & WIENOLD, G. *Lexical knowledge in the organization of language*. Amsterdã: John Benjamins, p. 81-118.

TENNY, C. (1987). *Grammaticalizing aspect and affectedness*. Massachusetts: Massachusetts Institute of Technology [Tese de doutorado].

TESNIÈRE, L. (1959). *Eléments de syntaxe structural*. Paris: C. Klincksieck.

TORREGO, E. (1985). *On empty categories in nominals*. Massachusetts: University of Massachusetts [Manuscrito].

TRAVAGLIA, L.C. (1985). *O aspecto verbal no português*: a categoria e sua expressão. Uberlândia: Universidade Federal de Uberlândia.

VAN VALIN, R. (2005). *Exploring the Syntax-Semantics Interface*. Cambridge: Cambridge University Press.

_____ (1993). *Advances in Role and Reference Grammar*. Amsterdã: John Benjamins.

VAN VALIN, R. & LAPOLLA, R. (1997). *Syntax*: structure, meaning, and function. Cambridge: Cambridge University Press.

VAN VALIN, R. & WILKINS, D. (1996). The case for "Effector": case roles, agents, and agency revisited. In: SHIBATANI, M. & THOMPSON, S. *Grammatical Constructions*: their form and meaning. Oxford: Oxford University Press, p. 289-322.

VENDLER, Z. (1967). *Linguistics in Philosophy*. Ithaca: Cornell.

VERKUYL, H.J. (1989). Aspectual classes and aspectual composition. *Linguistics and Philosophy*, vol. 12, p. 39-94.

WACHOWICZ, T.C. & FOLTRAN, M.J. (2006). Sobre a noção de aspecto. *Cadernos de Estudos Linguísticos*, vol. 48, n. 2, p. 211-232.

WENCESLAU, F. (2003). *Verbos beneficiários*: Um estudo na interface entre semântica e sintaxe. [s.l.]: UFMG [Dissertação de mestrado].

WHITAKER-FRANCHI, R. (1989). *As construções ergativas*: um estudo sintático e semântico. Campinas: Unicamp [Dissertação de mestrado].

WIERZBICKA, A. (1988). *The semantics of grammar*. Amsterdã: John Benjamins.

WUNDERLICH, D. (2012). Lexical decomposition in grammar. In: WERNING, M.; HINZEN, W. & MACHERY, E. *The Oxford Handbook of Compositionality*. Oxford: Oxford University Press, p. 307-327.

_____ (1997). Cause and the structure of verbs. *Linguistic Inquiry*, vol. 28, n. 1, p. 27-68.

YAMAGUCHI, T. (1998). Lexical semantic analysis of causative/inchoative alternation in Japanese: a preliminary investigation of subclasses of verbs. In: DOUG, A. *Essex graduate students papers in language and linguistics*. Vol. II.

Coleção de Linguística

- *História concisa da língua portuguesa*
Renato Miguel Basso e Rodrigo Tadeu Gonçalves
- *Manual de linguística – Fonologia, morfologia e sintaxe*
Luiz Carlos Schwindt (org.)
- *Introdução ao estudo do léxico*
Alina Villalva e João Paulo Silvestre
- *Estruturas sintáticas*
Noam Chomsky
- *Gramáticas na escola*
Roberta Pires de Oliveira e Sandra Quarezemin
- *Introdução à Semântica Lexical*
Márcia Cançado e Luana Amaral
- *Gramática descritiva do português brasileiro*
Mário A. Perini

EDITORA VOZES
Editorial

CULTURAL

Administração
Antropologia
Biografias
Comunicação
Dinâmicas e Jogos
Ecologia e Meio Ambiente
Educação e Pedagogia
Filosofia
História
Letras e Literatura
Obras de referência
Política
Psicologia
Saúde e Nutrição
Serviço Social e Trabalho
Sociologia

CATEQUÉTICO PASTORAL

Catequese
Geral
Crisma
Primeira Eucaristia

Pastoral
Geral
Sacramental
Familiar
Social
Ensino Religioso Escolar

TEOLÓGICO ESPIRITUAL

Biografias
Devocionários
Espiritualidade e Mística
Espiritualidade Mariana
Franciscanismo
Autoconhecimento
Liturgia
Obras de referência
Sagrada Escritura e Livros Apócrifos

Teologia
Bíblica
Histórica
Prática
Sistemática

REVISTAS

Concilium
Estudos Bíblicos
Grande Sinal
REB (Revista Eclesiástica Brasileira)
SEDOC (Serviço de Documentação)

VOZES NOBILIS

Uma linha editorial especial, com
importantes autores, alto valor
agregado e qualidade superior.

VOZES DE BOLSO

Obras clássicas de Ciências Humanas
em formato de bolso.

PRODUTOS SAZONAIS

Folhinha do Sagrado Coração de Jesus
Calendário de mesa do Sagrado Coração de Jesus
Agenda do Sagrado Coração de Jesus
Almanaque Santo Antônio
Agendinha
Diário Vozes
Meditações para o dia a dia
Encontro diário com Deus
Guia Litúrgico

CADASTRE-SE
www.vozes.com.br

EDITORA VOZES LTDA.
Rua Frei Luís, 100 – Centro – Cep 25689-900 – Petrópolis, RJ
Tel.: (24) 2233-9000 – Fax: (24) 2231-4676 – E-mail: vendas@vozes.com.br

UNIDADES NO BRASIL: Belo Horizonte, MG – Brasília, DF – Campinas, SP – Cuiabá, MT
Curitiba, PR – Florianópolis, SC – Fortaleza, CE – Goiânia, GO – Juiz de Fora, MG
Manaus, AM – Petrópolis, RJ – Porto Alegre, RS – Recife, PE – Rio de Janeiro, RJ
Salvador, BA – São Paulo, SP